RETORNO SOBRE O INVESTIMENTO EM MÍDIAS SOCIAIS

Preencha a **ficha de cadastro** no final deste livro
e receba gratuitamente informações
sobre os lançamentos e as promoções da Elsevier.

Consulte também nosso catálogo
completo, últimos lançamentos
e serviços exclusivos no site
www.elsevier.com.br

GUY R. POWELL
FUNDADOR DA SOCIAL
MARKETING CONVERSATIONS

STEVEN W. GROVES
FUNDADOR DA DEMANDROMI

JERRY DIMOS
CONSULTOR DA LITMUS GROUP

RETORNO SOBRE O INVESTIMENTO EM MÍDIAS SOCIAIS

COMO DEFINIR, MEDIR E AVALIAR A EFICÁCIA DAS REDES SOCIAIS

Tradução
Leonardo Abramowicz

Do original: *Roi of Social Media*
Tradução autorizada do idioma inglês da edição publicada por John Wiley & Sons
Copyright © 2011, by John Wiley & Sons

© 2011, Elsevier Editora Ltda.

Todos os direitos reservados e protegidos pela Lei nº 9.610, de 19/02/1998.
Nenhuma parte deste livro, sem autorização prévia por escrito da editora, poderá ser reproduzida ou transmitida sejam quais forem os meios empregados: eletrônicos, mecânicos, fotográficos, gravação ou quaisquer outros.

Copidesque: Cláudia Amorim
Revisão: Jayme Teotônio Borges Luiz e Roberta Borges
Editoração Eletrônica: Estúdio Castellani

Elsevier Editora Ltda.
Conhecimento sem Fronteiras
Rua Sete de Setembro, 111 – 16º andar
20050-006 – Centro – Rio de Janeiro – RJ – Brasil

Rua Quintana, 753 – 8º andar
04569-011 – Brooklin – São Paulo – SP – Brasil

Serviço de Atendimento ao Cliente
0800-0265340
sac@elsevier.com.br

Edição original: 978-85-352-4468-7
Edição original: ISBN 978-0-470-82741-3

Nota: Muito zelo e técnica foram empregados na edição desta obra. No entanto, podem ocorrer erros de digitação, impressão ou dúvida conceitual. Em qualquer das hipóteses, solicitamos a comunicação ao nosso Serviço de Atendimento ao Cliente, para que possamos esclarecer ou encaminhar a questão.
   Nem a editora nem o autor assumem qualquer responsabilidade por eventuais danos ou perdas a pessoas ou bens, originados do uso desta publicação.

CIP-Brasil. Catalogação-na-fonte
Sindicato Nacional dos Editores de Livros, RJ

D582r   Dimos, Jerry
             Retorno sobre o investimento em mídias sociais : como definir, medir e avaliar a eficácia das redes sociais / Jerry Dimos, Steven Groves, Guy Powell ; tradução Leonardo Abramowicz. – Rio de Janeiro : Elsevier, 2011.

   Tradução de: ROI of social media : how to improve the return on your social marketing investment
   Apêndice
   Inclui bibliografia e índice
   ISBN 978-85-352-4468-7

   1. Marketing social. 2. Marketing – Administração. 3. Marketing – Custo-benefício. I. Groves, Steven. II. Powell, Guy R. III. Título.

11-2108.   CDD: 658.8
                                                   CDU: 658.8

Dedicatória

De Guy
Para minha esposa, Karen, por ter tolerado todo o tempo que precisei para escrever o livro.

Para Robert, Collin e Kristin.

Para as crianças da United Methodist Children's Home. A missão dessa instituição é atender às necessidades de crianças e de suas famílias em crise. Dos royalties obtidos por Guy com a venda deste livro, 10% serão ofertados a essa valiosa instituição de caridade. Se quiser saber mais sobre a United Methodist Children's Home, por favor, entre diretamente em contato no endereço 500 S. Columbia Drive, Decatur, GA 30030 ou pelo site www.umch.com.

De Steven
Para minha irmã Stephanie e minha companheira Cynthia por acreditarem em mim; para Parker e Megan por me inspirarem; e para meus coautores Guy e Jerry por me apoiarem no processo e alimentarem em mim uma compreensão mais profunda sobre o marketing tradicional.

A meu filho Steven II e a meus pais, Gerry e Betty, que estão sempre em meus pensamentos e orações. Foram muitas as pessoas importantes no desenrolar deste projeto; todas merecem nossa lembrança e consideração.

Finalmente, a todas as pessoas em minha vida, que a tornam rica e gratificante – o lugar mais maravilhoso do mundo. Continuem se relacionando nas redes sociais!

De Jerry
Para minha esposa Megan, por todo o apoio, mesmo sabendo que este livro consumiria todo o meu tempo e, às vezes, me tornaria uma pessoa menos agradável de se conviver.

Agradecimentos

Nosso maior agradecimento vai para os muitos profissionais de marketing que nos ajudaram a escrever este livro. Alguns deles ajudaram diretamente; muitos, indiretamente. Por termos treinado e trabalhado com diversos profissionais ao redor do mundo em seminários e oficinas, cada uma de suas questões e preocupações nos ajudou a continuar buscando novas maneiras de explicar os conceitos de mídia social e de eficácia no marketing. Tais comentários e contribuições foram agora utilizados para a realização deste livro sobre ROI em mídia social.

Cada um de nós também gostaria de agradecer aos participantes de nossas entrevistas, por fornecerem excelente material para os estudos de caso utilizados ao longo do livro, para os quais foram feitas as devidas referências. Eles tornaram acessíveis dados que nunca conseguiríamos obter e nos ajudaram a aperfeiçoar nossa reflexão durante a confecção do livro.

Agradecimentos especiais seguem para Peter Storer, com quem já havíamos trabalhado, e que é ótimo no que faz. Agradecemos também a Joel Balbin e Nick Melchior, por fazerem com que nos mantivéssemos nos trilhos e entregássemos um excelente manuscrito.

Apresentação

Colocar o usuário no centro de nosso pensamento – seja na maneira de projetar nosso software, seja nas estratégias de vendas, marketing e serviços que utilizamos – sempre foi de fundamental importância para a Microsoft. De fato, fortalecer os usuários pelo acesso a "informações na ponta dos dedos" esteve no âmago da filosofia original da empresa quando ela foi criada, há 35 anos.

Hoje, com mais de 90% dos usuários escolhendo o Windows para suas necessidades de informática, e com a maioria deles utilizando seus computadores para se conectar à internet, a mídia social passa a ser para nós um canal de comunicação de marketing altamente relevante e importante. Além disso, somos também proprietários de parcela significativa da mídia digital para nosso próprio benefício, fornecendo aos clientes de publicidade o acesso a mais de 650 milhões de usuários da internet por mês através de sistemas como Windows Live, Hotmail, MSN, Bing e outros.

Assim, na Microsoft não somos apenas *consumidores* de marketing digital e de mídia social; somos também *fornecedores* importantes de soluções nessa área. Com isso em mente, o ROI em mídia social é de grande interesse para nós, e contribuímos ativamente para esse debate que cresce cada vez mais.

Atualmente, porém, parece que um número cada vez maior de livros de administração extrai conclusões que não são totalmente fundamentadas nos fatos. Eles analisam várias empresas de sucesso e depois encontram alguma característica que pareça ser "aquele aspecto" correlacionado com o sucesso; mesmo assim, após o livro ser publicado, essas empresas acabam perdendo a capacidade de manter esse sucesso. Muitas vezes, nada muda na organização e seu êxito de repente fica mais fugidio. Não é esse o caso de *Retorno sobre o investimento em mídias sociais*. Este livro estabelece uma sólida metodologia de ROI apoiada por um modelo analítico que surge de relevantes estudos de caso.

Nessa tarefa, os autores constituíram uma excelente equipe. Guy traz a experiência de especialista em ROI; Steve, sua forte habilidade estratégica em mídia social; e Jerry, sua especialização em consultoria e estratégia de marketing. Essa é a única maneira de se contemplar integralmente o tópico. Muitos livros de mídia social tendem a apresentar somente uma visão parcial do ROI, sem as recomendações práticas para que sejam tomadas melhores decisões de marketing. Pelo fato de os autores realmente trabalharem diariamente nas respectivas áreas, suas habilidades são verdadeiramente testadas e comprovadas.

Retorno sobre o investimento em mídias sociais é um livro de leitura obrigatória. Começa com uma clara fundamentação da estratégia de marketing. Depois considera essa estratégia e aplica sobre ela a mídia social e o marketing de mídia social (marketing social). Não há dúvida de que essa equipe de autores possui experiência mundial, tornando-a acessível a todos os gestores de marcas. Em cada um dos capítulos, encontramos um bom conteúdo que pode ser imediatamente aplicado.

Esta obra também é um dos primeiros livros globais com numerosos estudos de caso se espraiando por três continentes – América do Norte, Europa e Ásia. Com a ascensão da Ásia em mídia social, especificamente a China, será fundamental que os profissionais de marketing global entendam como estabelecer suas estratégias de marketing social para cada um dos principais países de cada região.

Alguns profissionais de marketing pensam que a mídia social substituirá todas as outras mídias. Isso poderá acontecer em algum ponto bem distante no futuro, mas, para todos os efeitos práticos, a mídia social será outro canal de mídia ao lado dos canais tradicionais. No entanto, para algumas empresas, a mídia social será o principal canal para que seus negócios se expandam. Para outras, ela impulsionará a tradicional, ao fornecer um incrível retorno por seus esforços. Haverá ainda outras cuja presença na mídia tradicional é tão forte que a mídia social poderá nunca chegar a alcançar.

Independentemente do tipo de sua empresa, de onde esteja sua marca no ciclo de vida ou do grau de sofisticação na utilização da mídia social por sua equipe de marketing, este livro o ajudará a montar uma estratégia para a mídia social, medindo-a, avaliando-a e tornando-a melhor.

Andrew Pickups
Gerente-geral de Operações de Marketing & Negócios
Microsoft Asia Pacific

Prefácio

Recentemente, no início de 2010, muitos profissionais de marketing social afirmavam que a mídia social não poderia ser medida, não deveria ser medida ou que as empresas deveriam ficar contentes com o novo envolvimento interpessoal proporcionado pela mídia social, independentemente do custo. É fácil estabelecer comparações com os anos 1980, quando se dizia que os computadores eliminariam o papel dos escritórios, e com os anos 1990, em que se previa que a internet tornaria obsoleto o comércio efetuado pelas lojas físicas tradicionais.

Previsivelmente, isso mudou e muitos profissionais de marketing estão percebendo a necessidade de medir seu sucesso na mídia social, pois os custos precisam ser levantados, e aquilo que realmente importa são os ganhos incrementais. A mídia social não é apenas uma questão de envolver clientes em potencial, mas, sim, promover a marca para impulsionar mais vendas, lucros e participação de mercado com níveis aceitáveis de custo e risco. Nos últimos meses foram publicados alguns bons livros sobre mídia social e as medições de mídia social, mas eles contam somente uma parte da história. A história completa é que, para determinar se uma mídia social está impulsionando um incremento no volume de vendas e de ganhos, ela precisa ser considerada parte de toda a composição do marketing. O marketing de mídia social só pode ser medido no contexto da composição do marketing como um todo, incluindo-se aí tanto a mídia social quanto a tradicional. Com isso em mente, precisamos entender o que os condutores de valor são para uma marca e como a mensagem na mídia social difere, ou é semelhante, a uma mensagem na mídia tradicional.

Considerando essas questões, desenvolvemos os conceitos apresentados neste livro e um modelo prático para a empresa. Se os profissionais absorverem seriamente esses conceitos, eles serão não apenas melhores profissionais de marketing social, como também melhores profissionais de marketing em geral.

Isto não é apenas mídia social. Isto é mídia que é social!

A mídia social também não é apenas um grande canal monolítico. Ela é feita de muitos tipos de canais diferentes, cada um deles com suas próprias características. Da mesma forma como o anúncio em jornal é diferente de um anúncio em revista especializada, que é diferente de uma propaganda na televisão, que é diferente de um anúncio no metrô, o Twitter também é diferente do Facebook e do MySpace. Além disso, a mídia tradicional não precisa ser apenas um depósito de mensagens transmitidas para massas anônimas. Ela pode ser moldada pelas trocas e barganhas das mídias sociais. Ela pode ser utilizada para dar suporte às campanhas de marketing de mídia social e a mídia social pode ser utilizada para dar apoio às campanhas do marketing tradicional. A mídia tradicional não é mais apenas tradicional. A mídia social não é mais apenas social. A mídia em geral é que é social. Sob esse prisma, escolhemos utilizar o termo **marketing social** quando nos referimos ao marketing em mídia social.

O MARKETING SOCIAL É MAIS UM CANAL DE MÍDIA COMO TODOS OS OUTROS

Neste livro não estamos falando apenas do marketing em mídia social. Falamos em combinar de modo integrado cada uma, e todas as mídias, para fornecer os melhores resultados pelo menor investimento e pelo menor risco, mas focando, principalmente, o marketing social.

Da mesma forma como a comunicação integrada de marketing se tornou popular há cerca de uma década, vemos hoje a mesma integração ocorrer com a adição de um novo canal de mídia ao mix de marketing. Todas as mídias devem atuar em conjunto para fornecer os melhores resultados para a empresa, e, com isso, precisamos pensar no marketing em mídia social como marketing social – um componente ao lado da mídia de massa, da mídia direta e da mídia um a um. O marketing social não substituirá a mídia tradicional. Ele será apenas outro canal de mídia que os profissionais de marketing poderão utilizar para envolver-se com seus clientes. Através do marketing social, os profissionais de marketing poderão envolver-se com certos tipos de grupos de indivíduos para fornecer certos tipos de mensagens para determinados públicos, alcançados de forma mais eficaz do que através de outros canais de mídia tradicional.

RETORNO SOBRE O INVESTIMENTO EM MÍDIAS SOCIAIS POSSUI MUITOS PÚBLICOS-ALVO

Este livro foi escrito para alguns grupos e indivíduos dentro das organizações. Certamente, todos da área de marketing compõem o principal público-alvo deste livro. Os profissionais de marketing precisam entender não apenas como as mensagens de qualquer fonte atingem seus consumidores, mas como as mensagens precisam agora ser direcionadas para indivíduos em geral – e formadores de opinião pertinentes à marca – assim como seus consumidores. Executivos de empresas, empreendedores, CEOs (Chief Executive Officer) e CFOs (Chief Financial Officer) também fazem parte do público-alvo deste livro. Outros grupos dentro da organização também se beneficiam da mídia social, inclusive o serviço de atendimento ao cliente, pesquisa de mercado, desenvolvimento de produto, relações com os investidores e recursos humanos. Todas essas funções possuem um "gancho" na mídia social e também precisam saber como podem tirar vantagem dela e medir o impacto em suas funções dentro da empresa. Além disso, muitos desses cargos na empresa precisam da compreensão de como apoiar a equipe de marketing no desenvolvimento de uma infraestrutura de medições para acompanhar os resultados do marketing em geral e do marketing social, em especial.

VANTAGENS PARA O NÍVEL SUPERIOR

Acima de tudo, vemos este livro ajudar o CMO (Chief Marketing Officer) a responder a esta pergunta incômoda do CEO e do CFO sobre mídia social e seu valor para a organização:

> "Como a empresa pode utilizar com mais eficácia este novo canal de mídia para gerar mais vendas, lucros e participação de mercado com o maior ROI e o menor risco?"

Seja para uma companhia multinacional da área de bens de consumo não duráveis que precise justificar seus investimentos em mídias sociais, seja para uma pequena empresa com 10 funcionários em busca de formas baratas de crescer em seu nicho de mercado, seja para uma organização de médio porte que precise determinar a melhor alocação dos limitados recursos de marketing, este livro fornecerá clara orientação. Para que essas organizações entendam perfeitamente as medições de marketing social e o ROI, também foi incluída uma discussão sobre como desenvolver, com sucesso, estratégias e táticas de marketing social. Somente com a clara compreensão dos fundamentos da estratégia de marketing social é que os conceitos de medições e de ROI poderão ser plenamente aplicados.

Para os profissionais de marketing que busquem explicar, aperfeiçoar e obter aprovação para o marketing social em suas organizações, este livro fornece uma visão geral estratégica e tática do marketing social e de como ele pode fornecer um ROI maior. Ele difere de outros livros de marketing social porque possui o ROI (a linguagem dos negócios) como foco principal. Assim, as empresas aprenderão mais rapidamente com seus erros e entenderão como ajustar com precisão seu modelo social de abordagem do mercado. Elas poderão despender menos tempo e esforço ao experimentar táticas arbitrárias e mais tempo na execução de táticas que forneçam resultados. Nossa filosofia direcionadora para o ROI em marketing está baseada nos conceitos desenvolvidos no livro *Marketing Calculator: Measuring and Managing Your Return on Marketing Investment*:[1,2]

> "O propósito do ROMI (return on marketing investment – retorno sobre o investimento em marketing) é otimizar o gasto em marketing para o curto e o longo prazo, em apoio à estratégia da marca de construir um modelo de mercado por meio de análises e medições de marketing que sejam objetivas e válidas."

Muitos setores econômicos diferirão na forma de aplicar o marketing social. Alguns setores são fortemente regulados – como o farmacêutico e o financeiro – e precisarão aplicar alguns dos conceitos deste livro de forma diferente daquela dos profissionais de marketing de setores com menos regulamentação.

As empresas que já gastam pesadamente em mídias tradicionais – como as grandes companhias de bens de consumo – descobrirão que a mídia social corresponderá somente a um pequeno componente do volume geral de mensagens veiculadas no mercado, mas que essa proporção de mensagens pode fornecer um elevado aproveitamento (isto é, relação custo-benefício). Outros setores em que a base de clientes estiver situada principalmente entre os especialistas de internet e de mídia social – como os de alta tecnologia – precisarão de uma execução altamente sofisticada de medições de marketing social para poderem estar à frente da concorrência e colher o máximo retorno do marketing social. Além disso, setores em que a compra requer profunda análise – como os produtos eletrônicos de alto valor, em que as classificações e as opiniões desempenham papel fundamental na escolha do consumidor – terão outras exigências para implementar a estratégia de marketing social e para otimizar seus gastos de marketing.

Incluímos muitas referências a casos de marketing social do mundo todo. Esses estudos de caso ilustram algumas das nuanças da construção de uma estratégia de marketing social em diferentes países e do que é preciso para medir seu sucesso.

A MÍDIA SOCIAL DÁ APOIO A MUITAS FUNÇÕES NA EMPRESA

A mídia social não funciona apenas para o marketing. Ela também serve de apoio para muitas funções dentro das empresas. Acima de todos os demais está a descoberta do cliente: a capacidade de obter insights dos clientes, sendo este um diferencial competitivo que gera impulso para a marca. O efeito momento,[3] que se fundamenta em um estudo de 20 anos realizado por Jean-Claude Larreche, permite que as empresas cresçam mais rápido do que os concorrentes – superando a média Dow Jones* em mais de 80%. O marketing em mídia social pode gerar trocas nos dois sentidos, as quais revelam valiosos insights dos clientes que são úteis para as empresas implementarem estruturas de negócios com base nos conceitos de efeito momento.

Muitos setores aumentam suas funções de serviço de atendimento ao cliente através da mídia social e ainda não investem em marketing social. Outras operacionalizaram inteiramente o uso da mídia social e o fizeram dentro de um componente central de seus processos de negócio. Mesmo nesses casos, a mídia social tem forte impacto na forma como o marketing pode aproveitar essas funções para gerar o máximo valor de suas marcas. Como veremos nos estudos de caso, a Dell Computer e a Comcast conseguiram internalizar completamente a mídia social em suas operações de atendimento ao cliente para extrair vantagem competitiva em suas categorias.

A mídia social também pode ser utilizada para o desenvolvimento de produtos e inovações, ao ouvir as necessidades dos clientes expressas por eles mesmos, para a pesquisa de mercado, no intuito de entender as tendências específicas que afetam suas marcas, e para gerar clientes prospects (em potencial) para profissionais de marketing B2B.

A MÍDIA SOCIAL EXIGE O ENVOLVIMENTO DO CEO

A mídia social não deve ser apenas uma função relegada aos níveis menos graduados em uma organização ou delegada a uma pessoa sem nada a fazer. Agora, o CEO precisa se preocupar e se envolver, a fim de garantir que os indivíduos da linha de frente, e que participam de mídias sociais, estejam retratando as marcas da forma como deveriam, sem expor a empresa a riscos indevidos.

A mídia social fornece conexões bidirecionais entre a marca e o consumidor, e entre os consumidores. Ela abre novas oportunidades e novos riscos

---

*Nota do Tradutor: Índice de preços das ações das bolsas de valores dos Estados Unidos, semelhante ao índice Bovespa, da Bolsa de Valores de São Paulo.

para os quais a empresa precisa estar preparada. A mídia social irá se tornar um canal altamente importante para a empresa conduzir as mensagens que envolvam a marca, e o CEO precisa compreender como ela funciona e como pode aumentar e impulsionar o valor de todas as mídias para as marcas da empresa.

A mídia social é algo que, preferencialmente, deve ser executado o quanto antes. A marca que primeiro tiver melhor presença na mídia social alcançará rapidamente a massa crítica difícil de ser superada por seus concorrentes. Essa vantagem competitiva poderá ter longa vida se receber o apoio apropriado em todos os níveis da organização.

Descrição do livro

Este livro está subdividido em quatro partes. A primeira descreve o desenvolvimento do conceito central: o quadro de envolvimento na mídia. Esse conceito possui três pilares e descreve cada um dos personagens (formadores de opinião, indivíduos e consumidores) que são importantes para o desenvolvimento e a medição de uma estratégia de marketing bem-sucedida. Esse quadro pode ser utilizado por qualquer organização em qualquer estágio de seu uso da mídia social. Seja quando estão desenvolvendo seu primeiro plano de marketing social, seja caso já tenham desenvolvido muitos outros planos no passado, este quadro ajudará todos os profissionais de marketing a desenvolverem e medirem suas estratégias para propiciar o máximo de valor para a organização.

A Parte II desenvolve, em detalhes, cada um dos elementos do quadro de envolvimento na mídia e analisa como a estratégia de marketing social pode ser medida em cada nível desse quadro. O Quadro de Envolvimento na Mídia fornece uma visão ampla dos requisitos para se desenvolver, medir e avaliar uma estratégia de marketing social de sucesso. Ele é constituído de muito mais do que apenas algumas medições distintas. Na verdade, as medições exigidas são descritas junto com cada uma das dimensões críticas no quadro, de forma que os profissionais de marketing possam fornecer uma estratégia de marketing social completamente abrangente.

Pelo fato de os dados de entrada representarem uma das limitações importantes em qualquer estrutura de medição, são apresentadas metodologias para auxiliar os profissionais de marketing na definição do conjunto correto de dados que, de forma precisa e confiável, entrem no cálculo do ROI em marketing social. Com dados confiáveis e precisos, os riscos do marketing social podem ser reduzidos porque as atividades corretas serão executadas no momento certo, da maneira ideal e com as mensagens certas. Em um mundo idealizado, os dados perfeitos estariam disponíveis em tempo hábil e sem custo. No mundo real, existem compromissos que precisam ser assumidos, e estes serão discutidos para que o ROI do ROI – isto é, o retorno sobre o investimento em se medir o ROI em marketing social – possa fornecer um alto valor para o investimento na mão de obra associada e para os custos da implementação de uma função bem-sucedida de ROI de marketing social, que é constituída por equipe, tecnologia e fluxo de trabalho corretos.

A Parte III analisa como outras organizações começaram a implantar alguns dos conceitos e o que elas aprenderam no processo. Esta inclui uma discussão sobre como o "R" e o "I" do ROI podem ser medidos e apropriadamente avaliados. Também inclui um processo em oito etapas para a implantação desses conceitos em qualquer organização.

Finalmente, a Parte IV fornece uma visão do futuro e de como o quadro de envolvimento na mídia poderá ser aplicado à medida que as tecnologias de mídia social evoluírem e se expandirem.

Este livro fornece as bases para que todos os profissionais de marketing tenham sucesso com o marketing social. Acreditamos ter reunido uma composição de:

- valiosos estudos de casos para ver como outras empresas enfrentaram a implantação e a execução do marketing social e das medições e do ROI em marketing social.
- um abrangente quadro de envolvimento na mídia, a fim de garantir que os conceitos se encaixem de modo lógico e executável, representando o mundo real.
- uma mistura única de inteligente estratégia de mídia social, conhecimento em ROI do marketing e estratégia de marketing para garantir que os conceitos apresentados possam verdadeiramente garantir valor para a marca.
- uma visão de curto e longo prazo dos condutores principais de excelência no marketing e de valor para a marca.

Os conceitos presentes no livro não terminam com a leitura de todos os capítulos da obra impressa. Reunimos um grupo de características de mídia social no Facebook (http://www.facebook.com/ROIofSocialMedia), LinkedIn (www.TheROIofSocialMedia.com levará você até lá) e Twitter (@ROISocial-Media) para fornecer uma fonte de conversas e de contínuo valor à medida que as tecnologias e os profissionais de marketing evoluem e mudam.

Esperamos que você se junte a essa discussão.

NOTAS
1. Sim, essa é uma propaganda descarada – mais coisas a estudar. No entanto, a leitura vale a pena, principalmente se você estiver encarando seriamente o ROI do marketing.
2. Guy R. Powell, *Marketing Calculator: Measuring and Managing Your Return on Marketing Investment* (Cingapura: John Wiley & Sons [Ásia], 2008).
3. J.C. Larreche, *O efeito momento: como promover o crescimento* (Porto Alegre: Bookman Cia. Editora, 2009).

Sumário

Introdução   1

PARTE I: COMEÇANDO COM ROI EM MÍDIA SOCIAL

1   Começando com ROI em mídia social   7
   O que é ROI em Mídia Social?   7
   O marketing social é mensurável: o modelo de processo de marketing
      aplicado ao marketing social   8
      Introdução ao quadro de envolvimento na mídia   9
   Tome melhores decisões estratégicas e de táticas de marketing   11
      Valor para os fornecedores de infraestrutura de mídia social   13
          Estudo de caso: Os vídeos virais fornecem um ROI importante:
          $50 de orçamento = 2 milhões de acessos no YouTube   13
          Blendtec   13
   Uma história (curta) do ROI em marketing social   15
      Fóruns de discussão   16
      Classificações e opiniões   17
      Comunidades vinculadas às marcas   18
      Blog   18
      Microblog   19
      Redes sociais   20
      Redes pagas de publicidade boca a boca   21
   Obstáculos na determinação do ROI em marketing social   21
      Definição de ROI   21
      Calculando custos   22
      Perdendo o controle de sua marca   22
      Separando o ruído em suas partes componentes   23
   Mídia tradicional *versus* mídia social   23
      Estudo de caso: Mídia social e apoio ao cliente   24
          Comcast   25
      O envolvimento é fundamental   26
      Medindo a mídia tradicional   28
      Estudo de caso: Tornando a mídia social parte do DNA
      de sua empresa   29
          Bravo Networks   29

Estratégia de marketing social 32
Formadores de opinião 33
Indivíduos 33
Consumidores 34
Estudo de caso: As métricas para a mídia social se assemelham às da mídia tradicional 35
Edelman Digital 35
Medindo marketing social 37
Ferramentas de medição de mídia social 37
Um processo para o ROI em marketing social 37
O futuro da mídia social e do ROI 38
Vamos começar... 39

2 Motivações e comportamentos na mídia social 41
Motivações para participar em mídia social 42
Indivíduos – hierarquia do participante em mídia social 42
Hierarquia de conversa 44
As três camadas de estratégia de mídia social 45
Influenciadores 45
Consumidores 46
Indivíduos 47
Motivadores 48
Motivadores para indivíduos 49
Motivadores para formadores de opinião 58
Comportamentos 62
Estudo de caso: Segmentando mensagens por comunidade social 63
Sessions College para Design Profissional 63
Modelo de segmentação em mídia social 65
Segmentação comportamental 66
Web social – ciclos de gestão da reputação 75
Conclusão 76

PARTE II: O QUADRO DE ENVOLVIMENTO NA MÍDIA

3 Introdução ao quadro de envolvimento na mídia 81
Estudo de caso: Estratificação do envolvimento 82
PitneyBowes 82
Aplicando o quadro de envolvimento na mídia 85
Cético em termos de canal de mídia 85
Os personagens do quadro de envolvimento na mídia 86
Formadores de opinião 86
Estudo de caso: Criando a marca em conjunto com o cliente 89

	Consumidores	90
	Indivíduos	92
	Imagens da marca	93
	Área de concorrência	94
	Formador de opinião: participação no endosso	95
	Consumidor: marcas	95
	Indivíduo: tempo	95
	Estrutura de medição	95
	Funil de endosso do formador de opinião	95
	Funil de compra do consumidor	96
	Funil de envolvimento na comunidade	96
	Conclusão	96
4	**O personagem formador de opinião no quadro de envolvimento na mídia**	**97**
	O formador de opinião e o quadro de envolvimento na mídia	97
	Estudo de caso: Os três pilares do marketing	98
	Microsoft, Sudeste da Ásia	98
	Avaliando a influência	101
	Segmentação dos formadores de opinião	101
	Ferramentas de medição da influência	108
	Remunerando formadores de opinião	108
	Comunidades formadoras de opinião	109
	Agências de marketing formadoras de opinião	111
	Estratificação de formadores de opinião	111
	Outras dimensões de segmentação dos formadores de opinião	113
	O funil de endosso dos formadores de opinião	113
	Conclusão	118
5	**O personagem consumidor no quadro de envolvimento na mídia**	**120**
	Estudo de caso: Amplificando o efeito fora da internet com a mídia social on-line	122
	Guinness Anchor Berhad	122
	O consumidor e o QEM	125
	Consumidores como um subconjunto de indivíduos	126
	O funil de compra do consumidor	127
	Mídia social e o marketing e venda B2B	136
	O comitê de compra	136
	Mensagens que movem os consumidores B2B no funil de compra do consumidor	138
	Estudo de caso: As atividades de marketing são as novas finanças	139
	Dell Computers Inc., EMEA	139
	Conclusão	142

6   O personagem indivíduo no quadro de envolvimento na mídia   143

    O indivíduo e o QEM   143
        Estudo de caso: Gerando valor e usuários no funil de
            envolvimento da comunidade – Twitter versus f150online   144
            Twitter   145
        F150online, the unofficial resource center for
            Ford Truck enthusiasts   146
    O funil de envolvimento na comunidade   148
        Conclusão   170

7   A área de concorrência – disputando a atenção   172

    Participação no endosso como área de concorrência para os formadores
        de opinião   172
    Marca como área de concorrência para consumidores   173
        Estudo de caso: Demandas competindo pelo tempo – quanto
            de zoológico você consegue utilizar?   174
        O mundialmente famoso zoológico de San Diego e o
            parque de animais selvagens do zoológico de San Diego   174
    Tempo como área de concorrência   177
    Conclusão   177

8   A imagem da marca   179

    A imagem da marca pelo QEM   179
        Imagens da marca   179
        Preferências de marca   181
            Estudo de caso: Segmentação do público em torno de um tópico   182
                Joan Koerber-Walker – CorePurpose   182
        Os formadores de opinião e a marca   184
        Os consumidores e a marca   184
        Os indivíduos e a marca   185
        Monitorando pontuações de atributos na mídia social   185
    Conclusão   186

9   Buscar e ser encontrado na mídia social   187

    Sendo visível na mídia social   187
        Mídia social e busca   187
        Busca orgânica   189
        Anúncios pagos nas páginas de busca   190
        Marketing social e o impacto no SEM   191
        A "memória" da Web   192
        Arquivamento e armazenamento de páginas na Web   192
    Conclusão   193

PARTE III: APLICAÇÕES PRÁTICAS DO ROI EM MÍDIA SOCIAL

10 Colocando valores para o "r" e o "i" do ROI em mídia social   197

    Por que ROI?   197
        Colocar o marketing no caminho crítico para o sucesso da empresa   197
        ROI de marketing para curto e longo prazo   198
        Receita, lucro, marca e participação   198
        Otimização: aproximações através de melhoria contínua   199
            Estudo de caso: ROI em marketing social: um ponto focal
            para o setor de serviços financeiros   200
                First Tennessee Bank   200
        Introdução ao ROI   202
        O lado "i" da equação do ROI   203
        O custo de um blog do CEO   206
            Estudo de caso: Estratificando a resposta para determinar
            a eficácia   207
                1800Flowers.com   207
        Medindo o "r" do ROI   210
        O ROI de marketing aplicado   213
        Conclusão: o ROI do ROI   215

11 Processo em oito etapas para medir a estratégia de marketing social e o ROI   217

    Construindo uma cultura de medições em mídia social   217
    Infraestrutura de medições em marketing social   218
        Infraestrutura da empresa e do marketing   218
        Canal de mídia social   219
        Campanha   220
        Medições permanentes e veiculação de mensagens   221
    Processo em oito etapas para medir a estratégia e o ROI em marketing social   221
        1. Desenvolver a estratégia e estabelecer metas   222
        2. Identificar o público-alvo   223
        3. Desenvolver a mensagem da campanha e monitorar o conteúdo das conversas   226
        4. Executar as táticas de campanha de marketing social   227
        5. Definir, monitorar e avaliar as medições provisórias e de sucesso; Escolha da metodologia analítica   229
        6. Monitorar e administrar a execução das campanhas de marketing social   231
        7. Medir e monitorar os custos reais, calculando o ROI   233
        8. Analisar o sucesso ou o fracasso e fazer a iteração   234
    Conclusão   235

12 Fornecedores de ferramentas para medições de mídia social — 237

Avaliação das ferramentas de medição e como pesquisar recursos de ferramentas — 237
Monitorar *versus* medir *versus* influenciar — 237
Um sistema para avaliar ferramentas — 238
    Preço de ferramentas — 239
Avaliação de características das ferramentas — 239
    Tipo de ferramenta — 239
    Capacidade de escuta — 240
    A medição do tom e do sentimento — 241
    Tipo de plataforma — 241
    Possibilidade de ampliar a escala — 242
    Medições fornecidas — 242
Exemplos utilizando o sistema de análise da ferramenta do ROI em mídia social — 243
Sumário da avaliação de ferramentas — 243
    Entrevistas com fornecedores — 244
        Estudo de caso: Atendendo ao telefone (social) — 244
            Radian6 — 244
        Estudo de caso: A medição faz sentido quando a mídia social tem uma estratégia claramente definida — 248
            Alterian — 248
        Estudo de caso: O Twitter pode ser analisado — 251
            Twitalyzer — 251
        Estudo de caso: Verifique o poder dos formadores de opinião em seu mercado — 252
            Klout — 252
    Conclusão — 254

PARTE IV: PARA ONDE VAI A MÍDIA SOCIAL A PARTIR DAQUI?

13 O futuro da mídia social e do ROI — 259

        Estudo de caso: Sendo social antes do advento da mídia social — 260
            AllRecipes.com — 260
Grande expansão da adoção de mídia social pelas empresas — 261
A morte da mídia social e o surgimento de um novo paradigma social — 262
Ruído — 263
Expectativa dos consumidores de entender quem eles são — 264
Um mercado global que nunca fecha — 265
Privacidade, identidade, localização e portabilidade do consumidor — 265
    Privacidade e identidade na mídia social — 266
    Localização física em um mundo virtual — 267

Senha única	267
Economia baseada em reputação e confiança	268
Semântica	269
Dispositivos de semântica ficam mais inteligentes	269
Análise semântica do conteúdo gerado pelo consumidor	270
Acesso à rede e mobilidade	272
A economia de microescala da mídia social	272
A bolha da mídia social e a consolidação da plataforma global	273
China e mídia social	274
Aplicações imprevisíveis da tecnologia social	274
Conclusão	275
Posfácio	276
Apêndice	278
Bibliografia	283
Índice	285

Introdução

A mídia social está explodindo como um novo canal. Ela difere de outros canais de publicidade em mídia porque as mensagens são multidirecionais e geradas por muitas partes interessadas: o profissional de marketing, os formadores de opinião, os indivíduos e os consumidores. A mídia social não é uma transmissão unidirecional de mensagens para as massas, mas uma troca de mensagens que ocorre entre muitos indivíduos e que, diferentemente do mundo real, pode ter muitos outros observando e consumindo o conteúdo, não apenas durante a conversa, mas praticamente para sempre no futuro. O marketing de mídia social possui memória facilmente acessível e longa.

Com várias pessoas publicando mensagens relacionadas com as marcas para seu próprio círculo de amigos e seguidores, o profissional de marketing não possui mais o controle total da mensagem. Pelo fato de todos poderem desempenhar um papel naquilo que é dito sobre a marca, concorrente ou setor, a mídia social permite um alto nível de envolvimento com consumidores, se comparada com outros canais de mídia "tradicionais" e unidirecionais. A marca pode não apenas se envolver diretamente em uma conversa individual, como também essa própria conversa pode fornecer valor para outros consumidores que possivelmente estejam observando. Ao utilizar a busca e os vários tópicos de conversas, os indivíduos conseguem ler o que outros dizem e, no processo, reunir impressões positivas e negativas sobre as marcas.

Como profissionais de marketing de mídia social, precisamos entender como se envolver com os diferentes tipos de indivíduos e seus comportamentos para propiciar o maior valor para a marca e diminuir o risco e o impacto de um possível boca a boca negativo que venha a surgir. O objetivo deste livro é ajudar os profissionais de marketing das empresas a entenderem esses processos e as motivações, bem como o comportamento desses grupos, para poderem tomar melhores decisões sobre o uso da mídia social, como medi-la e como administrá-la.

Os investimentos em marketing social são arriscados e precisam ser medidos

Contudo, como qualquer investimento em tempo e dinheiro, a alta administração quer ver quais foram os retornos para esse investimento no passado e quais poderão ser eles no futuro. Isso é ainda mais verdadeiro quando existe certo nível de risco envolvido em um investimento específico. A mídia social é o único meio em que podem ser feitos comentários tanto positivos quanto negativos sobre a marca. O profissional de marketing transmite uma mensagem que potencialmente pode ser amplificada para muitos seguidores adicionais, mas essa amplificação pode nem sempre ser positiva. Na mídia social, os indivíduos podem conversar, e conversam, sobre suas percepções e experiências com a marca, sejam elas positivas ou negativas. No outro extremo, os indivíduos podem propositadamente tentar sabotar uma empresa, tornando-se ativistas a favor ou contra alguma causa relacionada com determinada marca.

Independentemente de o profissional de marketing participar ou não, os indivíduos talvez já estejam falando positivamente ou negativamente sobre a marca. Com esses extremos em mente, os profissionais precisam compreender os riscos potenciais *versus* as recompensas advindas da participação.

Não participar também pode ser arriscado. Ao não tomar parte no início da troca, determinada marca concorrente pode ganhar massa crítica, tornando difícil ou oneroso o alcance do recém-chegado. Poderão ser perdidas futuras oportunidades de marketing, sem qualquer esperança de recuperação.

Após iniciar uma campanha de marketing social, o profissional precisa, então, monitorar e medir a resposta para determinar sua eficácia, diagnosticar possíveis problemas e ajustar ou realocar investimentos em virtude disso. A alta administração exige que qualquer investimento, pequeno ou grande, produza um retorno maior do que o retorno que poderia ser obtido em qualquer outro lugar, dado o nível de risco associado ao investimento.

A Parte I discutirá como desenvolver e definir uma estratégia de marketing social que possa fornecer as medições necessárias para determinar seu sucesso e validar que o marketing esteja investindo sabiamente os recursos corporativos e propiciando o valor prometido para a marca.

A mídia social é um componente do boca a boca

A mídia social é, na verdade, apenas um subconjunto de todo o boca a boca que ocorre tanto fora da internet, entre amigos, familiares e outros, como on-line. De acordo com estudo recente, 90% de todo o boca a boca sobre determinada marca ainda ocorrem fora da internet.[1] No entanto, essa proporção fora da internet diminuirá à medida que a velocidade, o alcance e a qualidade do boca a boca on-line – mídia social – continuar a crescer e se tornar parte maior da vida cotidiana. Para os propósitos deste livro, estamos estreitando a definição de mídia social, limitando-a a conversas on-line sobre marcas.

A MÍDIA SOCIAL ESTARÁ AO LADO DE OUTRAS MÍDIAS TRADICIONAIS

Este livro difere de outros sobre o tópico de medições em mídia social e ROI à medida que a mídia social não é vista isoladamente. Ela não será a mídia que substituirá todas as demais. A mídia tradicional ainda terá vida longa e frutífera, embora os profissionais de marketing percebam que as mensagens sobre suas marcas estejam alcançando o público através desse novo canal.

De fato, certos segmentos de marketing preferem receber informações por esse canal. A mídia social é uma ferramenta importante de pesquisa para alguns produtos e uma fonte de espontânea terapia de varejo para outros. Da mesma forma como as tradicionais campanhas de marketing integrado estiveram em voga a apenas alguns anos atrás, muitas campanhas de marketing integrado incluem atualmente esse novo canal de mídia em seu plano de comunicações. A mídia social precisa agora ser totalmente ligada a toda a outra mídia, ao se desenvolver e medir uma estratégia de marketing de sucesso.

O CRESCIMENTO NA MÍDIA SOCIAL É CONDUZIDO PELAS NECESSIDADES HUMANAS

O fenômeno das redes sociais, o crescimento do Facebook e a proliferação de plataformas de rede social são testemunhos de como a mídia social atende bem às necessidades expressas pela hierarquia de necessidades de Maslow, em níveis acima da alimentação e da moradia. A mídia social é a tecnologia aplicada para atender a uma necessidade básica do homem: a necessidade de pertencer e de se conectar com as pessoas.[2]

A NECESSIDADE DE UMA ESTRUTURA DE MEDIÇÃO PARA A MÍDIA SOCIAL

Os profissionais de marketing precisam enquadrar a medição da mídia social em uma estrutura que inclua os elementos exclusivos de uma mídia social para poder desenvolver uma estratégia de sucesso, monitorar a execução dessa estratégia, provar que a estratégia realmente funcione e melhorá-la onde for necessário. Ela deve ser concebida com alto grau de rigor financeiro e conceitual.

Com essa estrutura, um profissional de marketing pode fazer investimentos melhores em mídia social, os quais gerem maiores receitas, lucros, valor de marca[3] e participação de mercado para o curto e o longo prazo, dados os níveis de risco associados a esse investimento.

Notas

1. Keller Fay Group; site WOMMA; http://buyers.womma.org/companies/keller-fay-group/; dados coletados em 27 de maio de 2010.
2. Hierarquia de necessidades de Maslow: http://www.edpsycinteractive.org/topics/regsys/maslow.html.
3. Valor da marca e marca nesse contexto são geralmente utilizados como sinônimos. Em contraposição à receita e lucro, que são medidas de curto prazo, o valor da marca e a participação de mercado são geralmente considerados medições de longo prazo, e devem fazer parte dos objetivos de um profissional de marketing no esforço de propiciar o máximo de receitas, lucros, valor de marca e participação de mercado em curto e longo prazo.

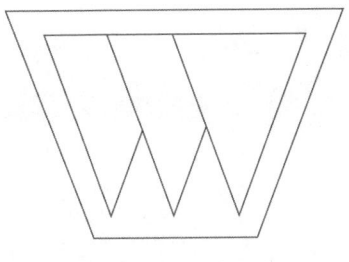

Parte I
Começando com ROI em Mídia Social

1
Começando com ROI em Mídia Social

O QUE É ROI EM MÍDIA SOCIAL?

O futuro da mídia social e a capacidade de medir seu retorno sobre o investimento (ROI) estão sendo bastante debatidos. Independentemente do lado do debate em que você esteja, a necessidade de demonstrar o ROI de um investimento na mídia social está se tornando mais urgente. Com o surgimento de consumidores que agora esperam verdadeiramente participar de conversas com sua marca, o papel dos profissionais de marketing nas organizações mudou para sempre. Esses profissionais agora precisam desenvolver suas estratégias, incorporando esse diálogo bilateral, e precisam medir o impacto sobre suas marcas para tomar as decisões corretas em termos de tática e estratégia. Os profissionais de marketing não podem mais desconsiderar a importância de se medir o impacto da mídia social sem colocar em perigo a saúde de suas marcas – e de suas carreiras.

Nos próximos capítulos apresentaremos o Quadro de Envolvimento na Mídia. Esse conceito finalmente colocará em contexto os elementos principais da medição dos aspectos corretos em mídia social para provar o valor do marketing social e compará-lo com o valor de um investimento semelhante na mídia tradicional. Dessa maneira, os profissionais de marketing podem tomar decisões táticas e estratégicas melhores sobre onde e como alocar e investir seu precioso orçamento.

Este livro foi escrito para analisar o papel que a função de marketing desempenha na mídia social, assim como a capacidade de os profissionais de marketing colherem valor positivo para a organização no curto e no longo prazo, a partir de suas atividades de marketing na mídia social. Ele cobrirá todos os tipos populares de mídia social, passando por blogs, microblogs e comunidades sociais. Cobrirá também os populares sites de marketing social, como Facebook, LinkedIn, Twitter e YouTube, assim como alguns outros pelo mundo, como Orkut, Tencent e Cyworld. Para limitar o escopo, este livro ficará restrito ao ROI gerado pelo marketing (e pela venda) de atividades que são conduzidas pela mídia social. Outras funções das empresas, como serviço de apoio ao cliente, operações e desenvolvimento de produtos, também geram ROI, mas serão apenas mencionadas porque influenciam o ROI de investimentos de marketing feitos para apoiar a marca.

O MARKETING SOCIAL É MENSURÁVEL: O MODELO DE PROCESSO DE MARKETING APLICADO AO MARKETING SOCIAL

No passado, mesmo em passado recente, o marketing foi um processo pensado para ser quase não mensurável. As lideranças investiam em comunicações de marketing com pouca ou nenhuma certeza sobre o sucesso de uma campanha ou de um esforço de divulgação de marca. Isso se transformou significativamente ao longo da última década e, com o advento da mídia social, os profissionais podem agora aplicar muitas das lições aprendidas a partir de medições na mídia tradicional para medir a mídia social. John Wanamaker disse, em uma ocasião: "Sei que metade do dinheiro que gasto em propaganda é desperdiçado, mas nunca consigo descobrir qual metade."[1] Pesquisas recentes (ver *What Sticks,* de Briggs e Stuart) sugerem agora que apenas 37% do orçamento de marketing não funciona.[2] Agora os profissionais de marketing precisam se mexer para medir a eficácia de seus investimentos em marketing social.

Da mesma forma como o site se tornou obrigatório nos últimos 10 anos, a mídia social também se tornará componente necessário de todas as atividades de marketing que envolvem a divulgação da marca. Na medida em que essa tendência avançar, os profissionais de marketing precisarão tomar as decisões corretas em relação aos aspectos principais da mídia social e determinar como medir sua eficácia no contexto de todas as outras atividades de marketing. Eles precisarão se certificar de que a marca esteja alocando seus investimentos de marketing de forma otimizada por todos os canais de mídia, inclusive a mídia social.

Alguns profissionais de marketing inteligentes desenvolveram e testaram muitas técnicas para medir a eficácia do marketing nos meios tradicionais. Eles inventaram códigos de resgate para cupons, construíram uma ciência em torno do modelo do mix de marketing, utilizando a análise de regressão dos mínimos quadrados e conceberam métodos de pesquisa em torno da escolha, monitoramento da marca e muitas outras ferramentas. Tudo isso foi feito para entender como os consumidores escolhem os produtos e para poder entender a ligação entre essas escolhas e suas ações de marketing. Foi desenvolvido e definido um quadro claro de análise de marketing e coleta de dados para muitas organizações em apoio às decisões táticas e estratégicas de marketing.

INTRODUÇÃO AO QUADRO DE ENVOLVIMENTO NA MÍDIA

Este livro apresenta um quadro abrangente para desenvolver medições e calcular o ROI para atividades de marketing social. Ele pode ser aplicado em todos os canais atualmente conhecidos de mídia social e acreditamos que será facilmente aplicável a futuros tipos de mídia social. Ele descreve como medir o valor de um único canal de marketing social, como o Twitter, ou uma combinação de campanha de marketing social integrado, como o Facebook, Twitter e YouTube, ou uma combinação de campanha de marketing integrado, como propaganda na televisão, mudanças de preços e uma divulgação de marca em uma comunidade de mídia social. Na Parte III, a ligação entre o valor incremental e o ROI será, então, descrita.

O marketing começa pelo desenvolvimento de uma estratégia baseada na estratégia financeira e corporativa para a marca, focada no cliente, nos concorrentes, nos fatores externos e nos recursos da empresa. Assim que a estratégia de marketing é determinada, são definidas e especificadas as táticas dentro de uma estrutura, como os 4 Ps: produto, preço, ponto de venda e promoção.[3] Com essas táticas postas em prática, os profissionais de marketing tradicionais determinam como querem medir o sucesso delas pela definição das medições apropriadas. Algumas são medições temporárias, como intenção de compra e reconhecimento da marca; outras são medições de resultados, como volume unitário e receita. Quando essas medições são introduzidas – dependendo do tipo de negócio – os valores financeiros podem ser determinados e o retorno sobre o investimento (ROI) pode ser calculado. Conhecendo-se o ROI para as várias táticas de marketing, a estratégia de marketing pode ser refinada, as alocações de recursos podem ser ajustadas, os problemas podem ser diagnosticados e o ciclo pode voltar a se repetir. O ciclo está ilustrado no diagrama do processo de marketing da Figura 1.1. Ele é composto pelos quatro elementos que cercam o elemento central definido aqui como Quadro de Envolvimento na Mídia.

Esse quadro é constituído por três personagens distintos: o formador de opinião, o indivíduo e o consumidor. Especificamente para o marketing social, e de forma mais geral para a mídia tradicional, a estratégia de marketing, as táticas, as medições e o ROI podem ser determinados pelo nível de envolvimento que uma atividade de marketing específica tem com esses três

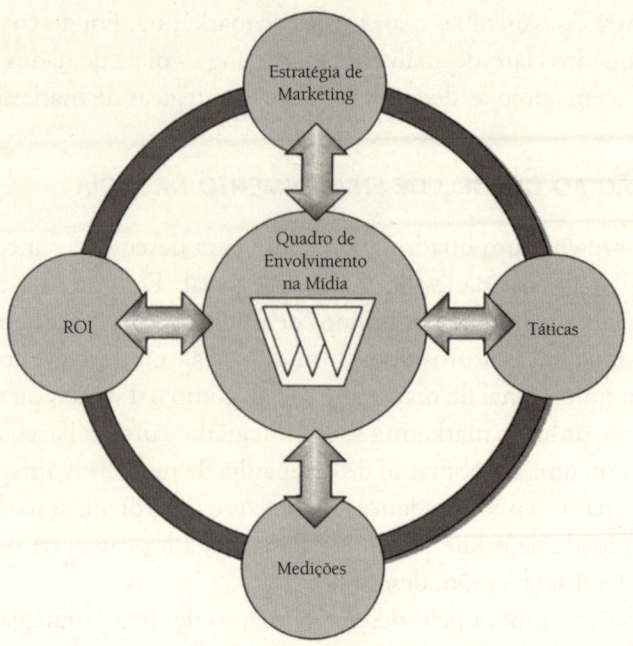

FIGURA 1.1 Diagrama do processo de marketing

personagens no mercado. As estratégias de marketing social são desenvolvidas, primeiro, ao se ouvir; depois, ao se envolver com formadores de opinião, indivíduos e consumidores, a fim de mover os consumidores pelo funil de compra, visando estimular a compra do produto e, mais tarde, criar a lealdade pela repetição da compra.

Por outro lado, se partirmos da mídia tradicional, a Oprah, por exemplo, será considerada formadora de opinião e a equipe de marketing poderá buscar o patrocínio para promover sua marca na audiência do programa. A propaganda de televisão pode ser dirigida para indivíduos, visando convertê-los em consumidores. Os consumidores podem receber um cupom Valpak,[4] a fim de conduzi-los no funil de compra dos consumidores para que eles adquiram um produto da promoção. O quadro de envolvimento na mídia descreve em detalhes como as ações de marketing conduzem o envolvimento com cada um desses alvos e o livro discute como isso se aplica especificamente às atividades de marketing social.

Para desenvolver uma estratégia específica de marketing social, é importante perceber que a mídia social compõe somente uma faceta de uma estratégia de marketing. Pelo fato de nenhum canal de marketing poder ser considerado isoladamente, precisamos nos certificar de que todos os canais de marketing, incluindo cada tipo de canal de mídia social, sejam considerados no contexto de todas as outras ações de marketing que estão sendo tomadas. Por exemplo, uma redução de preço temporária aumentará a resposta em uma campanha no Twitter? Uma nova campanha publicitária na televisão afetará o envolvimento do fã no Facebook? Quais são os efeitos da sinergia entre a propaganda na televisão e o canal do YouTube? Foram resolvidos tipos de questões semelhantes relacionadas com as campanhas de marketing integrado para a mídia tradicional e agora elas precisam também ser consideradas ao capturar e calcular o ROI em mídia social. Ao utilizar a estrutura correta, podemos agora não só medir o impacto de cada um dos canais de mídia social, como também seu impacto combinado para as campanhas de marketing social integrado e para as campanhas de marketing integrado em geral.

Em nosso modelo, existe muito mais a ser considerado ao aproveitar a mídia social como meio de apresentar uma mensagem de marketing para impulsionar um envolvimento maior e, finalmente, aumentar as receitas.

TOME MELHORES DECISÕES ESTRATÉGICAS E DE TÁTICAS DE MARKETING

Na medida em que o marketing se movimenta para atender a essa tendência, novos métodos são exigidos para entender o impacto relativo de cada uma de suas táticas de marketing social para divulgação da marca. Eles serão exigidos para medir sua capacidade de influenciar o resultado final – a verdadeira medida do ROI por todos os canais de mídia. Este livro foi escrito para auxiliar os profissionais de marketing de duas maneiras:

- para ajudar os profissionais de marketing a tomarem melhores decisões estratégicas e de táticas de marketing social para gerar maiores receitas, lucros, valor de marca e participação de mercado em curto e longo prazo.
- para ajudar os profissionais de marketing a comunicarem seus resultados para o restante da organização em uma linguagem que seja entendida: ROI.

Com mais capacidade de tomar decisões, os profissionais de marketing conseguirão melhorar o resultado final da empresa, impulsionando os lucros tanto no curto quanto no longo prazo. Com capacidade de comunicar seus resultados para o restante da organização, eles conseguirão estabelecer, defender e aumentar seus orçamentos.

Com esse fim, estabelecemos uma série de conceitos, métodos e técnicas que ajudarão o profissional de marketing a tomar decisões estratégicas e táticas que sejam significativamente melhores. Os profissionais precisam tomar decisões melhores de alocação de recursos entre investimentos na mídia tradicional (definida aqui, e ao longo do livro, como todos os outros canais de mídia não social) e na mídia social. Eles precisam se certificar de investir nas táticas corretas de mídia social, de que outras sejam melhoradas e de que as erradas sejam interrompidas ou reduzidas. Este livro olhará para cada uma dessas dimensões na tomada de decisão:

- diagnosticar as táticas malsucedidas para determinar se sua execução pode ser melhorada.
- reduzir ou interromper aquelas táticas que não estão trazendo valor para a marca.
- alocar entre a mídia tradicional e a mídia social – investir mais nas melhores táticas.
- escolher táticas bem-sucedidas para impulsionar a eficácia da mídia social e torná-la ainda melhor.
- entender como as táticas de mídia social promovem sinergias para a mídia tradicional e vice-versa.
- entender como as táticas de mídia social se complementam entre si para gerar o sucesso total.

Em geral, vemos que os executivos querem utilizar a mídia social para promover a marca, mas o fazem com a mentalidade de que a mídia social seria apenas outro canal para colocar a mesma mensagem "lá fora". Eles a veem como relativamente barata se comparada com a mídia tradicional. Eles veem a mídia social como uma plataforma de risco muito maior. No entanto, a mídia social é um método muito mais rico que outras mídias tradicionais para levar uma mensagem ao mercado. Por esse motivo, ela requer a clara compreensão do comportamento e da resposta do consumidor para poder determinar se as ações do profissional de marketing estão funcionando, em comparação com outros possíveis investimentos de marketing.

Reconhecemos que alguns puristas da mídia social se colocaram contra medir o ROI na mídia social porque isso dilui sua alegada "transparência". Em alguns casos, temos visto uma alteração da definição de ROI para significar o "retorno sobre a influência" e têm sido apresentadas muitas outras razões para evitar a medição do ROI na mídia social em termos financeiros (ver "Falsas medidas de ROI", mais adiante).

Com este livro, daremos aos profissionais de marketing um caminho para começar a desenvolver dados, estatísticas e análises para claramente identificar o impacto incremental em receita, lucro, valor de marca e participação de mercado que os investimentos em marketing social conseguem produzir. Ao fazer isso, eles também aumentarão sua capacidade de desenvolver estratégias e táticas de marketing social que possam gerar resultados significativamente melhores para suas marcas. Encorajamos o leitor a não se deixar desviar pelos argumentos de um ROI não financeiro; a mídia social pode, e deve, ser colocada em uma estrutura semelhante à da mídia tradicional e o ROI pode, e deve, ser avaliado.

VALOR PARA OS FORNECEDORES DE INFRAESTRUTURA DE MÍDIA SOCIAL

Na medida em que os profissionais de marketing forem se sofisticando, eles demandarão informações e medidas melhores e mais pertinentes das plataformas de rede social – Facebook, QQ e Twitter – para poder aperfeiçoar seu uso dessas comunidades. Isso lhes ajudará a conduzir mais atividades com seu público-alvo, mais atividade direcionada a suas marcas, gerando mais receitas e oportunidades para as plataformas de rede social. Dessa forma, os participantes da comunidade, as marcas e as próprias comunidades podem obter mais valor. O quadro de envolvimento na mídia aplicado na mídia social ajudará essas plataformas de rede social a fornecerem o tipo certo de informação para seus clientes – os profissionais de marketing –, acelerando ainda mais o crescimento e os lucros.

ESTUDO DE CASO
OS VÍDEOS VIRAIS FORNECEM UM ROI IMPORTANTE: $50 DE ORÇAMENTO = 2 MILHÕES DE ACESSOS NO YOUTUBE

Conseguir que um vídeo se torne viral tem tanto de alquimia quanto de talento e conteúdo criativo. Imagine ir ao mercado com $50, gerar 2 milhões de acessos no YouTube e conseguir a reputação de possuir o equipamento de cozinha mais resistente do planeta.

Blendtec

Com 63 anos, Tom Dickson é a celebridade mais velha no universo do YouTube. Tom cresceu na área da Baía de San Francisco e adorava pilotar suas motocicletas o mais rápido que podia. Ele não tinha ideia de que seus interesses como mecânico e engenheiro o levariam a construir um triturador de grãos que tiraria 40 concorrentes do mercado. No final, após ter concebido o Blendtec, isso o colocaria contra um concorrente global, a Bosch; no processo, Tom se tornaria celebridade internacional na mídia social.

Construa a melhor máquina do mundo e eles virão bater à sua porta.
Tom e sua equipe perceberam que o ditado de que se você "inventar um equipamento melhor, todo o mundo virá bater à sua porta" não era verdade. Com o liquidificador mais poderoso do mercado, eles precisavam descobrir uma maneira de ganhar visibilidade e obter a atenção dos consumidores. O primeiro desafio a superar era o de que eles não haviam destinado dinheiro no orçamento para o marketing.

O legado do Blendtec WillitBlend.com iniciou-se com o diretor de marketing na época, George Wright, quando ele pediu um orçamento de marketing e recebeu $50 e a recomendação de "fazer algo com isso". Eles gastaram os $50 em vários itens no supermercado local que eram vendidos ao lado de liquidificadores, mas que não eram previstos para estar nos liquidificadores. Eles produziram cinco vídeos da máquina Blendtec preparando refeições felizes com tudo que pudessem colocar no liquidificador e os postaram no YouTube. Em uma semana, perceberam que tinham obtido algo — eles atingiram mais de 2 milhões de visitantes e a marca começou sua relação amorosa de misturar coisas em pedacinhos. Quando contaram a Tom o sucesso dos vídeos no YouTube, a resposta foi "you o quê?".

A marca Blendtec ficou, desde então, bem posicionada como o equipamento mais poderoso em sua categoria e as receitas se multiplicaram por cinco nos últimos anos. O site WillitBlend.com mostra a robustez do produto ao misturar qualquer coisa que seja colocada no liquidificador e transformá-la em pilha de poeira. Bolas de golfe, discos de hóquei, tubos fosforescentes e isqueiros de butano conheceram o interior de um liquidificador Blendtec e, dependendo do que era colocado dentro do aparelho, um tipo diferente de consumidor era atraído para assistir ao vídeo — os jogadores de golfe vieram em massa para ver uma bola de golfe ser triturada e os fãs de hóquei não conseguiam parar de assistir ao episódio do disco no liquidificador. Cada visitante representa um aumento incremental no conhecimento da marca, que se traduziu no aumento fantástico das vendas nos últimos anos.

Os maiores acessos vieram das vezes em que trituraram algo popular ou fantástico — a sessão do iPad alcançou 6,5 milhões de visitantes e a do iPhone produziu mais de 8,8 milhões de acessos. Quando colocam alguns desses equipamentos, eles obtêm a primeira posição para a semana ou mês de todos os visitantes do YouTube — nada mal para um par de notas de 20 e uma de 10.

Inicialmente, a audiência de visitantes era composta de rapazes com 16 anos fascinados por destruição. Agora o público evoluiu para homens com 35 anos, mas as crianças ainda têm impacto nas decisões de compra. Tom estava em uma loja assistindo à equipe demonstrar o produto Blendtec quando uma mãe sugeriu ao filho que o liquidificador Blendtec não seria o ideal para eles. O menino lhe contou sobre o poder e a capacidade da máquina que havia assistido no vídeo do YouTube: ela acabou comprando.

Tom e seu vice-presidente de marketing, Jeff Robe, estão presentes em nosso podcast da época, quando precisaram se defender contra as acusações de um canal de televisão alemão de que a Blendtec estava ajustando os vídeos ou editando-os para enganar o público. Uma equipe de filmagem foi enviada da Alemanha e, no final, a Blendtec facilmente resistiu aos testes que precisou passar – provando que os vídeos eram verdadeiros e que seu projeto era realmente poderoso. Testes semelhantes foram solicitados pelo Discovery Channel e pelo History Channel, e em todas as ocasiões Tom e os produtos Blendtec se mostraram autênticos.

A mídia social é algo que continuará a crescer com a Blendtec. Esse é um excelente exemplo de como um impulso criativo e um esforço viral bem-sucedido podem tornar sua marca conhecida de uma forma como nunca poderia acontecer em termos de propaganda tradicional. É a capacidade da mídia social de espalhar um rumor sobre a marca e de gerar visibilidade que não pode ser adquirida por nenhum preço.

Fonte: Entrevista com Jeff Robe, vice-presidente de marketing da BlendTec Inc., realizada em 21 de abril de 2010. Publicado com permissão. Todos os direitos reservados.

UMA HISTÓRIA (CURTA) DO ROI EM MARKETING SOCIAL

A história da medição do ROI em mídia social nem sempre foi muito clara. Nos primeiros anos, existiam muitos profissionais de marketing capacitados alegando que não haveria uma forma real de se medir o ROI em mídia social. Eles estavam errados. Para eles, as ferramentas eram rudimentares, as táticas subdesenvolvidas e, além do mais, eles sentiam que não havia uma maneira clara de coletar e aplicar dados financeiros à equação. Esse não foi o caso para aqueles que atuavam na área de medição e análise de marketing. Nos últimos cinco anos, os autores têm medido com sucesso o ROI nas atividades de marketing social. Na época, as táticas de marketing social eram rudimentares e havia dificuldades com os dados, mas essas experiências ajudaram os autores a desenvolver técnicas que claramente levaram à determinação do impacto das atividades de marketing social sobre os principais objetivos dos negócios. Os clientes puderam obter informações para tomarem decisões melhores e puderam justificar para o restante da empresa que seus esforços realmente tiveram impacto na geração de mais receitas e lucros.

No início, as comunidades eram fechadas. O Facebook e o Twitter não existiam, mas os profissionais de marketing queriam auxiliar a comunidade ao compartilhar discussões sobre questões relativas às suas marcas. Se a pretensão era buscar dados de clientes, eles utilizavam os fóruns de discussão fechados sobre a marca. Alguns incluíam a possibilidade de voto e de classificação; outros ofereciam opções de dados de entrada gerados pelos consumidores. Eles permitiam que seus clientes apoiassem a marca ao postarem conteúdo valioso para todos os membros da comunidade. Os prospects (clientes em potencial) formulavam questões para a comunidade e recebiam respostas de outros membros. O profissional de marketing era principalmente um observador passivo das conversas que ocorriam em sua comunidade da marca. Abaixo, seguem breves resumos sobre os principais canais de mídia social que os profissionais de marketing começaram a aplicar em seus negócios e como eles conseguiram medir a eficácia de suas ações. Existem muitas outras tecnologias de mídia social que também podem fornecer medições e maior envolvimento para serem utilizadas pelos profissionais de marketing no intuito de transmitir suas mensagens ao mercado.

Nos capítulos a seguir, o quadro de envolvimento na mídia será aplicado para cada um dos canais de mídia social para determinar como eles podem ser medidos visando fornecer um ROI maior e uma melhor alocação de investimentos de marketing.

FÓRUNS DE DISCUSSÃO

A Intuit, a Microsoft e outras empresas foram as primeiras a se movimentar para propiciar fóruns de discussão aos clientes e auxiliá-los a fazer melhor uso de seus produtos e serviços e, consequentemente, poder reduzir os custos da empresa nos serviços de pré-venda aos clientes e no apoio técnico de pós-venda. Esses fóruns se tornaram um importante diferencial em relação aos concorrentes em suas categorias de atividade. A marca que tinha a comunidade de seguidores mais forte conseguia desenvolver um diferencial que passava a ser difícil de ser igualado pelos concorrentes. Quando a comunidade atingia massa crítica, ela atraía os principais formadores de opinião que forneciam conteúdo altamente valioso a um custo marginal baixo para a marca. Os usuários ocasionais conseguiam respostas para suas perguntas e podiam, assim, aproveitar plenamente o valor do produto que adquiriram. Em vez de esperar por uma linha telefônica para o contato com o serviço de apoio ao cliente, as respostas eram disponibilizadas em segundos.

O ROI dos fóruns de discussão tem mais a ver com a redução de carga do call center e menos com a melhoria do marketing, embora os resultados de busca melhorem claramente com o uso de mídia social. Os fóruns de discussão de qualidade propiciaram elevadas classificações para o atributo serviço ao cliente das marcas e maior lealdade.

CLASSIFICAÇÕES E OPINIÕES

Uma das primeiras áreas da mídia social utilizadas pelos profissionais de marketing foi o uso de aplicativos de voto, classificação e opinião. Por meio desse processo, os varejistas tradicionais e os on-line conseguiam solicitar e receber classificações de seus clientes sobre suas experiências com produtos específicos. Os consumidores podiam emitir suas opiniões, postar comentários sobre um produto específico e fornecer uma classificação ao votar nele (Figura 1.2). Alguns aplicativos permitiam até que os avaliadores fossem classificados, ajudando os consumidores a determinarem a qualidade percebida pelo avaliador e sua opinião. Dessa maneira, o varejista fornecia dados independentes altamente valiosos sobre os produtos populares. Os consumidores podiam agora se sentir confiantes de que sua decisão de compra foi verdadeiramente correta para eles e para sua situação específica. Essas mesmas classificações e opiniões forneciam informações valiosas que poderiam ser utilizadas pelos varejistas e as marcas para melhorar suas ofertas e seu marketing. Os varejistas podiam até mesmo começar a ajustar suas políticas de estoque para garantir quantidade maior nas prateleiras de produtos que estivessem com melhor classificação. Os profissionais de marketing recebiam um valioso feedback dos clientes e podiam utilizá-lo para aperfeiçoar sua mensagem e ajustar o desenvolvimento do produto.

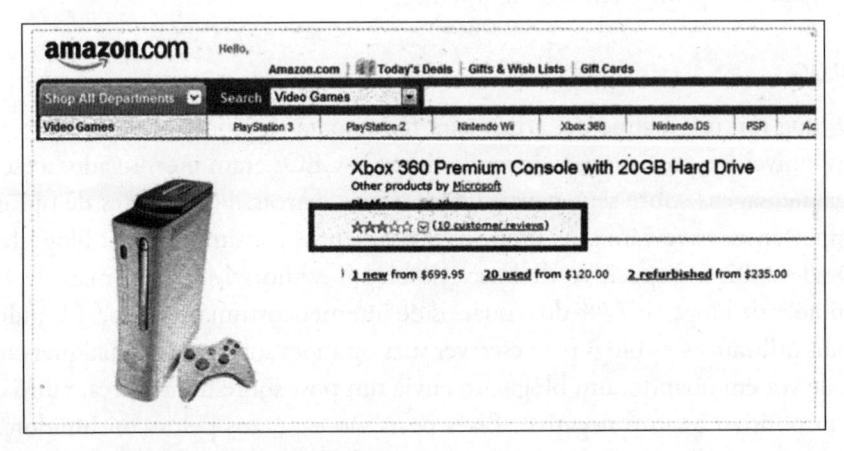

FIGURA 1.2 Avaliação no amazon.com

Pelo fato de as classificações e opiniões serem consultadas muito perto do momento de compra, os profissionais de marketing podiam utilizar as classificações e as opiniões para impulsionar o ROI, solicitando mais opiniões de qualidade dos entusiastas conhecedores dos produtos.

Comunidades vinculadas às marcas

Os profissionais de marketing também utilizaram as ferramentas de mídia social disponíveis para apoiar suas mensagens no mercado, desenvolvendo comunidades vinculadas à marca. Algumas das principais marcas de bens de consumo, como a Dove, por exemplo, foram apoiadas por essas ferramentas para desenvolver seguidores entre seus grupos de consumidores-alvo. Quando a Dove lançou sua "campanha pela real beleza", eles puderam combinar a mídia tradicional com a mídia on-line para construir uma comunidade significativa de meninas adolescentes e ajudá-las a ter sucesso em um mundo de beleza artificial. Essa comunidade ainda existe hoje, mas continua a evoluir de muitas formas, com grande parte de seus componentes tendo agora migrado para o Facebook.

Os profissionais de marketing podiam perceber um ROI maior pelo alto nível de envolvimento de seu público-alvo com a marca ao visitar a comunidade. Os profissionais podiam não apenas monitorar de perto as conversas como podiam inserir mensagens de alto valor dirigidas diretamente aos membros da comunidade. Dessa maneira, as comunidades vinculadas às marcas representam um dos principais canais para os profissionais de marketing. À medida que essas comunidades migram para o Facebook, é imperativo que essas funções de monitoramento também sejam construídas dentro das páginas e da plataforma do Facebook para dar apoio às tomadas de decisão altamente dirigidas dos profissionais de marketing.

Blog

O blog foi, originalmente, a primeira ferramenta significativa de mídia social disponível aos profissionais de marketing. Os CEOs eram incentivados a escrever mensagens sobre seus pensamentos e suas marcas. Formadores de opinião importantes escreviam seus próprios pensamentos e assim nasceu a blogosfera. Desde 2002 o dispositivo de busca de blog Technorati indexou mais de 133 milhões de blogs,[5] e 77% dos usuários de internet costumam lê-los.[6] Os indivíduos utilizam esses blogs para escrever suas opiniões sobre toda e qualquer coisa e, de vez em quando, um blogueiro envia um post sobre uma marca, tanto em tom positivo quanto negativo. Esses posts são captados pelos consumidores e muitas vezes adquirem algum grau de autoridade, credibilidade e popularidade, podendo transmitir um valor positivo ou negativo para a marca. Os profissionais de relações públicas aprenderam de forma geral que os blogueiros são diferentes dos editores da mídia tradicional e agora trabalham bastante para se relacionar e se envolver com eles, visando diminuir as mensagens negativas e promover mensagens mais positivas. Algumas marcas até se empenharam bastante para influenciar os principais blogueiros e aprenderam novas lições da forma mais difícil sobre as diferenças entre eles e os editores.

À medida que se expandia o uso das ferramentas de blog, usuários criativos começaram a adicionar um conteúdo mais rico – primeiro, fotos que eram escaneadas e incluídas; gravações de áudio eram convertidas para arquivos MP3 e adicionadas; e vídeos eram digitalizados e adicionados. Esses tipos de conteúdos são chamados de *rich media* e ajudam a criar motivos mais convincentes para os indivíduos visitarem um blog e "consumirem" o conteúdo dos posts (ou seja, ler o post, ouvir o áudio e ver a foto ou o vídeo).

Os blogs ajudaram a transmitir valor para uma marca ao focar a mensagem, aumentar a contagem de visitantes e o envolvimento com eles (aspectos característicos de divulgação de marca) e ao fornecer mais links para outros componentes valiosos dos sites das empresas.

MICROBLOG

As mensagens do blog podem ser longas e, como o conteúdo não é editado por qualquer padrão, o escritor do blog pode se perder e demorar para apresentar o assunto. A oportunidade de fornecer um post menor, que seja facilmente consumido, foi aproveitada por Evan Williams, Jack Dorsey e Biz Stone. Eles desenvolveram um serviço que restringia o escritor a *140 caracteres* (não palavras). O que você poderia dizer em 140 caracteres que fosse, ainda que remotamente, envolvente? Aparentemente muito. O serviço é chamado de Twitter e, em dezembro de 2009, levantou $155 milhões de capital sem obter um centavo de receita. Em seu último relatório, apresentou mais de 75 milhões de usuários.[7]

O Twitter ofereceu alguns recursos interessantes que não existiam em outros canais. Os profissionais de marketing podiam elevar o número de mensagens e o número de seguidores com baixo investimento, aumentando, assim, o envolvimento e propiciando vendas adicionais dirigidas, exatamente como a Dell[8] afirma ter feito. Eles podiam, rápida e facilmente, estabelecer várias contas no Twitter, cada uma agindo como um canal para um conjunto de consumidores-alvo ou para uma mensagem direcionada. Ao fazer isso, eles conseguiam refinar ainda mais as mensagens com bom custo-benefício para propiciar um valor ainda maior para seu público-alvo.

REDES SOCIAIS

As redes sociais completam as categorias mais populares de ferramentas de mídia social, com o Facebook sendo o elefante dentro da sala, gozando de uma adesão cada vez maior, de mais de 500 milhões de membros[9] em mais de 180 países em todo o mundo. O Facebook não é a única rede social. MySpace, FastPitchNetwork.com, Orkut, Cyworld (Coreia) e QZone (na China) são redes sociais que se diferenciam umas das outras por alguma característica ou recurso. Se existir algum tópico não coberto ainda por uma rede social, você pode começar sua própria rede ao instalar um software de fornecedores como Jive, Telligent Systems ou Mzinga em seu servidor ou com a contratação de um serviço como o KickApps.com ou o Ning.com. O Ning alega já hospedar mais de 4 mil redes sociais de propósitos especiais com capacidade de customizar para praticamente qualquer finalidade. Se você desejar se conectar em torno de quase qualquer assunto, já existe um lugar, ou pode existir um lugar, especificamente para você.

Embora as métricas dessas redes sejam um tanto rudimentares às vezes, ou restritas por políticas de privacidade, elas estão começando a se tornar mais transparentes. Provedores de métricas da Web de terceiros também estão começando a usar o compromisso e os contadores de visitantes como métrica para determinar a eficácia do marketing.

O PODER DA MÍDIA SOCIAL:
A UNITED AIRLINES E A GUITARRA QUEBRADA

A United Airlines experimentou o poder da mídia social e, pelo menos uma vez, não conseguiu administrar a mensagem que o mercado estava recebendo em relação à sua marca. Tudo começou com um grupo de músicos em viagem para uma próxima apresentação. No caminho, um dos instrumentos foi danificado pelo bagageiro. Conta a história que o músico fez várias solicitações educadas para resolver a situação e somente após repetidos fracassos para a companhia reconhecer o erro ou providenciar uma compensação adequada, ele decidiu resolver a questão por si próprio e tornar pública a situação.

O músico produziu uma série de vídeos curtos e os postou no YouTube em 6 de julho de 2009. Em dois dias houve mais de 125 mil visitantes e, em dezembro, a quantidade ultrapassava 6 milhões. Por várias semanas, enquanto o vídeo atraía a atenção do público quando fazia a busca por "United Airlines", o vídeo aparecia no topo da lista do Google, acima de quaisquer outras referências mais comerciais para o termo.

REDES PAGAS DE PUBLICIDADE BOCA A BOCA

Uma nova categoria de ferramentas e tecnologia para o profissional de marketing de mídia social é uma lista de pessoas on-line que utiliza a mídia social como canal de marketing de mídia – uma categoria de ferramentas que inclui Tremor (focada principalmente em bens de consumo não duráveis) e BzzAgent. A BzzAgent, por exemplo, é uma empresa de marketing boca a boca composta por um grupo diversificado de indivíduos que constituem um painel demográfico variável de mais de 600 mil voluntários que podem ser recrutados para conversas, via Facebook, Twitter e outras ferramentas, para contar aos amigos e conhecidos o que pensam a respeito de uma marca ou produto.

Essas redes pagas de publicidade boca a boca oferecem uma abordagem interessante ao marketing social. Por causa da concepção de seu sistema, elas conseguem fornecer medições valiosas sobre o sucesso de suas campanhas de marketing.

OBSTÁCULOS NA DETERMINAÇÃO DO ROI EM MARKETING SOCIAL

Encontramos alguns obstáculos para medir o ROI em marketing social. Mesmo profissionais de marketing sofisticados que investem pesadamente em marketing social para impulsionar suas marcas estão apenas acompanhando parcialmente algumas medidas rudimentares de sucesso. Isso mudará à medida que o canal de mídia social amadurecer e começar a passar da experimentação para o uso predominante. Isso mudará especialmente quando os profissionais de marketing virem seus concorrentes disputando o espaço da mídia social.[10]

DEFINIÇÃO DE ROI

O primeiro e principal obstáculo que muitos profissionais tradicionais enfrentam ao tentar o marketing social é o fato de não acreditarem que exista um ROI mensurável nele. Eles entendem que talvez exista algum valor, mas não sabem como relacioná-lo com seus negócios. De forma jocosa, achamos que muitas empresas não compreendem plenamente o conceito de ROI de marketing mesmo para a mídia tradicional, quanto mais para a mídia social. Calcular o ROI na mídia tradicional tem sido um desafio para eles, quanto mais calcular o ROI para essa nova moda de "mídia social". Essa situação é ainda mais agravada pelo fato de muitos executivos que não são da área de marketing também não entenderem ou aplicarem o conceito de ROI no que se refere ao marketing. Este livro é valioso para eles, pois aprenderão como medir o ROI para o marketing social e para o marketing em geral.

Acreditamos que, ao ler este livro, você acreditará que vale a pena investir em atividades de mídia social e que será capaz de medir o ROI dessas atividades. Responderemos às questões de como medir o ROI e mostraremos que os profissionais de marketing são capazes de tomar decisões significativamente melhores no que se refere a gerar mais receitas, lucros, valor de marca e participação de mercado pelo uso de técnicas fundamentais de análise e de medição. Com essa finalidade, o quadro de envolvimento na mídia se concentra principalmente no lado da equação que contempla as vendas e os resultados. Depois, na Parte III, nos concentraremos na avaliação em dólares e no sentido dos resultados – o "R" do ROI – e dos investimentos – o "I" do ROI.

CALCULANDO CUSTOS

Os profissionais de marketing também encontram obstáculos na medição e no cálculo dos custos e retornos. Alguns dos custos são despesas de pessoal e são alegadamente difíceis de alocar em uma atividade específica de marketing social. A determinação dos verdadeiros custos marginais da mão de obra e de outras fontes para conduzir a atividade de marketing social é fundamental para medir o elemento investimento da equação do ROI. Algumas vezes esses custos são confidenciais e são mantidos escondidos da equipe de marketing. Em outros casos, a determinação dos custos fixos e variáveis associados a essa mão de obra pode precisar ser averiguada. Para a efetiva determinação do ROI para o marketing social, é muitas vezes fundamental trabalhar com a equipe de finanças para medir e alocar apropriadamente os custos verdadeiros associados ao marketing social e aplicá-los corretamente à questão de negócio em análise.

PERDENDO O CONTROLE DE SUA MARCA

Outra barreira, possivelmente maior, para muitos profissionais de marketing é o risco que detectam de perder o controle de sua marca de maneira muito negativa. Há muitas histórias de horror de reputações de marca que escaparam ao controle do esforço de marketing e que deram errado. Historicamente, as marcas têm sido administradas por gestores que trabalham arduamente para que a percepção do mercado em relação à marca seja exatamente o que eles desejavam que fosse. Com o advento da mídia social e sua influência crescente sobre as mensagens no mercado, o gestor de marca não é mais o único a falar.

Pelo contrário, no canal de mídia social, os profissionais de marketing se tornam ouvintes ativos das conversas entre consumidores. Agora é o consumidor que assume o controle parcial das mensagens da marca e, ao fazer isso, altera a percepção da marca para indivíduos ativos da mídia social. No modelo de mídia social, o consumidor pode exercer grande parte do poder sobre o que é conversado em torno dos bebedouros e nos vários sites de mídia social. Os profissionais de marketing inteligentes começaram a participar dessas conversas. Outros ignoraram essas interações e tiveram de aprender da pior maneira sobre o poder da mídia social.

Partindo da perspectiva do ROI, o possível impacto dessa perda de controle aumenta o risco enfrentado pelos profissionais ao utilizar os canais de marketing social. Comparado com os canais de mídia tradicionais, o ROI potencialmente superior dos canais de marketing social precisa ser contrabalançado com os riscos associados ao potencial impacto negativo sobre a reputação da marca.

Separando o ruído em suas partes componentes

Outro obstáculo tem a ver com o nível de atividade de mídia social que ocorre no ambiente, esteja a empresa fazendo marketing ou não. Alguns profissionais de marketing acham difícil separar o ruído de fundo, ou patamar básico, da atividade de mídia social daquele gerado por suas ações de marketing. Como em qualquer setor, existe sempre um nível de ruído de fundo de atividade. As vendas não caem a zero quando se interrompe a propaganda, nem a atividade de mídia social. Para determinar o impacto marginal da atividade de marketing social, esse patamar básico de atividade precisa ser separado da quantidade marginal gerada por qualquer atividade de marketing – seja tradicional ou social – para poder determinar o verdadeiro efeito marginal do marketing social.

Além disso, esse patamar básico de ruído é conduzido no longo prazo pelo valor geral da marca e pelas atividades de marketing do passado. Na medida em que a marca cresce com o tempo, o nível do patamar básico de ruído também cresce.

Mídia tradicional *versus* mídia social

Talvez não exista uma definição única de mídia social que satisfaça a todos. Por simplicidade, utilizaremos a definição estabelecida no livro *A Bíblia da mídia social*[11]

A "mídia social" se refere às atividades, práticas e comportamentos entre comunidades de pessoas que se reúnem on-line para compartilhar informações, conhecimentos e opiniões por meio de conversas. São aplicativos baseados na internet que tornam possível criar e facilmente transmitir conteúdo na forma de palavras, fotos, vídeos e áudios.

A mídia social difere da mídia tradicional em vários níveis, mas, principalmente, por causa de seu diálogo multidirecional e por múltiplos caminhos entre indivíduos (de pessoa a pessoa), formadores de opinião e empresas.

A mídia social é semelhante à mídia tradicional naquilo em que as mensagens na mídia social podem ser avaliadas ao longo de dimensões similares às das mensagens recebidas por meio da mídia tradicional. Elas possuem algum nível de autoridade e persuasão, são lidas por certo número de indivíduos, e essa leitura ocorre em certos momentos no tempo e apoiam a imagem da marca de uma maneira especial. Essas mensagens afetam o comportamento do consumidor diretamente relacionado com uma marca específica ou indiretamente, por meio de comentários sobre marcas concorrentes ou sobre a categoria.

O quadro de envolvimento na mídia, quando aplicado na mídia social, irá categorizar apropriadamente cada um desses elementos para poder determinar as métricas temporárias adequadas e depois, finalmente, definir como avaliá-las em termos de valor marginal para a marca.

ESTUDO DE CASO
MÍDIA SOCIAL E APOIO AO CLIENTE

O uso da mídia social para apoio ao cliente é uma extensão natural da tecnologia de mídia social – ela permite que as empresas escutem a própria voz de seus clientes sobre as questões com as quais mais se preocupam em relação à empresa, a marca, seus produtos e processos. Os profissionais de marketing têm estado bastante envolvidos em estratégias de retenção, investindo em apoio ao cliente, e a mídia social começou a ser utilizada nessa área com grande sucesso.

O apoio ao cliente pode ser um atributo de marca fundamental, que pode influenciar muitos consumidores a adquirirem a marca ou permanecer leais a ela. O fornecimento de um excelente apoio ao cliente com base na mídia social pode melhorar significativamente a imagem da marca perante os indivíduos que são ativos em mídia social.

Comcast

Frank Eliason, diretor sênior do Centro Nacional de Operações de Clientes, é o rosto por trás do endereço no Twitter @comcastcares. O uso da mídia social para melhorar a atividade de serviço ao cliente dentro da Comcast começou humildemente e um pouco fora do radar. Ao trabalhar no escritório de apoio ao cliente na Filadélfia, Frank começou a monitorar o tráfego na mídia social e observar os posts que mencionassem a Comcast. Quando o tempo permitia, ele telefonava para os blogueiros que escreviam sobre suas experiências com a Comcast e interagia individualmente com eles por telefone. Ele descobriu que esse tipo de abordagem era incrivelmente bem recebido.

Frank explicou: "Se conseguíamos decifrar quem era o blogueiro e obter seu número de telefone, nós ligávamos para ele. Muitos não achavam que alguém lia seus blogs, logo, ficavam chocados quando recebiam o telefonema. Eles ficavam felizes só por você ter ligado. Eles adoravam o fato de você tentar ajudá-los." Frank lembra quando o departamento de marketing tomou conhecimento do que eles estavam fazendo. "Em determinado momento, nosso departamento de relações-públicas começou a perceber o que fazíamos. O que estava acontecendo era que chegávamos às pessoas e, de repente, 'a Comcast me telefonou'", relata Frank. O departamento se sentiu cativado e pediu mais. De repente, disseram para Frank: "Isso está ótimo e queremos que seja o seu trabalho."

A ampliação do esforço permitiu que a Comcast estabelecesse conversas bastante valiosas com os consumidores no Facebook, no Twitter, em blogs e em fóruns; em qualquer lugar onde o cliente estivesse se comunicando sobre a empresa. Frank conta: "Nos encontrávamos com os clientes onde eles já estavam. Ouvindo e aprendendo com eles – algo bastante básico; quase um curso introdutório de apoio ao cliente." O objetivo da equipe de Comcast Digital Care é "ouvir seus clientes e ajudá-los, se puderem". Não há expectativas de que transmitam mensagens de marketing aos consumidores, e sim uma impressão positiva sobre a marca e o serviço ao cliente.

Para Frank, o aspecto mais marcante da mídia social é a personalização que ocorre entre o representante da marca e o consumidor. Há dois anos, Eliason era a única pessoa a responder como @comcastcares. Ele trabalhava sete dias por semana respondendo aos tweets dos clientes e ajudando a resolver questões com quaisquer recursos que conseguisse reunir. Certa vez, quando tirou um dia de folga, ele descobriu que os clientes começaram a responder para outros clientes, demonstrando entre si que Frank havia folgado naquele dia. Ele acredita que isso pode ser totalmente atribuído à abordagem pessoal que a mídia social demanda. Esse é um meio de contato pessoa a pessoa e é esse nível de personalização que propicia benefícios inesperados e que hoje ajuda a conduzir a filosofia de serviço ao cliente da Comcast através de mídia social. Frank afirma que "para uma marca interagir na mídia social, ela precisa ser personalizada".

O protocolo de resposta da Comcast será diferente de acordo com o site ou o tipo de mídia social em que o post ou comentário foi encontrado:

Blogs – os blogs são respondidos primeiramente através de e-mail e, depois, por meio de um telefonema ou comentário.

Fóruns – a resposta é dada pessoalmente através de uma mensagem privada, principalmente onde somente a Comcast pode resolver o problema.

Twitter – a Comcast responde publicamente e abertamente. O Twitter oferece um sistema de alerta porque as mensagens parecem ser postadas antes que os consumidores comecem a ligar para o serviço de apoio. Ouvir e monitorar o fluxo de mensagens no Twitter permite que a Comcast rapidamente mude seu sistema de resposta de voz interativa (IVR) quando necessário para aumentar a velocidade de resposta durante um incidente de serviço mais amplo.

Facebook – inicialmente, o Facebook era bastante trancado em relação a ser capaz de enviar uma mensagem membro a membro se estes já não fossem "Amigos no Facebook" e era difícil para a Comcast responder aos posts: o alcance no Facebook chegava somente a algumas pessoas. Desde então, o Facebook abriu um pouco, mas, por causa das políticas de spam, ainda é difícil responder na rede social.

YouTube – o serviço ao cliente da Comcast monitora e se conecta com clientes por intermédio de mensagens e comentários.

Em termos de retenção de clientes e redução das ligações ao call center, a história da Comcast é excelente no sentido de como uma marca pode melhorar a experiência do pós-venda, reduzir o boca a boca negativo e impulsionar o boca a boca positivo.

Fonte: Entrevista com Frank Eliason, diretor sênior do Centro Nacional de Operações de Clientes da Comcast, realizada em 1º de fevereiro de 2010. Publicado com permissão. Todos os direitos reservados.

O ENVOLVIMENTO É FUNDAMENTAL

O aspecto mais marcante da mídia social quando comparada com a mídia tradicional está no nível de envolvimento propiciado pela mídia social. Uma mensagem enviada pela televisão pode ser vista ou não pelo telespectador. Ela pode fazer ou não uma conexão com o consumidor. O consumidor pode ainda se envolver com a marca, falando com amigos ou conhecidos sobre ela. Finalmente, o consumidor pode se envolver diretamente com a marca por meio da compra. No espaço da mídia social, o envolvimento com a marca pode ser imediato e crescente. Os indivíduos podem fazer comentários sobre suas impressões ou experiências com a marca. Estas podem ser reais ou virtuais e são valiosas à medida que se relacionam com a percepção da marca pelos indivíduos. É essa área é que será discutida em detalhes no livro e que fornece uma das verdadeiras diferenciações entre os impactos nos consumidores da mídia tradicional e da mídia social.

O importante para nós é compreender como a mídia social se diferencia ou se assemelha à mídia tradicional. Muitas das ferramentas e técnicas utilizadas para medir a mídia tradicional podem ser facilmente aplicadas à mídia social, com ajustes feitos pela natureza exclusiva da mídia social. Entretanto, alguns dos valores fornecidos pela mídia social são bastante diferentes dos da mídia tradicional e precisaremos ajustar as ligações financeiras para capturar e explicar essas diferenças.

A mídia tradicional e a social diferem das seguintes maneiras:

Mídia tradicional	Mídia social
Comunicação unidirecional, de um para muitos	Diálogo de múltiplos caminhos, de muitos com um
Aqui é onde os profissionais de marketing pensam estar o valor da marca	Os consumidores expressam como percebem a marca
Os consumidores são segmentados por seus grupos demográficos e comportamentos ao assistir	Os consumidores são segmentados por seu comportamento social
Conteúdo desenvolvido e fortemente controlado pelo profissional de marketing	Conteúdo gerado pelo público, por formadores de opinião e profissionais de marketing; o conteúdo é somente parcialmente controlado pela empresa
O boca a boca é conduzido por aquilo que é considerado diferente e interessante	O boca a boca está fundamentado no conteúdo da mensagem, WIIFM[12]
Recomendação de especialistas (por exemplo: *Guia Michelin* etc.)	Recomendação de colega e de formador de opinião (isto é, Circuit City, Amazon etc.)
Editores de conteúdo controlam todos os canais	Usuários permitem recebimento de conteúdo dos editores
Abordagem estratégica de cima para baixo	Estratégia de baixo para cima ("voz do consumidor")
As informações são administradas pela hierarquia	Informações prestadas de acordo com demanda
Ênfase no custo e no ROI – medida de CPM[13] para a transmissão	Custo relativamente baixo para participar

A tabela apresentada compara as características predominantes da mídia tradicional e as da mídia social, mas recomendamos cuidado ao delinear as duas. Para esclarecimento de nossas definições, estamos incluindo o marketing na internet como um canal de mídia tradicional – já que anúncios de vendas e exposição do público a anúncios postados on-line não possuem diferenças reais. Ainda é um tipo de publicidade unidirecional, de um para muitos. Assim, escolhemos incluir a mídia internet em nossa definição de mídia tradicional.

A mídia tradicional possui um modelo "envie e esqueça" no que se relaciona com a interação da marca com a mídia. Quando a mensagem é enviada, os indivíduos não podem respondê-la usando diretamente aquele canal de mídia unidirecional. Por outro lado, o nascente modelo de mídia social exige mais do que apenas criar e postar uma mensagem para aparecer no Facebook ou no MySpace, deixando-a para que os consumidores a observem de alguma forma. Ela exige um monitoramento constante e um envolvimento nas conversas sobre a marca, de maneira muito parecida com o processo que a Bravo Networks desenvolveu em torno de seu Talk Bubble, discutido no estudo de caso. O quadro de envolvimento na mídia será utilizado para destacar as diferenças entre a mídia tradicional e a mídia social, e a forma de medir o nível de envolvimento para cada uma das dimensões do quadro pode ajudar no apoio a melhores estratégias de mídia social e a medir seu sucesso.

MEDINDO A MÍDIA TRADICIONAL

Para muitos profissionais de marketing, medir a eficácia da mídia tradicional se tornou simples e direto. Atribuição de último toque (*Last-touch attribution*) (ver box a seguir), delineamento experimental, modelo de mix de marketing, modelo de previsão, análise de comportamento do consumidor e outras técnicas foram desenvolvidas e são amplamente utilizadas.

ATRIBUIÇÃO DE ÚLTIMO TOQUE

Embora seja conhecido por muitos nomes, a *atribuição de último toque* é provavelmente um dos métodos mais conhecidos para medir a eficácia do marketing. Ele é utilizado por muitos profissionais e atribui todo o peso da atividade de marketing ao último acesso que foi medido ou indicado. Por exemplo, um cupom com uma taxa de resgate de 0,75% assume que toda a receita incremental gerada pelas retiradas daquele cupom é derivada dos consumidores que resgatam seus cupons.

> A *atribuição de último toque* ignora todas as cunhagens anteriores e concomitantes de todas as outras mídias. Se a taxa de resgate foi ligeiramente maior porque a televisão estava funcionando enquanto o cupom estava sendo retirado, seu efeito será ignorado e a taxa de resgate maior ainda será totalmente atribuída ao cupom.

Neste livro, descreveremos brevemente algumas dessas técnicas à medida que possam ser utilizadas para medir a eficácia da mídia social. Mostraremos como elas podem ser aplicadas e ajustadas para se adaptar à medição das atividades de marketing social. Para uma descrição mais detalhada dos últimos métodos de ROI de marketing e eficácia, consulte *Marketing Calculator*.

ESTUDO DE CASO
TORNANDO A MÍDIA SOCIAL PARTE DO DNA DE SUA EMPRESA

A fusão da mídia social com a tradicional está criando novas oportunidades e desafios para as empresas de mídia quanto à determinação de quais seriam as estratégias corretas, as plataformas ideais e as melhores táticas para alcançar seu público e criar uma personalidade de marca envolvente.

Bravo Networks

A Bravo Networks possui alguns programas populares de televisão, incluindo o "Real Housewives" de Nova York, New Jersey, Atlanta e Orange County, e o "Top Chef". A Bravo é uma marca de entretenimento divertida e sofisticada, voltada a cinco categorias principais: alimentos, moda, design, beleza e cultura pop; sua audiência atinge um grupo demográfico de pessoas educadas, ligadas à tecnologia e "modernas"; assim, a sobreposição com a mídia social é significativa e muito importante para a empresa.

Ellen Stone, vice-presidente sênior de Marketing, e sua equipe desenvolvem toda a estratégia de marca e gerenciam a presença de marketing para todos os produtos Bravo. Estão sempre tentando desenvolver conteúdo inovador e influente que os fãs possam comentar e que permita o envolvimento deles com a marca de várias maneiras. "Para a Bravo, trata-se de bate-papo, e o envolvimento é central para nós." Ellen diz que a "mídia social faz parte de seu DNA".

Como uma das primeiras marcas de mídia a abraçar a mídia social, o compartilhamento de conteúdo da Bravo com o MySpace começou em 2005 e hoje eles possuem presença efetiva e bem gerenciada em uma dezena de plataformas de mídia social. Eles utilizam o marketing social para iniciar uma conversa com seu público, conduzem a conversa entre os fãs e as celebridades da Bravo (também conhecidas como Bravolebrities) e criam uma euforia em torno dos programas que apresentam em seu canal de transmissão. A mídia social aproveita as conversas sobre a estreia de programas para ajudar a manter o entusiasmo em torno de um programa ou seriado, procurando revelar oportunidades para os fãs se conectarem com a marca. A Bravo desenvolveu produtos relacionados com suas marcas, incluindo livros de receitas, roupas, jogos, alimentos, vinho e outros produtos de consumo.

Guides by Bravo

A Bravo continua a se integrar mais na mídia social com o desenvolvimento de aplicativos e parcerias com ela. Guides by Bravo é um aplicativo do iPhone que dá aos usuários a possibilidade de descobrir onde as celebridades Bravo (Bravolebrities) de programas como "Top Chef" e "Real Housewives" jantam, almoçam ou fazem compras. Desenvolveram uma parceria com a FourSquare, o game social, para promover uma associação ainda mais profunda com a marca. Quando os fãs descobrem lojas e restaurantes favoritos de uma Bravolebrity, eles ganham distintivos especiais específicos de seus seriados favoritos da Bravo.

Bravolebrities e Bravo Talk Bubble

A Bravo inventou uma maneira de os telespectadores do seriado "Real Housewives" se conectarem com Bravolebrities e entre si: a Bravo Talk Bubble. O Talk Bubble funde os fluxos de mensagens do Twitter e do Facebook. Os telespectadores na Bravo Talk Bubble não precisam estar na mesma sala, ou até no mesmo estado, para participar de uma festa e assistir um episódio na televisão. À medida que os telespectadores se conectam, a Bravo observa várias medições, incluindo páginas visitadas, tweets e um conjunto de medidas específicas que os ajudam a entender o tom e o sentimento.

Além da iniciativa do Talk Bubble, as medições principais que Ellen e sua equipe procuram seguir quando gerenciam seus esforços de marketing social incluem:

1. envolvimento com a audiência
- quantidade de fãs no Facebook
- quantas vezes a Bravo se tornou o tópico mais postado
- quantas vezes os tweets dos astros foram tweetados, retweetados e retweetados novamente
- qual o envolvimento dos consumidores com a marca
- o que as pessoas estão falando sobre o programa

2. tráfego de visitantes das páginas on-line e móvel e fluxos de vídeo
- clicks e estimativas

3. qualitativa
- sentimento e tom positivos
- recebendo corretamente o conteúdo da mensagem e dentro do contexto
- estando onde o consumidor está
- dando ao consumidor o tanto de Bravo que ele deseja consumir

Ellen alerta que é muito importante a voz e a mensagem que estão sendo transmitidas, assim como a frequência da mensagem: a voz precisa ser menos corporativa e a mensagem, mais pessoal. O esforço é feito dentro do contexto de buscar por aquilo que os fãs estão querendo: os profissionais de marketing querem ter certeza de que a marca consegue atravessar o barulho e a desordem de uma maneira que seja relevante e que a distinga de seus concorrentes.

Um exemplo de como expandem a conexão da marca com o consumidor é a forma como agem quando surge um tópico "habitual". Se percebem que uma conversa sobre um artigo de roupa que uma das Real Housewives está usando começa a ser compartilhada por outras pessoas, eles passam a oferecer esse item de vestuário para compra na loja on-line da Bravo. Ellen diz: "É dessa forma que tentam dar, e dão, aos fãs o tanto de Bravo que eles querem, onde e quando desejam. A Bravo age para envolver o consumidor onde ele for e onde ele estiver, seja na televisão, no computador, no equipamento móvel ou além."

O futuro da mídia social para a Bravo

À medida que recebe mais concorrência de outras marcas nos mesmos espaços sociais – e eles esperam isso –, a Bravo procura poder rapidamente determinar quais são os melhores aplicativos e plataformas para apoiar a marca e que conteúdo de entretenimento é correto nessa plataforma.

Neste exato momento, Ellen entende que as pessoas querem compartilhar mensagens entre si e esse compartilhamento que ocorre na mídia social se tornou parte das vidas diárias das pessoas e uma parte de tudo que elas fazem – mesmo se for o caso de assistirem sozinhas à televisão em um quarto.

Fonte: Entrevista com Ellen Stone, vice-presidente sênior de Marketing da Bravo Media, realizada em 7 de abril de 2010. Publicada com permissão. Todos os direitos reservados.

Estratégia de Marketing Social

Existem três atores a serem considerados na cadeia de valor da mídia social ao se desenvolver uma estratégia de marketing apropriada: formadores de opinião, indivíduos e consumidores. Ela precisa também englobar as interações entre a mídia tradicional e a mídia social, incluindo sinergia e canibalização. Por exemplo, a Dell afirma que através do Twitter ela conseguiu realizar $19 milhões em receitas.[14] Mas isso foi realmente uma receita adicional ou esse total teria sido vendido de qualquer forma através de outros canais de mídia tradicional existentes? A estratégia de marketing social e de medições precisa abranger todas essas dimensões por causa do inter-relacionamento entre os diferentes canais de marketing tradicional e de marketing social; e dentro de cada canal existe a interação entre formadores de opinião, indivíduos e consumidores. Além disso, a mídia social afeta algumas das funções corporativas fundamentais, incluindo o marketing social, o serviço aos clientes, o desenvolvimento de produto, a pesquisa de mercado e as operações. A estratégia de marketing social é um dos componentes da estratégia de marketing geral a impulsionar receitas pelo menor custo e risco para o curto e o longo prazo. Visando determinar o sucesso de uma estratégia de marketing social, todos esses componentes precisam ser controlados para que se possa constatar a resposta para cada um dos investimentos de marketing, sejam eles feitos na mídia tradicional ou na mídia social.

O marketing social gera respostas através de consumo e bate-papo no espaço da mídia social e, com um intervalo de tempo, gera resposta em termos de receita e compras no mundo real. Mesmo na ausência de marketing social, ainda assim existe algum patamar básico de conversas de fundo. Este é desencadeado pelo valor da marca, pela qualidade do serviço ao cliente e pelo nível de excelência operacional fornecido pela organização. Cabe ao marketing gerar conversas adicionais, envolvimento e receitas no curto e no longo prazo. Independentemente de o marketing ser ativo ou passivo para gerar conversas e envolvimento, todas as empresas podem se aproveitar da atividade no espaço de mídia social através de seu monitoramento e do fornecimento de respostas. Radian6, Alterian e outros desenvolveram excelentes aplicativos para empresas que podem ser incorporados no processo de escuta e monitoramento de mídias sociais para medir o nível de conversas e seu sentimento e tom. Eles também podem ser usados para diminuir o boca a boca negativo, desenvolver orientações e responder a assuntos operacionais e de serviço ao cliente, quando surgirem.

FORMADORES DE OPINIÃO

Para gerar valor em mídia social para os profissionais de marketing é necessária a segmentação. Os profissionais precisam alcançar e envolver não apenas seu público-alvo, mas também os formadores de opinião que estão positivamente inclinados em relação à marca. Eles amplificam as mensagens para o público-alvo, alcançando de forma persuasiva muitos indivíduos com uma mensagem positiva (às vezes negativa), aproveitando-se de suas reputações.

Como Mark Jenner e sua equipe na Guiness Anchor Berhad (GAB), na Malásia, os profissionais de marketing social precisam desenvolver uma estratégia que alcance esses grupos o mais eficazmente possível. No caso da GAB, eles identificam os formadores de opinião em cada uma das várias categorias selecionadas por sua capacidade de promover uma mensagem em torno da cena musical nos eventos da Heineken Green Room. Quando os formadores de opinião são identificados, eles os escutam, se envolvem com eles e depois os alimentam com mensagens e prêmios que os formadores de opinião considerem valer a pena encaminhar e emprestar suas reputações.

Do ponto de vista de medições, os formadores de opinião representam uma dimensão importante para medir o impacto do marketing.

INDIVÍDUOS

Uma das principais diferenças entre a mídia tradicional e a mídia social é o envolvimento entre uma marca e os indivíduos ativos na mídia social. A mídia tradicional fornece um envolvimento unidirecional. O profissional de marketing envia uma mensagem e o individuo (espera-se) recebe a mensagem. Com base na mensagem, o profissional de marketing trabalha para provocar uma resposta que construa um envolvimento com a marca.

O profissional de marketing tem agora uma nova segunda dimensão – a comunidade – para se envolver com o indivíduo, independentemente de ele ser consumidor, formador de opinião ou nenhuma das opções citadas. O profissional de marketing precisa gerar tanto o envolvimento virtual em várias comunidades on-line quanto o envolvimento fora da internet (ou on-line para marcas on-line), através de compras físicas reais. Na mídia social, os indivíduos se juntam a uma comunidade, consomem conteúdo e recebem valor da comunidade, participam ativamente da comunidade, conversando, enviando posts, adicionando conteúdo, votando, classificando, avaliando, comentando e encaminhando conteúdo de outros indivíduos, e, por fim, convidam outros a participar da comunidade. Algumas vezes recebem tanto valor da

> **FALSAS MEDIDAS DE ROI**
>
> **Retorno do compromisso** – a duração de tempo despendido em conversas ou interação com objetos sociais e, por sua vez, o que foi dito e que valha a pena medir.
>
> **Retorno da participação** – a medição ligada a dimensionar e avaliar o tempo gasto ao participar em mídia social através de conversas ou da criação de objetos sociais.
>
> **Retorno do envolvimento** – semelhante à participação; os profissionais de marketing exploram pontos de contato para documentar estados de interação e medições subordinadas e o possível retorno de cada um.
>
> **Retorno da atenção** – na economia da atenção, avaliamos os meios para atrair a atenção, de segurá-la e, como tal, medir as atividades nas respostas que geramos.
>
> **Retorno da confiança** – sendo uma variante da medida de lealdade do cliente e da probabilidade de referências, uma medição da confiança estabelece o estado de confiança adquirida no envolvimento com a mídia social e a perspectiva de gerar defesa da marca, e como isso impacta em futuros negócios.
>
> *Fonte*: Brian Solis (http://socialmediatoday.com/SMC/176801?utm_source=smt_newsletter&utm_medium=email&utm_campaign=newsletter)

comunidade que podem até se dispor a colocar suas reputações em jogo e advogar para seus amigos e conhecidos que essa comunidade também pode fornecer valor para eles.

Essa nova dimensão pode adicionar grande valor, mas também pode acrescentar complexidade na forma como os profissionais de marketing precisam planejar suas estratégias e táticas de marketing. Porém, ao utilizar o quadro correto para entender essa estrutura de marketing, os profissionais poderão melhorar toda sua abordagem de ida ao mercado. Para ajudar o profissional de marketing social, desenvolvemos o conceito de funil de envolvimento da comunidade que acreditamos condensar esses conceitos centrais para que a marca possa adicionar com sucesso essa nova dimensão em seu mix de marketing.

CONSUMIDORES

Os consumidores se constituem um subconjunto dos indivíduos que são ativos na mídia social. A atividade do profissional de marketing em canais tradicionais e sociais impulsiona o valor da marca em termos do funil de compra do consumidor e da imagem da marca. Os efeitos do funil de compra dos consumidores são medidos com base em como os consumidores se movem dentro do funil desde a percepção até a análise e, depois, pela compra, lealdade e apoio. No modelo de mídia social, o profissional de marketing possui agora a opção de gerar tanto entusiasmo pela marca que o consumidor se torna um advogado da marca. Essa nova camada no funil de compra do consumidor é que fornece uma nova dimensão fundamental para os objetivos de marketing da marca. O entusiasmo com a marca pode, então, ser usado pelo profissional para aumentar a defesa, fornecer ideias valiosas sobre o produto, escrever opiniões valiosas sobre o produto e aumentar o apoio do cliente pelo posicionamento em comentários apresentados em fóruns de discussão.

Mídia social e marketing social também podem ter um impacto na imagem da marca em termos do valor que os consumidores colocam nos atributos emocionais de uma marca. Por exemplo, os consumidores ativos na mídia social podem considerar o serviço ao cliente da Intuit extremamente bom por causa do fórum de discussão on-line, que fornece respostas imediatas para questões colocadas ou buscadas. Os consumidores ativos fora da mídia social podem não ter a marca em tão alta conta por não possuírem acesso a esse recurso valioso.

ESTUDO DE CASO
AS MÉTRICAS PARA A MÍDIA SOCIAL SE ASSEMELHAM ÀS DA MÍDIA TRADICIONAL

Os profissionais de marketing vêm se debatendo há bastante tempo com a questão de como gerenciar e medir o ROI. Os processos, as análises e a coleta de dados têm se desenvolvido e o cálculo do ROI finalmente vem se tornando obrigatório para muitos profissionais tradicionais de marketing. Embora existam muitas medições cercando o marketing social – tornando-o aparentemente mais mensurável –, falta a conexão entre essas medições e a receita marginal. Muitos dos mesmos conceitos utilizados na mídia tradicional podem ser aplicados à mídia social (controlando-se as diferenças).

Edelman Digital

Steven Rubel gosta de trabalhar com empresas que possuam iniciativas de marketing com "M" maiúsculo, como em Programa de Marketing *versus* programa de marketing. Steve é vice-presidente sênior e diretor de Insights na Edelman Digital e, de acordo com ele, existe "um vínculo de mídia social e digital juntas para conectar o marketing social com relações públicas que consegue aumentar a capacidade da agência de conduzir com mais eficácia a agenda do cliente na mente do consumidor".

Um exemplo que ele compartilhou conosco foi sobre um sabor premium de sorvete e um novo produto lançado em 2009 e chamado de Flip. A percepção sobre o novo produto superou as expectativas do cliente quando a equipe da Edelman lançou uma página de fãs no Facebook que pegava uma mensagem curta e a convertia ou fazia um "flip" para ela ser lida de cabeça para baixo, como um post no Mural do Facebook ou como uma mensagem no Twitter. "A audiência de conversas e a 'euforia' em torno desse pequeno programa superou em muito a quantidade e o valor das mensagens que poderiam comprar pelo mesmo preço em canais de mídia tradicional", diz Steve.

As medições para avaliar o sucesso de uma campanha de marketing social refletem de perto as medições que eles usam em outros esforços de mídia. Eles incluem elementos como:

Alcance
Envolvimento
Reputação
Sentimento
Confiança

Cada um representa um nível do valor da mensagem que a marca busca expressar ao gerar uma conversa com um consumidor. O valor da mensagem é um elemento fundamental para o projeto de envolvimento com qualquer um de seus clientes.

Crise de atenção

Com a mídia social e digital tendo aberto uma enxurrada de conteúdo que um consumidor consegue acessar, o crescente desafio para os profissionais de marketing será a capacidade de obter a atenção dos consumidores e desenvolver percepções de marca de nível superior. Steve disse que "já existe uma crise de atenção que os profissionais de marketing precisam enfrentar. Com tudo que um consumidor consegue acessar on-line – em um formato crescentemente móvel –, a capacidade de captar sua atenção em uma marca específica está se tornando cada vez mais difícil... O outro grande desafio oculto sob a superfície para 2010", afirmou, "é a questão da privacidade do consumidor e o que acontecerá quando os consumidores perceberem quanta informação está sendo reunida e utilizada sobre eles".

Fonte: Entrevista com Steven Rubel, vice-presidente sênior da Edelman Digital e diretor de Insights da Edelman, realizada em 18 de janeiro de 2010. Publicada com permissão. Todos os direitos reservados.

MEDINDO MARKETING SOCIAL

O marketing é uma das facetas elementares que impulsionam negócios de sucesso. Em 1954, Peter Drucker disse: "Os negócios nas empresas têm duas e somente duas funções básicas: marketing e inovação."[15] Como o marketing tem essa função fundamental na empresa, tanto a adição do marketing social quanto a medição do esforço geral correspondem a investimentos da gestão que são essenciais e compensadores.

FERRAMENTAS DE MEDIÇÃO DE MÍDIA SOCIAL

Em acréscimo às ferramentas básicas de mídia social que estão presentes na mídia social, temos a tecnologia ou as ferramentas que são utilizadas para medi-las. Algumas dessas ferramentas são concebidas para vasculhar toda a Web, buscando menções em posts de blogs, posts de microblogs, redes sociais e mais. Dentre elas se incluem: Alterian SM2, Radian6, Scoutlabs, Brandtology e Nielsen BuzzMetrics. Outras medem conversas em canais específicos de mídia social e, baseadas em vários critérios, graduam essas conversas por sua popularidade, influência e outras medidas.

As ferramentas e técnicas referidas aqui são discutidas ao longo do livro. Mais informações podem ser encontradas em nossa página de fãs no Facebook, no endereço Facebook.com/ROIofSocialMedia.

Cada uma dessas ferramentas fornece medições para avaliar o sucesso do marketing social e a utilização do quadro de envolvimento na mídia aplicado ao marketing social ajudará a fornecer medições valiosas que possam levar a um cálculo sólido e preciso do ROI.

UM PROCESSO PARA O ROI EM MARKETING SOCIAL

Esperamos que ao final do livro você tenha compreendido a essência e os conceitos apresentados, a fim de que possa aplicá-los em sua empresa. Para lhe apoiar nesse objetivo, estamos fornecendo um processo em oito etapas para, primeiramente, implantar os conceitos deste livro como parte do processo de definição estratégica e, então, em segundo lugar, desenvolver medições bem-sucedidas e, finalmente, aplicar aos dados financeiros para estimar e calcular seu ROI. Mais informações podem ser encontradas em nossa página de fãs no Facebook, no endereço Facebook.com/ROIofSocialMedia.

O FUTURO DA MÍDIA SOCIAL E DO ROI

Um comentário comum sobre a mídia social menciona como ela é impressionante. O jorro de informações que fluem para a organização ou para o indivíduo pode ser difícil de filtrar ou de reagir. Na medida em que aumenta a contagem de usuários, amigos e seguidores, a mídia social cria um fluxo de mensagens que podem se tornar sem sentido – é conteúdo demais para examinar, quanto mais para absorver ou encontrar relevância. Muitas das mensagens são inúteis. Outras são apenas spam. Comentários não relevantes se misturam com informações reais, úteis e significativas. Seria uma grande tolice negar o verdadeiro valor das redes sociais; passa a ser um processo de eliminar os ruídos dos sinais e o joio do trigo.

A possível falha da mídia social no contexto da empresa não está na criação e realização de um diálogo; está na filtragem da enorme quantidade de mensagens para captar as informações úteis. A área em que vemos o mercado liderar é na direção de reunir um conjunto de ferramentas que utilize a inteligência para gerenciar melhor essa enorme quantidade de mensagens recebidas combinadas para apresentar essa informação quando e onde necessário para o indivíduo ou partes da organização que terão o poder de agir sobre elas.

Novas funções dentro das organizações também estão se desenvolvendo, com títulos como "mesa de comando de mídia social", "acompanhamento de posts de mídia social", "gerenciamento de tráfego na mídia social" ou "triagem de mídia social". Eles se referem àquela parte da organização que monitora e gerencia as funções de classificação das mensagens. Esse mesmo fluxo de mensagens pode ser utilizado para medir as conversas independentemente de onde tenham se iniciado. Hoje estamos vendo funcionários designados para um banco de monitores com mensagens, posts e comentários que fluem, clicando em ícones para seguir as mensagens de uma pessoa ou outra. Nos próximos anos é possível que vejamos melhorias na inteligência dos sistemas, de forma que o processo exija cada vez menos funcionários, com resultados cada vez melhores. Dessa maneira, os profissionais de marketing conseguirão constatar melhor os resultados de suas campanhas.

Utilizando a resposta à publicidade como nosso guia, esperamos que o futuro do marketing na mídia social também comece a diminuir. Quanto mais marcas participarem na mídia social, mais os consumidores também serão inundados pelo grande número de mensagens tolas. Eles precisarão refinar suas atividades para menos mensagens em uma categoria ou menos categorias – ou ambos. A resposta às campanhas de mídia social diminuirá e será mais difícil alcançar os extraordinários retornos que as marcas desfrutam atualmente. Mas, pelo valor excepcional da mídia social, os profissionais de marketing não podem ignorar esse canal, nem agora, nem no futuro. Ele é altamente produtivo e fornece excelentes receitas, lucros, valor de marca e participação de mercado em comparação com outros canais tradicionais de marketing – pelo menos até que surja o próximo canal.

VAMOS COMEÇAR...

O ROI é um conceito financeiro de negócios que ajuda os executivos a tomarem melhores decisões de alocação de recursos, principalmente em nível de investimentos a serem feitos em várias atividades, com vários graus de risco e retorno. Ele permite que o executivo escolha entre os investimentos e em que valor aplicar, ou na decisão de não investir em determinado curso de ação. O propósito do ROI no que se relaciona com o marketing é duplo:
- tomar melhores decisões estratégicas e táticas para impulsionar mais receitas, lucros, valor de marca e participação de mercado.
- comunicar a eficácia de dada ação de marketing em termos que a alta administração e o restante da empresa possam entender.

O estabelecimento do ROI de marketing no espaço da mídia social permitirá aos profissionais de marketing desenvolverem melhores orçamentos em mídia social, defenderem esses orçamentos, e depois ampliá-los. As empresas conseguirão aumentar os ganhos e, principalmente, o marketing irá se tornar um componente estratégico para o sucesso da empresa. Pelo fato de poderem medir melhor seus investimentos em marketing e na mídia social, mantido tudo o mais constante, as empresas conseguirão crescer mais rápido e serão mais lucrativas do que seus concorrentes.

A mídia social está mudando a maneira como as empresas podem, e devem, se envolver com seus consumidores. O processo de descoberta do cliente está se tornando mais imediato, mas também mais complicado. A capacidade de tomar decisões com mais informações baseadas em um ROI que se pode prever e com sólidas medições está em questão. Bem-vindo ao ROI da mídia social e ao marketing social.

NOTAS
1. http://www.brainyquote.com/quotes/authors/j/john_wanamaker.html
2. Rex Briggs e Greg Stuart, *What Sticks: Why Most Advertising Fails and How to Guarantee Yours Succeeds* (Chicago: Kaplan Business, 2006).
3. Adicionamos mais um elemento ao sistema de 3Cs (companhia, consumidor e concorrente) e 4Ps (produto, ponto de venda, promoção e preço), denominado IE (influência externa), que representa os fatores exógenos que podem influenciar o modelo.

4. Valpak, um serviço de cupom de mala direta, pertence à Cox Target Media Inc.; mais informações em http://www.valpak.com.
5. Richard Jalichandra – outubro de 2009, sobre o Estado da Blogosfera, conferência BlogWorld.
6. http://www.slideshare.net/Olivier.mermet/universal-me-cann-wave4
7. Sharon Gaudin, *ComputerWorld*, 26 de janeiro de 2010, http://www.computerworld.com/s/article/9148878/Twitter_now_has_75M_users_most_asleep_at_the_mouse eMarketer – http://www.emarketer.com/Article.aspx?R=1007271
8. Ver entrevista com Michael Buck, Dell, em SocialMarketingConversations.com
9. Facebook: http://www.facebook.com/press/info.php?statistics; coletado em 27 de maio de 2010.
10. Considerando que este é um livro sobre mídia social, adoraríamos obter sua contribuição sobre esses e outros obstáculos. Por favor, forneça seu feedback no endereço Facebook.com/ROIofSocialMedia.com
11. Lon Safko e David Brake, *A Bíblia da mídia social: táticas, ferramentas e estratégias para construir e transformar negócios* (São Paulo: Edgard Blucher, 2010), 6.
12. WIIFM: *What's in it for me* (o que há nisso para mim).
13. CPM: custo por mil.
14. Dell Corporation; Michael Buck podcast e transcrição publicada em SocialMarketingConversation.com.
15. Peter Drucker, *Prática da administração de empresas* (São Paulo: Thomson Pioneira, 1998).

2
Motivações e comportamentos na mídia social

Para que os profissionais de marketing tenham sucesso, eles precisam ter o consumidor enquadrado no centro de seus pensamentos. A compreensão das motivações e dos comportamentos das pessoas na mídia social ajuda a explicar como o quadro de envolvimento na mídia se aplica à mídia social. As análises do marketing social também devem começar da mesma maneira. Este capítulo abordará as motivações e os comportamentos das pessoas ao participarem na mídia social de forma que consigamos:
- entender como os três participantes principais na mídia social – formadores de opinião, indivíduos e consumidores – extraem benefício e utilidade da mídia social.
- fornecer ideias de como os profissionais de marketing podem utilizar essa compreensão para ajudá-los a melhorar seus planos de comunicação de marketing social.

Tendo entendido essas motivações e os comportamentos, poderemos definir estratégias e táticas para aproveitá-los no intuito de fazer as ações de marketing social terem mais êxito. Com essas estratégias poderemos, então, desenvolver medições seguindo o quadro de envolvimento na mídia descrito na Parte II.

O ROI não trata apenas de medir o passado, mas também de fornecer insights para *melhorar as ações de marketing no futuro*, o que é ainda mais importante para os profissionais de marketing. A medição do passado dentro do quadro de envolvimento na mídia pode fornecer bons insights para melhorias, mas eles precisam também ser entendidos no contexto das motivações para os indivíduos participarem na mídia social. O entendimento desses motivos permitirá, então, que os profissionais de marketing tomem decisões significativamente melhores para o futuro, dada a natureza altamente dinâmica da mídia social. A combinação da análise do passado com uma profunda compreensão das motivações dos indivíduos em participarem na mídia social nos permitirá desenvolver estratégias que são significativamente mais bem-sucedidas do que atirar a esmo.

Motivações para participar em mídia social

Uma pesquisa canadense de março de 2009, encomendada por membros do Canadian Marketing Association's Integrated Marketing and Customer Experience Council mostrou as seguintes motivações para aqueles que participam em redes sociais (79% participam; 21% não participam).[1] As porcentagens indicam o número de participantes que respondem para cada tipo de atividade:
- pesquisa (44%)
- leitura (36%)
- envolvimento em conversas, comentários, feedback de posts (29%)
- criação de blogs, escrevendo artigos (5%)

Existem resultados interessantes que podemos extrair dessas estatísticas. São relativamente poucos os indivíduos que ativamente submetem conteúdo na forma de blogs ou artigos – somente 1 em 20 –, confirmando em linhas gerais as relações da regra 90-9-1 que geralmente vemos na imprensa. Aqueles que ocasionalmente fornecem feedback e se envolvem em algum tipo de conversa são em porcentagem maior, de cerca de 1 para cada 3.

Indivíduos – hierarquia do participante em mídia social

Os indivíduos que participam na mídia social se distribuem por alguns grupos diferentes. Esses grupos são definidos com base em suas personalidades. Como mostra a Figura 2.1, os indivíduos podem ser:
- formadores de opinião
- consumidores
  - atuais
  - no passado
  - no futuro
- indivíduos em geral

Cada uma dessas classes de indivíduos pode mudar seu comportamento de forma que, em algumas situações, podem ser formadores de opinião,

REGRA 90-9-1

Uma regra popular em discussões sobre a mídia social é a "90-9-1", referindo-se ao envolvimento que se pode esperar do público participante em mídia social. Ela se divide da seguinte forma:

- **90%** dos visitantes somente consomem o conteúdo que você ou outros usuários postam. Não é que desgostem do site; o mais provável é que não sintam confiança em compartilhar sua voz na criação do conteúdo, ou podem ser indiferentes ao site, mensagem ou marca.
- **9%** se envolvem periodicamente, mas somente se e quando a conversa surge para eles como importante ou relevante.
- **1%** corresponde ao público engajado que conduz as conversas em sua comunidade de mídia social. São eles que dão suporte e que fornecem valor para a comunidade ler, ouvir e ver.

Embora os autores não sejam apreciadores de regras gerais, evidências ocasionais ou comparações com referências públicas, essa regra parece fornecer alguma indicação aos profissionais quando eles planejam, criam e monitoram suas presenças e campanhas de marketing na mídia social.

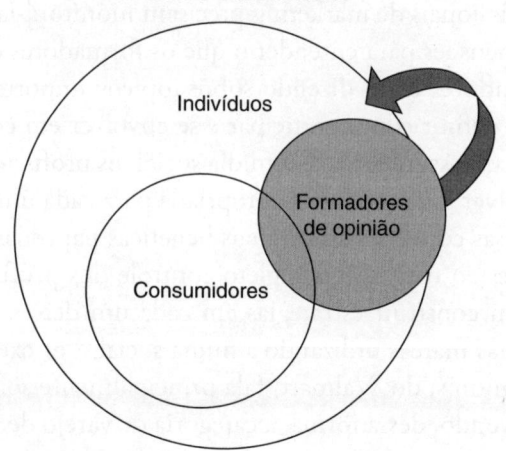

FIGURA 2.1 Quem se conecta com quem?

enquanto em outras podem ser potenciais consumidores, passados ou atuais (ou, então, nenhum dos anteriores). Para cada uma dessas classes de indivíduos, os profissionais de marketing precisam desenvolver estratégias diferentes para se envolverem e defenderem a marca. Por exemplo, uma Mommy

Blogger* pode ser consumidora e defender a marca Pampers, enquanto outra Mommy Blogger que escreva posts sobre outras categorias pode ser uma antiga usuária da marca Huggies, mas sem ser formadora de opinião na categoria fraldas. É importante que os profissionais de marketing identifiquem os desejos e as motivações dos formadores de opinião, indivíduos e consumidores, para se certificarem de que estes venham a responder, ou promover, a marca do modo desejado.

Hierarquia de conversa[2]

No tocante às dimensões que afetam o volume de vendas da marca, esses indivíduos participam de conversas na mídia social em seis níveis diferentes:

1. de consumidor
2. de categoria
3. de marca, para sua marca
4. de marca, para marcas concorrentes
5. de canal de distribuição
6. como fator exógeno ou externo e em nível de tendência (para fatores ou tendências afetando a categoria ou a marca)

A fim de compreender plenamente as conversas que ocorrem em uma categoria, os profissionais de marketing precisam monitorá-las ao longo de cada uma dessas dimensões para entender o que os formadores de opinião, indivíduos e consumidores estão dizendo sobre tópicos importantes de suas categorias e depois definir como participar e se envolver em conversas com cada um desses tópicos e segmentos. Na mídia social, os profissionais de marketing devem desenvolver uma estratégia apropriada para cada um desses segmentos, a fim de que essas conversas sejam mais benéficas para suas marcas. Como as conversas não estão mais sob completo controle dos profissionais de marketing, eles devem construir estratégias em cada um desses seis níveis quando promoverem suas marcas utilizando a mídia social. Por exemplo, o programa de blog Elevenmoms, do Walmart, fala principalmente sobre economizar dinheiro, promovendo, dessa forma, a categoria de varejo de preços mais baixos onde a Walmart tem o predomínio do mercado. Por outro lado, os posts do Greenpeace sobre o uso do óleo de palma das florestas tropicais da Malásia e Indonésia afetam todas as marcas na categoria cuidados pessoais, que incluem o óleo de palma como ingrediente em seus produtos.

---

* *Nota do Tradutor*: Mommy Blogger são blogueiros que tratam de assuntos referentes a cuidados com os filhos e de maternidade (ou paternidade) e, portanto, mantidos por mamães (e papais).

As três camadas de estratégia de mídia social

Como vimos no quadro de envolvimento na mídia, para poder construir uma estratégia bem-sucedida de mídia social, os profissionais de marketing precisam desenvolver estratégias e táticas em três níveis:

1. formadores de opinião
2. indivíduos
3. consumidores

Influenciadores

Em nível de formador de opinião, a marca precisa fornecer valor àqueles que são visados em troca do desejo deles de levar adiante e promover sua mensagem aos seguidores. Nesse caso, o esforço principal do profissional de marketing não é o de que o formador de opinião adquira seus produtos, e sim fazer o formador de opinião encaminhar sua mensagem para os seguidores dele, de forma positiva e com a maior rapidez e frequência possível.

Em segundo lugar, e ainda mais importante, a marca está agora competindo com um novo conjunto de concorrentes. Por exemplo, muitos profissionais de marketing de muitas categorias diferentes procuram as Mommy Bloggers para que elas escrevam posts positivos e enviem cupons e códigos de promoção para seus seguidores. Infelizmente o conjunto de profissionais e categorias que buscam esses mesmos blogs pelo seu tempo e influência leva a uma concorrência pelo tempo dos formadores de opinião e a uma "cota de endosso". À medida que mais concorrentes desenvolvem mais campanhas de marketing social visando esses mesmos formadores de opinião, aumenta o custo para ganhar seu endosso. Embora este não signifique necessariamente que haja uma ligação paga e formal entre o profissional de marketing e o formador de opinião, será necessário mais esforço (que se traduz em mais dinheiro) para que o profissional construa um relacionamento forte com os principais formadores de opinião, à medida que cada vez mais marcas visarem esse mesmo número limitado de formadores de opinião.

Os formadores de opinião acabarão evitando a exaustão de sua influência. Eles passarão a limitar o número de posts que fazem, endossando várias marcas, em comparação aos posts que sejam neutros em termos de marcas. Agora, os profissionais de marketing precisam desenvolver uma estratégia clara para alcançar esses formadores de opinião, de forma harmônica com suas estratégias de marketing tradicional e outras táticas de marketing social, ainda que com um objetivo focado e um conjunto diferente de concorrentes.

Consumidores

O principal objetivo de um profissional de marketing é conduzir e transmitir mensagens (pelo menor custo e risco) aos indivíduos, para persuadi-los a adquirir suas marcas no lugar de outras marcas concorrentes. No passado, os profissionais de marketing utilizavam a mídia tradicional para transmitir essas mensagens. Eles operavam em uma categoria definida de forma relativamente clara, na qual o conjunto de concorrentes era estabelecido como o das empresas que possuíam produtos na mesma categoria, com cada um fornecendo

---

CYWORLD: CRIANDO ENVOLVIMENTO EM REDE SOCIAL

A Cyworld foi fundada em 1999 por um grupo de estudantes de MBA do Korean Institute of Science and Technology. Inicialmente chamado de People Square, ele foi rapidamente renomeado para Cyworld. "Cy" em coreano significa relacionamento, o que definia o objetivo da empresa. Em meados de 2007, a Cyworld tinha 21 milhões de usuários registrados em um país de aproximadamente 50 milhões de pessoas.

Os usuários criam suas minipáginas (chamadas de *minihompy*, no Cyworld), que podem usar para exibir uma galeria de fotos ou tocar suas músicas favoritas. Essas minipáginas também possuem quadros de aviso onde os usuários podem registrar seus pensamentos e sentimentos. Os usuários obtêm grande prazer em decorar suas próprias páginas adquirindo itens virtuais como móveis, itens domésticos e papel de parede, assim como músicas.

A minipágina é vista pelos usuários como um meio de autoexpressão e os itens virtuais permitem que eles atinjam esse objetivo. Em 2007, a Cyworld gerou $65 milhões, ou quase 70% de sua receita, com a venda desses itens. O restante da receita foi gerado através de publicidade e serviços de telefonia móvel. Além da aquisição de itens virtuais, os membros também se envolvem em atividades não relacionadas com as compras. Os membros atualizam regularmente o conteúdo (fotos, diários, músicas etc.) de suas minipáginas e visitam as páginas de seus amigos para se manter a par do conteúdo atualizado deles. Se um usuário achar interessante algum conteúdo da minipágina de um amigo, ele pode raspar (*scrape*) esse item da página do amigo e colocar em sua própria minipágina.

A função *scrape* tem o efeito de copiar aquilo que os membros acham interessante, gerando, assim, um efeito viral e aumentando o valor da rede para todos os membros. Cada minipágina também fornece um status de popularidade, reforçando esse efeito viral.

Extraído de: Raghuram Iyengar, Sangman Han e Sunil Gupta.[3]

variados níveis de valor emocional e funcional para o consumidor. Em troca, o consumidor estava disposto a pagar certo preço pelo valor recebido. Na mídia social, o profissional de marketing precisa ainda transmitir mensagens destacando o valor da marca em comparação com outras marcas para que os compradores avancem pelo funil de compra do consumidor.

Indivíduos

Os indivíduos que participam na mídia social podem ou não fazer parte do público-alvo dos profissionais de marketing. Esses indivíduos participam na mídia social por vários motivos. Sua participação e seu envolvimento são medidos pelo tempo que gastam em uma variedade de sites e pelos comportamentos que exibem. O objetivo do profissional de marketing é desenvolver um relacionamento com esses indivíduos de tal maneira que eles se envolvam com a marca e se tornem consumidores ou que se envolvam com a marca e levem outros a se tornarem consumidores. Esse segundo tipo de envolvimento pode ser um conjunto de posts, opiniões ou outras conversas relacionadas com a marca que os consumidores possam ler ou que possam ser pegas pelos dispositivos de busca. Portanto, no espaço da mídia social, o objetivo possui duas dimensões de gerar a maior quantidade possível de tempo de envolvimento de alta qualidade com a marca e depois utilizar esse envolvimento para conquistar os consumidores como clientes ou conquistar outros como clientes.

Em nível individual, o conjunto de concorrentes também não é mais o mesmo como no conjunto tradicional de concorrentes de consumidores. Ele é constituído de tudo que possa concorrer pelo *tempo* de seu público-alvo. Cada segundo gasto em outro site não relacionado com a marca é um segundo que poderia ter sido gasto em envolvimento com a marca. Os profissionais de marketing concorrem agora contra games, vídeos, notícias e muitas outras atividades da internet que podem ser realizadas pelo indivíduo. O profissional de marketing precisa agora desenvolver uma segunda tática de marketing social para que o indivíduo aumente o tempo de envolvimento de alta qualidade com suas marcas, em vez de gastar tempo fazendo outras atividades concorrentes.

Sob esse prisma, os profissionais precisam entender os motivadores dos indivíduos e formadores de opinião para poder aumentar a probabilidade de sucesso de sua estratégia geral para vender mais produtos pelo menor custo e risco. Como veremos a seguir, esses motivadores são bastante diferentes para indivíduos em comparação com os formadores de opinião. O quadro de envolvimento na mídia social destaca que os profissionais de marketing precisam desenvolver estratégias e táticas de marketing social que enfrentem os desafios em dois novos níveis.

Motivadores

Os indivíduos participam na mídia social com base em algumas motivações. Eles podem utilizar a mídia social para interesses próprios ou algumas vezes advogam (de forma positiva ou negativa) em nome da marca específica, agindo assim como formadores de opinião. Ao compreender essas motivações, os profissionais de marketing conseguem desenvolver as mensagens corretas para transmitir no momento certo pelo canal de mídia correto visando converter o indivíduo em formador de opinião ou consumidor, ou ambos. As motivações para participar de uma comunidade social são:

Para indivíduos
- se comunicar com amigos e familiares; compartilhar (texto, fotos, áudio, vídeo)
- encontrar e conquistar amigos
- expandir sua rede profissional
- satisfazer o desejo de pertencer
- aprender com outros; educação
- autoexpressão
- jogo
- entretenimento
- participar de uma causa (ver discussão em "Motivadores para formadores de opinião", a seguir)
- fazer compras melhores
- obter recompensas monetárias
- obter mais valor de aquisições atuais ou planejadas

Para formadores de opinião
- ser considerado um especialista
- tornar-se um formador de opinião
- ajudar outros
- liderar uma causa
- desenvolver e manter relações profissionais; encontrar um emprego

Não são todos esses motivadores que se aplicam a todos os indivíduos em todos os momentos. Alguns indivíduos não vão escrever um blog. Outros não querem desenvolver relações profissionais. Mas, no geral, esses motivadores fornecem um sentido claro do porquê de os indivíduos e formadores de opinião participarem em comunidades sociais.

Motivadores para indivíduos

Se comunicar com amigos e familiares; compartilhar (texto, fotos, áudio, vídeo)

A comunicação entre contatos na comunidade social assume muitas formas. As discussões podem ser sobre notícias ou política, o que aconteceu na escola ou um número infinito de outros tópicos. Em meio a todas essas conversas, as marcas podem ser mencionadas. Podem ser simples menções às marcas, podem ser claros endossos ou podem ser elogios ou reclamações com base em recente incidente de compra, uso ou serviço.

As conversas sobre marcas podem começar de diversas maneiras. Elas podem ser instigadas por alguém que esteja pensando em adquirir marca específica ou fazendo uma pergunta de uma categoria geral, em busca de alguma recomendação ou loja para comprar ao menor preço. Pode ser a exposição de uma experiência de pós-venda que relate suas impressões, tanto positivas quanto negativas, ou pode ser uma opinião expressa por alguém que somente viu publicidade da marca ou ouviu experiências de outros com a marca. Ao entender essas conversas, os profissionais de marketing conseguem potencialmente alavancar a divulgação de pré e pós-venda para fornecer mais mensagens, ou mais mensagens com certo tipo de conteúdo. Os aspectos a serem considerados nas comunicações dos profissionais de marketing incluem:

- O que é preciso para tornar valiosa a conversa sobre suas marcas?
- Suas marcas são suficientemente legais e valiosas para que um amigo as endosse positivamente (ou, pelo menos, não desencoraje a compra)?
- Há muita conversa ou pouca conversa sobre a categoria (como veremos nos estudos de caso, as categorias de cerveja, culinária e entretenimento são muito faladas, enquanto outras são menos)?

Uma análise do Cyworld,[3] da Coreia do Sul (o Cyworld é semelhante ao Facebook e MySpace. Ver box na página 46), mostra que certos segmentos são influenciados por amigos em uma rede social. Esse estudo definiu a influência social com base no grau de atividade em visitar outros sites e seu nível de conexão para determinar a influência social de um membro no comportamento de compra. Esse estudo constatou que o efeito em virtude da influência social foi:

- Neutro para 48% dos usuários
- Positivo para 40% dos usuários
- Negativo para 12% dos usuários

Existe até um efeito de "copiar o estilo de vida dos vizinhos", em que a influência social para os usuários moderadamente conectados pode se traduzir em um aumento de 5% nas receitas de compras virtuais do Cyworld. Por outro lado, os usuários altamente conectados tendem a reduzir as compras de determinada marca se eles veem seus amigos a utilizando, reduzindo as receitas em mais de 14%. "Essa constatação é consistente com o típico ciclo da moda, em que os formadores de opinião ou a elite na indústria da moda tendem a abandonar um tipo de moda e adotar o próximo para se diferenciar das massas." Nesse caso, as comunicações foram de observação; isto é, ao ver as compras de um amigo em visita a sua *minihompy* (minipágina) e comprar ou não o que encontraram lá. O estudo constatou três grupos bem caracterizados de participantes:

1. **Baixo status** – Grupo menos conectado e engajado, representando 48% dos membros estudados. Os membros que pertencem a esse grupo não imitam outros porque sentem que isso não os ajudará a ganhar mais status. As compras desse grupo *não eram influenciadas* pela influência social.
2. **Médio status** – Os membros desse grupo, representando 40% dos membros estudados, possuem um nível intermediário de atividade social em visita à *minihompy* de outros membros. Eles sentem pressão social e temem cair no ranking social. Esse grupo comprou 5% *mais* devido à influência social.
3. **Alto status** – Os membros desse grupo possuem um alto grau de atividade social, representando 12% dos membros estudados. Eles não imitam muito os outros porque se sentem muito confiantes de sua própria capacidade de julgamento e da legitimidade de suas ações. Esse grupo comprou 14% *menos* devido à influência social.

Esse estudo também confirma que os membros de uma comunidade com elevada atividade social apresentam maior probabilidade de influenciar muitos dos outros membros, principalmente aqueles com níveis moderados de atividade. O interessante é que eles não são necessariamente grandes compradores na rede.

Em meio a comunicações típicas entre amigos e familiares, surgem formadores de opinião que conseguem estimular compras dos moderadamente conectados. Independentemente de onde ocorram as conversas de mídia social, os profissionais de marketing ainda podem ganhar se visarem os formadores de opinião. Para os profissionais, as implicações são claras em termos de tornar seus produtos, serviços e mensagens mais facilmente disponíveis para os membros de uma comunidade que sejam altamente ativos, em vez de outros membros. Pelo fato de a influência social ser um fator importante de compras, os profissionais de marketing podem alimentar esses formadores de opinião e/ou colocá-los como alvo da mídia tradicional para impulsionar compras entre os moderadamente conectados. Além disso, os profissionais podem aprimorar suas mensagens para ser mais persuasivos para as necessidades desse grupo de indivíduos. Dessa maneira, eles podem conseguir um efeito amplificador ou multiplicador para seus investimentos em publicidade através da influência social dos membros de alto status em seu público-alvo.

Os fornecedores de infraestrutura de mídia social (como Facebook, MySpace e Cyworld) podem aumentar suas receitas com publicidade, disponibilizando estatísticas sobre a conexão ou gráfico social de seus membros. Com essas estatísticas, os profissionais de marketing podem então aprimorar as mensagens orientadas para os formadores de opinião e oferecer outras mensagens para os moderadamente conectados. Os analistas do Cyworld poderiam examinar os comportamentos dinâmicos dos indivíduos para determinar quais deles teriam maior probabilidade de cair nos segmentos de baixo, médio e alto status, aprimorando, dessa forma, sua capacidade de enviar as mensagens corretas para os indivíduos corretos no momento correto para obter o máximo de receita com a venda dos serviços do Cyworld.

ENCONTRAR E CONQUISTAR AMIGOS

Os indivíduos possuem muitos amigos e conhecidos por diversos motivos e de variadas fontes. Eles possuem amigos de faculdade, amigos do colégio e amigos das empresas. Os indivíduos querem se manter em contato com muitos desses amigos e as redes sociais fornecem uma maneira fácil de realizar isso. Os indivíduos não precisam mais manter complexas agendas de endereços que estavam sempre desatualizadas quando chegava o período do Natal ou do fim de ano. Além disso, eles podem agora manter todos os aniversários em um único lugar. Melhor ainda: os indivíduos aos quais os dados pertencem são responsáveis por mantê-los atualizados. Com o LinkedIn, quando um indivíduo muda de emprego, ele só precisa atualizar as informações de seu perfil e todos os seus contatos terão acesso imediato à mais recente informação pessoal desse indivíduo. A comunicação com conexões do LinkedIn é simples. Ao pressionar algumas teclas, as mensagens podem seguir para qualquer número ou grupo de amigos em uma rede do indivíduo.

Os amigos são classificados em grupos: o mundo virtual é exatamente como o mundo real. "Colegas da faculdade" ou "colegas do golfe" são termos vistos no mundo real. No mundo virtual, dentre os termos vemos "Melhores Amigos", "Amigo do Facebook", "Amigo do Farmville" ou "contato do LinkedIn". Com base no tipo de amizade e no grau de conexão com aquele amigo, ele terá muita, alguma ou nenhuma influência sobre possíveis compras de marcas. Quando recebidas de amigos, suas mensagens serão pesadas com base em suas reputações com os amigos.

Como ilustrado no exemplo do Cyworld, os profissionais de marketing aumentarão seu sucesso se visarem os formadores de opinião. Eles podem melhorar a resposta a suas atividades de duas maneiras:

1. Eles podem ajudar e encorajar os formadores de opinião a construírem mais e melhores conexões. Dessa maneira, a influência do profissional de marketing pode afetar um número maior dos moderadamente conectados.
2. Eles podem desenvolver e aprimorar a conexão da marca com os indivíduos altamente conectados e influentes. Dessa maneira, os profissionais de marketing conseguem mais facilmente aproveitar a influência social dos formadores de opinião.

Satisfazer ao desejo de pertencer

As redes sociais oferecem um valor emocional para os indivíduos através da satisfação do desejo de pertencer (tal como na hierarquia de necessidades de Maslow). Em 2007, na Inglaterra, o Social Issues Research Center (SIRC)[4] identificou seis identidades pessoais principais nos quais as pessoas mais frequentemente ancoram seu desejo de pertencer (ver o box a seguir):

- família
- amizade
- opções em termos de estilo de vida (identidades de marca: como gastamos nosso dinheiro; e atividades de lazer: como despendemos nosso tempo)
- nacionalidade
- identidade profissional
- espírito de equipe e interesses compartilhados

PERTENCER

1. **Família**. Apesar do debate público sobre o declínio da família na sociedade moderna, esta permanece sendo o foco mais importante do desejo de pertencer. Dos que responderam à pesquisa nacional, 88% escolheram a família como principal marco para o sentimento de pertencer. As formas das famílias se estruturarem certamente mudaram em décadas recentes, mas a família permanece a categoria mais importante da organização social humana.

2. **Amizade**. Embora a proximidade de uma grande família ampliada tivesse fornecido uma estrutura para o apoio social no passado, essa função é agora preenchida, pelo menos em parte, por uma rede de amizades cada vez mais diversa e estabelecida em múltiplas camadas. A maior mobilidade geográfica e a interligação pelas novas tecnologias digitais nos permitem conectar com pessoas de novas maneiras. Na pesquisa, 65% dos entrevistados consideraram as amizades como sendo parte essencial de seu sentimento de pertencer.
3. **Opções em termos de estilo de vida**. No desenvolvimento de amizades e redes sociais, nós também definimos o tipo de estilo de vida que queremos levar e os tipos de capitais sociais – status social, valores compartilhados e práticas culturais – que o acompanham. Fazemos escolhas sobre os tipos de atividades em que estamos interessados, os tipos de produtos que compramos e as associações que eles envolvem. Nós também fazemos opções de estilo de vida escolhendo não consumir certos produtos ou se envolver em certos tipos de atividades. Aquilo que não fazemos é tão importante para nosso sentimento de pertencer quanto as atividades que escolhemos ativamente nos envolver. Para muitos participantes no projeto, pensar sobre as opções de estilo de vida revelou um sentimento mais arraigado de marca e de lealdade de grupo do que eles inicialmente esperavam ou estavam preparados para admitir.
4. **Nacionalidade**. Os defensores da globalização cultural apontam para o fato de que a identidade nacional está em declínio. À medida que o mundo fica mais conectado é cada vez mais comum as pessoas ultrapassarem as fronteiras dos países individuais, tanto fisicamente quanto virtualmente. Embora certamente exista uma maior consciência sobre a flexibilidade das identidades nacionais e a possibilidade de abandonar uma em troca de outra, ainda permanece uma forte ligação entre os indivíduos e os países em que nasceram. As pessoas podem questionar o que exatamente significa ser "britânico" ou "inglês" no século XXI, mas isso não é de forma nenhuma o mesmo que rejeitar a ideia de ser britânico em geral. Mais de 30% de todas as pessoas afirmam que a identidade nacional é fator importante para o sentimento de pertencer.
5. **Identidade profissional**. Em uma sociedade em que nosso status social é medido em grande parte pelo trabalho que realizamos e, talvez mais importante ainda, pelo dinheiro que ganhamos, não chega a surpreender que a identidade profissional seja um aspecto importante para o sentimento de pertencer, tanto para homens quanto para mulheres. Afinal, ela é geralmente a primeira característica que as pessoas revelam ao se apresentar para outros. Embora a mobilidade ocupacional tenha certamente aumentado para muitas pessoas, e a "reciclagem" seja uma parte normal da vida profissional dos

> tempos modernos, ainda permanecemos ligados ao significado social do que fazemos para viver. Nosso sentimento de pertencer nesse contexto é maior do que a afinidade que sentimos com os membros de nossas famílias ampliadas.
> 6. **Espírito de equipe e interesses compartilhados**. Para os homens, o futebol ou outra equipe esportiva que eles apoiam fornece um sentimento de pertencer mais forte do que a religião, classe social, herança étnica ou afiliação política. Os clubes aos quais pertencem também são fontes importantes de identidade social. Tanto os homens quanto as mulheres veem os hobbies e os interesses que compartilham com outros como sendo uma importante fonte de identidade. Para as mulheres, esse sentimento de pertencer é tão forte quanto aquele associado à nacionalidade.
>
> *Fonte:* Pesquisa do SIRC encomendada pela The Automobile Association.

A satisfação do desejo de pertencer é um motivador importante para as atividades em uma rede social. Os profissionais de marketing podem se aproveitar dela através de mensagens apropriadas e pela segmentação. À medida que as informações sobre perfil se tornam cada vez mais disponíveis para os profissionais de marketing, eles poderão focar mais fortemente suas mensagens nessas motivações emocionais importantes, com base na satisfação do desejo de pertencer.

Aprender com outros; educação

Seja formal ou informalmente, os indivíduos estão sempre aprendendo. Aprendendo para melhorar a posição em uma comunidade social ou para conversar com mais conhecimento sobre resultados do futebol, existe sempre algo que alguém quer saber. Os indivíduos também obtêm valiosos conhecimentos com base nas opiniões e informações fornecidas por formadores de opinião. As redes sociais tornam mais valioso o processo de disseminação das informações, apresentando-as de uma nova maneira importante: seu valor pode ser classificado pela comunidade. Em vez de precisar ler tudo sobre um tópico, o leitor pode utilizar a multidão para ajudar a filtrar as informações menos valiosas das mais valiosas.

Os profissionais de marketing podem aproveitar esse novo método de apresentação ao fornecer os tipos de informações relevantes para a rede social, no formato que eles gostariam de consumir e comentar. Isso pode ser

> **FARMVILLE**
>
> A Farmville observa: "A ironia é que os jogos no Facebook normalmente compartilham quatro características que realmente prometem grandes resultados tanto para os jogadores quanto para os programadores:
> - Lista de amigos verdadeiros: o jogo pode agora ocorrer exclusivamente dentro do contexto de amigos verdadeiros de alguém. Os jogos com múltiplos jogadores não precisavam mais passar pela situação sem saída de precisar de amigos para ser divertido, sendo que os novos jogadores sempre começam o jogo sem amigos.
> - Modelo de negócios grátis para jogar: os novos jogadores não precisam mais desembolsar $60 para se juntar à multidão. Os consumidores não gostam de comprar jogos com múltiplos jogadores a menos que saibam que todos os seus amigos também estão comprando o jogo. O fato de ser grátis para jogar remove essa dificuldade.
> - Jogo contínuo e assíncrono: é difícil encontrar tempo para jogar com um amigo real, principalmente para jogadores adultos que trabalham. A mecânica assíncrona do jogo, porém, deixa que os jogadores joguem em seu próprio ritmo e com seus próprios amigos (e não estranhos que porventura estejam on-line naquele momento).
> - Medições com base em iterações: os jogos de varejo são desenvolvidos no vácuo, com os programadores trabalhando por instinto. Além disso, os jogos só podem ser lançados uma vez: com uma única chance para ter sucesso no mercado. Muitos desenvolvedores adorariam, em vez disso, de interagir rapidamente com um feedback ao vivo e genuíno.
>
> Esses quatro pilares são os motivos para muitos desenvolvedores de jogos estarem migrando para o Facebook (claro que muitas dessas características não são exclusivas do Facebook, mas combiná-las com o enorme público torna o Facebook a escolha óbvia neste instante). Entretanto, Jesse Schell está correto em afirmar que uma guerra está se formando sobre quem tomará as decisões."
>
> *Fonte:* http://worldsinmotion.biz/2010/03/opinion_fear_and_loathing_in_f.php

especificamente valioso para suas marcas ao ajudar os formadores de opinião a melhorarem seu conhecimento sobre a categoria e a marca fornecendo a eles acesso potencialmente exclusivo a informações que apoiariam seu posicionamento nas comunidades.

Jogo

Os jogos sociais se tornaram uma nova área para os indivíduos se encontrarem e interagirem com outros. Há muitos jogos construídos em torno do Facebook, incluindo o Farmville e o Mafia Wars. O YouTube tornou mais fácil para os profissionais de marketing oferecerem competições. Os profissionais já estão interagindo com os indivíduos no espaço de jogos através de exibição de anúncios e outras inserções. O jogo em plataformas sociais também explodiu: testemunha disso são os 23 milhões de usuários do Farmville, no Facebook, e eles acabaram de negociar tornar disponíveis seus jogos no Yahoo!. Farmville é apenas um do conjunto de games que a Zynga desenvolveu para o Facebook, que inclui Mafia Wars, Fishville e uma dezena de outros. O Farmville fornece aos jogadores uma mancha verde de "terra para trabalhar" em que podem criar uma fazenda que inclui safras, gado, edificações, jardins, veículos e mais.

Os participantes conseguem encontrar outros amigos do Facebook que já estejam jogando Farmville ou convidar outros para se juntar a eles com sua própria fazenda e colocá-la ao lado. Com o plantio de culturas, esperando que cresçam e depois colhendo e vendendo, os jogadores ganham moedas de ouro. As moedas podem ser resgatadas por mais sementes, gado e o que mais tiver no mercado. Alguns itens não exigem moedas, mas notas virtuais, que chegam mais lentamente. Você pode facilmente presentear seus amigos com itens para as fazendas deles e eles, por sua vez, podem lhe presentear de volta, estreitando o laço social entre os jogadores. Uma maneira rápida de desenvolver sua fazenda é utilizar um cartão de crédito para comprar moedas e notas necessárias para os itens que você deseja.

O impacto do jogo em plataformas sociais é que você pode jogar com seus amigos de forma assíncrona. Quando seus amigos não estão por perto, você pode visitar a fazenda deles e ajudá-los, alimentando suas plantações e gado, o que os ajuda no jogo e também gera moedas e crédito para você.

Existe uma sensação de jogar o game com amigos da vida real, e a obrigação de amizade da vida real entre os jogadores estende seu significado para o jogo e atrai os jogadores de volta, mesmo quando perderam o interesse. Embora não sendo predominante, as oportunidades de divulgação de marca na plataforma social dos jogos estão em aberto. Logo você verá a possibilidade de se conseguir uma lata de seu refrigerante favorito no Farmville.

Entretenimento

A mídia social facilita compartilhar vídeos, piadas e outros conteúdos divertidos. O entretenimento possui números temas. Os vídeos no YouTube, o serviço de compartilhamento de imagens Flickr e o formato de áudio em podcasts são os mais populares, permitindo aos usuários que facilmente submetam, vejam e ouçam conteúdo.

O conteúdo do YouTube pode ser na forma de entretenimento, música ou negócio apresentado em gravações simples de vídeo para apoiar o marketing entre empresas. Os vídeos educacionais também estão disponíveis.

A apresentação de vídeos pode ser comentada, classificada e links podem ser compartilhados ou embutidos em outros sites da internet. Os vídeos podem ser classificados pela popularidade em termos do número de visitantes (ou por sua nota), pelos mais discutidos e por outros critérios.

Os profissionais de marketing estão utilizando algumas opções do YouTube para promover suas marcas. Isso inclui apresentar versões em vídeo de seus comerciais de televisão, competições e canais. Muitas outras marcas possuem canais no YouTube permitindo uma página customizada para a divulgação da marca, classificada por algumas categorias:[5]

Automotivos	Como fazer	Ciência	Músicos	Programas
Comédia	Músicas	Esportes	Sem fins lucrativos	Cinema
Educação	Notícias	Viagem	Parceiros	Trailers
Entretenimento	ONGs	Comediantes	Políticos	Competições
Filmes	Pessoas	Diretores	Repórteres	Eventos
Jogos	Animais de estimação	Gurus	Patrocinadores	

FAZER COMPRAS MELHORES; OBTER RECOMPENSAS MONETÁRIAS
Fóruns de discussão, classificações e opiniões ajudam os consumidores a reunirem informações valiosas antes de suas compras. Isso é especialmente importante para categorias que exigem bastante reflexão, como carros, software e produtos eletrônicos. Para as categorias que exigem menos reflexão, muitas marcas oferecem cupons especiais para seus fãs (Facebook) e fornecem outras atividades interessantes para seus membros.

Na China existe uma nova tendência em que grupos de compradores dispostos a adquirir o mesmo equipamento se encontram on-line para formar um grupo de compra chamado de *swarm* (enxame ou bando). Eles seguem juntos em grupos de 50 a 200 para uma loja de equipamentos eletrônicos e começam a negociar a aquisição de um lote de um produto.

Os profissionais de marketing podem utilizar essas ferramentas para produzirem atrativos e gerar receitas em curto prazo. No caso de lançamento de novos produtos, os profissionais de marketing podem atrair os partidários da marca para experimentarem essa nova linha. Também pode se oferecer aos possíveis formadores de opinião através de comunidades sociais da marca que eles saibam com exclusividade as características e vantagens dos novos produtos. Esse feedback pode ajudar a melhorar na divulgação e fornecer aos especialistas e formadores de opinião um apoio em seu desejo de estar diante da multidão.

Motivadores para formadores de opinião

Ser considerado um especialista; tornar-se um formador de opinião; ajudar outros

Tanto no marketing entre empresas (B2B) quanto para o consumidor, ser considerado um especialista ou formador de opinião pode representar vantagens pessoais ou na carreira. Em mercados B2B, ser um especialista pode trazer mais liderança e receitas e pode acelerar a carreira. No mercado dirigido ao consumidor, os especialistas podem emprestar seu apoio às marcas e ganhar dinheiro ou outras recompensas por esse endosso. Para se tornar especialista/formador de opinião em uma rede social, existem algumas táticas que podem ser empregadas:[6]

- **Estabelecer a marca nas redes sociais** – determinar a marca em redes sociais que ajudará a estabelecer sua posição em relação a outros formadores de opinião. Construa um perfil on-line para apoiar a marca. O estilo de escrita também é um componente importante para a marca em redes sociais e reforça sua personalidade on-line.
- **Escolher as redes certas para participar** – determine quais redes possuem o público-alvo mais relevante para a área em que você é especialista.
- **Escolher onde e quando se envolver** – o envolvimento é a chave para se tornar conhecido como especialista. Fornecer conteúdo com frequência e comentar o conteúdo publicado pode ajudar a rapidamente estabelecer suas credenciais na área de especialidade.
- **Fornecer conteúdo valioso** – você não será considerado um especialista a menos que forneça um valor real para seus leitores. Seguem alguns exemplos de valor:[7] ouvir, fornecer apoio, empatia, validação, ensinar, fornecer orientação, divertir, fornecer conhecimento.
- **Envolver-se e associar-se com outros formadores de opinião na mídia social** – para ser considerado um especialista e formador de opinião, outros formadores de opinião também precisam considerar que você seja um especialista ou formador de opinião. Com esse status, seu conteúdo será

citado com mais frequência, fornecendo uma importante credibilidade na rede social visada por você. Isso beneficiará sua reputação como formador de opinião.
- **Comercializar seus perfis em redes sociais, ligar todas as redes sociais** – se você for ativo em várias redes ou possuir múltiplos perfis on-line, certifique-se de que todos estejam ligados para que possam reforçar uns aos outros.
- **Comercializar sua marca na rede social** – continue a se promover como especialista. A CakeCentral.com, por exemplo, classifica os membros com base em seus níveis de atividade. Os membros podem ser classificados como superstar de fórum e viciado em fórum a membro frequente e novato. As recomendações que esses membros podem fazer sobre como preparar produtos têm maior probabilidade de receberem confiança do que os amigos gerais em outras redes. Por exemplo, a marca Wilton ("a empresa líder do setor em preparação de alimentos, estando na primeira posição em decoração de bolos, doces e chaleiras"[8]) foi mencionada mais de 37 mil vezes nos fóruns[9] da CakeCentral.com.

Os profissionais de marketing podem melhorar a posição de suas marcas na mídia social ajudando os especialistas e formadores de opinião a melhorarem sua posição na comunidade social. Isso pode ser tão simples quanto perguntar suas opiniões, mas também pode ser ajudando-os a ampliar seu conhecimento ou aumentar seus seguidores.

Por fim, você não precisa ser um especialista para ser um formador de opinião. Muitos indivíduos apenas querem ajudar os outros. Os possíveis compradores podem preferir recomendações desses indivíduos, pois eles teriam menos interesses velados e seriam usuários genuínos dos produtos e serviços em questão. No entanto, essa disposição em ajudar pode acabar gerando muitos seguidores e, no final, transformar o indivíduo em um formador de opinião. Eles podem continuar fornecendo ajuda, como as pessoas que os indivíduos consultam antes de fazer uma grande compra. Dessa maneira eles podem construir suas reputações e ganhar respeito, admiração, aceitação e reconhecimento.

A Tremor[10] e a BzzAgent[11] desenvolveram ofertas de serviços exclusivos propiciando o acesso dos profissionais de marketing a grupos de indivíduos dispostos a falar para amigos e familiares sobre promoção de produtos. Cada um desses novos canais de mídia possui centenas de milhares de agentes em suas comunidades. Com base nos vários critérios de filtragem, os profissionais de marketing conseguem desenvolver campanhas de marketing social alistando os agentes para falar favoravelmente sobre suas marcas e produtos. Dessa forma, o profissional de marketing consegue rapidamente transmitir suas mensagens segmentadas para o mercado através de indivíduos confiáveis. Além disso, os agentes fornecem relatórios indicando as respostas recebidas repassando, assim, valiosos insights dos consumidores que não poderiam ser obtidos por outras fontes. Finalmente, esses serviços seguem rígidas orientações estabelecidas pela Federal Trade Commission (FTC)* em termos de educação, monitoramento e aplicação de forma que os profissionais de marketing podem ter certeza de que suas campanhas de marketing na mídia social estejam seguindo plenamente as orientações estabelecidas pela FTC para o patrocínio de produtos.

Liderar uma causa; Participar de uma causa

Literalmente existem milhares de causas que os indivíduos podem apoiar através de suas redes sociais. Em vez de apenas enviar dinheiro e contribuições, os indivíduos podem agora participar recomendando determinadas causas para outros e contribuindo com comentários e informações. Há uma crença generalizada de que a recente campanha presidencial de 2008 foi vencida pelo uso de redes sociais para apoiar o candidato Barack Hussein Obama. Desde então, praticamente todo político desenvolveu seguidores em redes sociais nas várias comunidades e está se comunicando com seus eleitores utilizando essas ferramentas.[12]

Deixando a política de lado, os profissionais de marketing podem apoiar essas causas de uma nova maneira através da mídia social para melhorar a imagem com sua base de consumidores. Em alguns casos, como o da marca Dove da Unilever e a investida do Greenpeace contra o uso do óleo de palma de regiões tropicais desflorestadas, os profissionais de marketing precisam refletir com cuidado sobre seus métodos de resposta tanto na mídia tradicional quanto na mídia social (ver box na página 61). Um caso semelhante surgiu mais recentemente com a Nestlé e sua marca Kit-Kat. O Greenpeace conseguiu desencadear uma pressão dos consumidores sobre a Nestlé utilizando uma combinação de ferramentas de mídia social.

Desenvolver e manter relações profissionais; Encontrar um emprego

O LinkedIn fornece muitos recursos, como já descrevemos anteriormente. O Facebook está agora também competindo com o LinkedIn para conquistar o mercado B2B. O LinkedIn fornece perfis, grupos, e-mail (Inmail) e outros

---

* *Nota do Tradutor*: FTC é uma agência independente do governo dos Estados Unidos com a função principal de proteger os consumidores norte-americanos, eliminando e prevenindo aquilo que os reguladores considerarem práticas comerciais lesivas. Em certa medida, equivale ao Procon aqui no Brasil.

UNILEVER, DOVE E GREENPEACE

Graças ao apoio incrível da opinião pública à nossa campanha internacional da Dove de abril de 2008, a Unilever concordou agora em desempenhar sua parte para salvar as Paradise Forests do Sudeste da Ásia. Como maior compradora individual do mundo de óleo de palma, a Unilever possui responsabilidade especial para ajudar a limpar a indústria que está por trás de tanta destruição de florestas.

Os ativistas do Greenpeace foram convidados para se encontrar com altos executivos na sede da Unilever na sexta-feira, 9 de maio de 2008. Em apenas duas semanas a empresa recebeu dezenas de milhares de e-mails de protesto de todo o mundo, viu o Greenpeace trazer hordas de jornalistas para seus escritórios no Reino Unido, Holanda e Itália, e assistiu nosso vídeo viral "Dove Onslaught(er)"* decolar mais rápido do que qualquer outro que fizemos antes. A pressão pública fez com que eles se movimentassem.

O encontro com a Unilever foi um primeiro passo positivo dado pela companhia, mas existe ainda um longo caminho a avançar para tirar os buldôzeres da floresta tropical.

Em primeiro lugar, a Unilever concorda em apoiar uma moratória imediata na destruição da floresta para extração do óleo de palma no Sudeste da Ásia.

Em segundo lugar, a companhia também concorda em utilizar seu papel de liderança dentro da indústria para "agressivamente" construir uma coalizão de empresas que apoiem a moratória. Isso inclui pressionar todas as grandes companhias dentro e fora do Round Table on Sustainable Palm Oil (RSPO – Mesa-Redonda do Óleo de Palma Sustentável), incluindo a Kraft, Nestlé e Cadburys.

Em terceiro lugar, eles concordaram em exercer uma pressão urgente e substancial para também salvar as florestas dos fornecedores de óleo de palma da região da Indonésia. Quando os fornecedores concordarem com a moratória então teremos uma chance real de parar a destruição das florestas tropicais.

Finalmente, a Unilever concordou que pressionaria o governo da Indonésia para que ele apoiasse a imediata moratória.

Extraído do documento "Public pressure for Indonesia's forests works, Ask Unilever": http://www.greenpeace.org/international/campaigns/forests/asia-pacific/dove-palmoil-action. Dezembro de 2009.

---

* *Nota do Tradutor*: "Investida da Dove", em tradução livre.

recursos para ajudar as empresas a construírem sua marca on-line e gerar contatos. A busca por emprego também é apoiada através de redes sociais. O LinkedIn desenvolveu alguns excelentes recursos para fornecer novos caminhos aos que buscam empregos, melhorando e acelerando as conexões que possam ser valiosas para se encontrar um trabalho.

Os profissionais de marketing podem apoiar suas campanhas construindo páginas vinculadas às marcas (Facebook), perfis da empresa (LinkedIn) e desenvolvendo grupos vibrantes (*vibrant groups* – LinkedIn). Essas páginas ajudam os profissionais a transmitirem suas principais mensagens da marca em lugares onde os consumidores estão presentes. Elas também permitem que os profissionais de marketing conduzam pesquisas para aprimorar as mensagens e receber feedback. Uma vez que essas páginas estejam estabelecidas, os profissionais podem ajudar a diferenciar suas marcas e sua capacidade de compreender as principais questões na tomada de decisão em categorias que exijam bastante reflexão.

Comportamentos

As redes sociais oferecem maneiras novas e instigantes de segmentar os clientes que possuem implicações importantes para melhorar o sucesso do marketing. Com as informações corretas, os profissionais de marketing conseguem aumentar a probabilidade dos consumidores adquirirem e defenderem suas marcas e produtos para o máximo de receitas, lucros, valor de marca e participação de mercado em longo prazo.

O fato de poder identificar com mais precisão os indivíduos corretos na segmentação pode reduzir significativamente os custos de marketing e aumentar a resposta. A segmentação é fundamental, mas é probabilística por natureza. Em um mundo ideal, desejamos identificar indivíduos específicos que de fato venham a responder ao nosso marketing. Na realidade, conseguimos identificar somente aqueles indivíduos com maior probabilidade do que outros de responder a uma atividade de marketing específica, considerando as várias características de identidade. Na mídia social essas características caem em três categorias amplas:

1. níveis de conexão
2. características demográficas e de intimidade
3. características comportamentais

Pela segmentação com a utilização dessas e outras características, os profissionais de marketing podem alcançar alguns objetivos táticos importantes na mídia social:

1. atrair novos membros e visitantes para a comunidade
2. conduzir um envolvimento maior e mais profundo de membros ou não no site
3. identificar e visar os formadores de opinião

Utilizando a segmentação correta e executando táticas de marketing que aproveitem esses segmentos, os profissionais de marketing conseguem ampliar seu sucesso e impulsionar valor para suas marcas. Como veremos na Parte II, o quadro de envolvimento na mídia fornece uma estrutura de segmentação entre formadores de opinião, indivíduos e consumidores. Tendo definido e implementado esses esquemas de segmentação, os profissionais de marketing podem visar o melhor para cada grupo com as mensagens corretas, no momento certo, para desenvolver envolvimento e valor em longo prazo no espaço da mídia social. Em cada caso, os profissionais precisarão construir uma estrutura estratégica para comercializar apropriadamente em cada grupo e desenvolver uma estratégia competitiva para segmentar esses indivíduos com mensagens corretas e atividades de marketing a fim de angariar mais de seu **tempo de envolvimento** e **endosso** em relação aos concorrentes. Como discutido, cada grupo possui exigências, objetivos e valores diferentes.

ESTUDO DE CASO
SEGMENTANDO MENSAGENS POR COMUNIDADE SOCIAL
Sessions College para Design Profissional

Fundada no final dos anos 1990, a Sessions College é uma faculdade inteiramente on-line com estudantes de mais de 100 países, fornecendo cursos de Ilustração, Webdesign, Gráficos de jogos e Multimídia. Os alunos interagem de forma assíncrona em um *campus* on-line construindo uma carteira de trabalhos de design para interagir depois com possíveis empregadores para encontrar trabalho em seu campo profissional. A Faculdade Sessions oferece três semestres por ano, embora a inscrição e as aulas possam ocorrer a qualquer tempo.

De acordo com Scott Chappell, diretor de Marketing da Sessions, eles começaram utilizando a mídia social para aumentar os pontos de contato e o número total de oportunidades de comunicação que possuem com seus estudantes, prospects e ex-alunos. A Sessions conseguiu utilizar o Facebook, LinkedIn e Twitter para construir a marca através de tipos específicos de mensagens para os vários públicos, e se conectar bem mais sem perdê-los ou oprimi-los.

De acordo com Scott, a Sessions conseguiu aumentar sua frequência de mensagens de 12 mensagens por mês para mais de 36 sem que houvesse um aumento da solicitação de desligamento da lista de correio eletrônico. A Sessions pôde utilizar esse aumento da frequência e a segmentação do envio das mensagens para aumentar a conversão de prospects e visitantes em inscrições e alunos. Os modelos de conteúdos de mensagens foram concebidos em torno dos seguintes temas principais e através de plataformas sociais específicas para a Sessions e seu público on-line:

Cultura – são mensagens que informam o tipo de cultura encontrada na Sessions; elas são enviadas principalmente pelo Facebook.

Setor econômico – o blog Notes on Design e sua presença no Twitter transmitem conteúdo concebido para ajudar a construir a confiança dos potenciais alunos no setor de design e incluem ideias de como apoia-los quando estiverem refletindo sobre mudança de carreira.

Venda – a Sessions também precisa promover matrículas. As mensagens em torno desse tópico são normalmente transmitidas por e-mail (malas diretas tradicionais) e, em menor grau, por uma combinação de sites de mídia social. Essas mensagens alertam quanto aos prazos de inscrição e são mais promocionais.

Os componentes táticos importantes para sua presença integrada na mídia social incluem a sinceridade nas mensagens e a consistência na frequência. Embora o número de comunicações tivesse aumentado substancialmente, a qualidade dessas mensagens é muito mais importante do que a quantidade.

Ao ampliar sua base de fãs e seguidores, a Sessions optou pela paciência. Em vez de tentar aumentar artificialmente essa base de fãs, Scott enfatiza a paciência e o fato de deixar crescer organicamente sua presença social. Os ex-alunos são incentivados a permanecer conectados com essa presença social e continuam a interagir com a marca; como graduados, costumam ser embaixadores da Sessions quando são colocadas questões em fóruns públicos. Recém-graduados geralmente postam mensagens no Facebook contando sua experiência com a Sessions quando surge uma pergunta de um potencial estudante, e os ex-alunos são convidados para fazer parte de um grupo especial no LinkedIn. Dessa maneira, a Sessions consegue permanecer ligada e continua a apoiar a universidade através de contribuições e comunicações de pré-matrículas com potenciais estudantes.

Fonte: Entrevista com Scott Chappell, diretor de Marketing e editor do blog Notes on Design, em 3 de fevereiro de 2010. Publicada com permissão. Todos os direitos reservados.

MODELO DE SEGMENTAÇÃO EM MÍDIA SOCIAL

A segmentação do mercado pode ajudar os profissionais de marketing a investirem seus recursos limitados com grupos e indivíduos com maior probabilidade de responder em relação aos demais. Além disso, eles conseguem enviar mensagens específicas, em momentos específicos, para cada um desses grupos para aumentar ainda mais a probabilidade e o valor de sua resposta. Historicamente, a segmentação foi um dos primeiros conceitos aplicados a toda mídia, categorias e marcas que ajudou os profissionais de marketing a melhorar sua eficácia. Se os profissionais de marketing conseguem identificar certo conjunto de motivações e comportamentos específicos de certo grupo com maior probabilidade de responder, a marca acaba exibindo um crescimento mais rápido, ficando à frente da concorrência. Para a segmentação da mídia social pode ser utilizada uma combinação de características novas com as existentes. Elas caem em três categorias amplas: nível de conexão, características demográficas e de intimidade e características comportamentais.

1. **Nível de conexão** – a conexão pode ser determinada pelo número de ligações possuídas por um indivíduo específico. Essa definição pode ser melhorada utilizando o número de convites e encaminhamentos feitos pelo indivíduo. Embora tendam a ser menos precisos, a conexão também pode ser ainda mais aperfeiçoada pelos questionários respondidos pelos próprios indivíduos. Em uma comunidade vinculada à marca, e algumas comunidades públicas, o nível de conexão pode ser facilmente determinado. Em outras, esses dados ainda precisam ser disponibilizados aos profissionais de marketing.
2. **Características demográficas e de intimidade** – os membros podem fornecer perfis pessoais e informações demográficas em vários níveis de especificidade. O grau de informações fornecido nos perfis pessoais geralmente é dado voluntariamente, de forma que esses membros que fornecem uma quantidade de informação mais profunda possuem uma elevada confiança na comunidade e estão dispostos a compartilhar seus dados pessoais com outros. Muitas vezes, o site possui opções de intimidade específicas com relação a informações pessoais e assim, nem todas as informações do perfil podem estar completamente disponíveis aos profissionais de marketing. Não se trata do profissional precisar ver as informações individuais reais: ele apenas precisa conseguir segmentar atividades de marketing específicas para certos conjuntos de indivíduos com base em "filtros" e "seleções" obtidos através dessas características pessoais. Um profissional de marketing

pode querer selecionar, por exemplo, através dos seguintes filtros: todos os indivíduos com idade superior a 25 anos, todos os indivíduos que tornam público seus perfis e todos os indivíduos com grau superior ou pós-graduação.

3. **Características comportamentais** – os formadores de opinião e os indivíduos altamente envolvidos possuem certas características comportamentais. Essas características podem diferir entre as comunidades, mas conseguem ajudar os profissionais de marketing a identificarem aqueles indivíduos com maior propensão a se envolver em conversas sobre a marca ou a comunidade. Considerando que uma grande proporção das conversas dos formadores de opinião ainda ocorrem fora da internet (onde as medições normalmente não estão disponíveis), o fato de identificar quais membros possuem maior probabilidade de se envolver em conversas sobre a marca pode ajudar os profissionais a gerarem mais boca a boca sobre suas marcas e atividades de marketing, independentemente de esta ocorrer on-line ou fora da internet. Algumas dessas características estão listadas no tópico "Segmentação dos formadores de opinião" no Capítulo 4. Além disso, as características comportamentais específicas de uma comunidade podem ser bastante úteis para que os profissionais de marketing identifiquem os potenciais formadores de opinião para suas marcas. Essas características podem incluir, por exemplo, aqueles indivíduos que entraram no site mais de cinco vezes por semana, fizeram mais de um comentário a cada vez que entraram na rede e enviaram dois convites por semana para outros se juntarem à comunidade. Tendo esse esquema de segmentação em mãos nós podemos agora identificar indivíduos com maior propensão a se envolver em certas atividades importantes. Os profissionais podem agora desenvolver campanhas de marketing para persuadir os indivíduos corretos a conversarem sobre suas marcas, influenciarem outros sobre suas marcas e adquirirem seus produtos.

SEGMENTAÇÃO COMPORTAMENTAL

A segmentação comportamental e o marketing comportamental são geralmente utilizados como sinônimos. Eles são definidos como sendo o ato de analisar o comportamento passado (nesse caso, na internet) para ajudar os profissionais de marketing a aumentarem a probabilidade de que uma oferta ou mensagem específica tenha maior probabilidade de ser clicada e utilizada pelo indivíduo-alvo. A combinação de informações comportamentais com informações demográficas pode gerar mais insights e anúncios ainda mais segmentados promovendo índices de sucesso e de ROI maiores no marketing. A segmentação comportamental significa atingir as pessoas corretas no momento correto com a mensagem certa. A segmentação comportamental pode ser utilizada para aumentar as compras dos novos consumidores, fazer vendas cruzadas em diversas categorias de produtos, elevar o número de compras de maior valor e conservar (ou aumentar) a frequência das compras. Como veremos a seguir, a segmentação comportamental pode ser utilizada de formas semelhantes pelos profissionais de marketing para manter ou aumentar o envolvimento com a comunidade.

No momento existe bastante preocupação em torno do marketing comportamental. Os indivíduos estão preocupados que as companhias estejam ligando seu comportamento na Web com suas identidades. Geralmente, a segmentação comportamental não conecta o indivíduo com o comportamento. Em vez disso, ela procura conectar um navegador **anônimo** com um comportamento.

Modelo por semelhança

A segmentação comportamental tem sido utilizada há algum tempo pelos profissionais em atividades de marketing on-line e fora da internet. Um dos sites mais conhecidos que utiliza a segmentação comportamental na Web é a Amazon. A Amazon faz duas ofertas estratégicas para os usuários com base em seus comportamentos:

1. Durante o processo de saída do usuário, o site da Amazon.com sugere outros livros com a frase "os clientes que compraram este item também compraram...".
2. O site Amazon.com também sugere combinações de ofertas atraentes visando incentivar um aumento no preço final da compra.

Cada uma dessas ofertas se baseia no comportamento passado e naquilo que é chamado de modelos por semelhança. Um modelo por semelhança analisa todos os comportamentos passados de clientes anteriores e suas compras, e depois compara com seu comportamento para determinar o encaixe mais provável entre os dois e fazer uma recomendação com maior probabilidade de ser aceita.

As redes de anúncios combinam os comportamentos de navegadores anônimos através de múltiplos sites para rastrear como os usuários clicaram em anúncios exibidos no passado. Com esse conhecimento, a rede de anúncios se concentra em publicidade mais apropriada, com maior probabilidade de ser clicada. Dessa maneira eles podem cobrar um prêmio maior dos anunciantes por essa publicidade segmentada por comportamento, pois ela apresenta uma taxa maior de usuários, em contraposição ao anúncio não segmentado que provavelmente apresentará uma taxa menor de usuários.

Pelo fato de poderem existir muitas informações desenvolvidas em aplicativos de segmentação na Web, podem ser apresentadas aos navegadores ofertas e mensagens bem específicas com base em algoritmos de segmentação bastante detalhados. Elas podem incluir a mensagem e os anúncios exibidos, mas também podem incluir as páginas específicas na Web em que são ou não apresentadas.

> **O GRÁFICO SOCIAL**
>
> O gráfico social é a estrutura social constituída por indivíduos ou organizações que possam estar conectados por uma ou mais interdependências. Participar de uma rede social é um tipo de conexão.

SINGLE SIGN-ON

A tecnologia denominada *single sign-on* (único ponto de entrada) oferece um alto valor tanto para os consumidores quanto para os profissionais de marketing. Os consumidores só precisam se lembrar de uma única senha, independentemente do site que estejam visitando. Muitos sites disponibilizam agora o *single sign-on* através de uma variedade de fornecedores, e baseiam o nome de usuário e senha nas contas dos consumidores com os principais participantes dessa área, como o Facebook Connect, Twitter OAuth ou Microsoft LiveID. O *single sign-on* é popular por dois motivos: simplicidade e acesso. Os consumidores podem participar de vários sites com uma única senha e para os profissionais de marketing, o uso de uma única senha autorizada previamente representa a oportunidade de também se conectar com uma rede social previamente estabelecida do consumidor (o "gráfico social"), com sua identidade completa e com seu fluxo de posts sem necessidade de autorização. Isso permite aos profissionais uma oportunidade mais ampla e mais rápida de estabelecer perfis e atrair usuários.

Com a senha única, os profissionais de marketing conseguem agora reunir estatísticas sobre os usuários à medida que eles visitam todos os sites com base nesse *single sign-on*. Através dessa presença autenticada, os profissionais conseguem receber informações altamente detalhadas sobre os indivíduos e seu comportamento passado.

Pela função *single sign-on* os profissionais de marketing acessam estatísticas sobre os membros do Facebook e seus perfis. A mídia social não representa apenas um conteúdo mais rico de mídia ou redes sociais ou mais aplicativos; ela também representa para os profissionais de marketing ter finalmente informações disponíveis para ligar dados demográficos dos consumidores com dados de perfis em relação a comportamentos desejados. Utilizando o *single sign-o*n pelas comunidades on-line, tornou-se mais fácil para os indivíduos navegarem na Web e recolherem o valor que buscam em vários aplicativos. Para os profissionais de marketing, os *single sign-ons* podem oferecer mensagens mais valiosas que conseguem ser mais atraentes para o indivíduo. Da mesma forma que os programas de esportes têm publicidade mais segmentada para o telespectador do sexo masculino, a publicidade na Web pode agora ser microssegmentada para transmitir mais valor para o internauta e fornecer uma resposta melhor para o profissional de marketing.

A segmentação permite que os profissionais melhorem a especificação e compra da lista correta; a compra da mídia correta no momento correto para alinhá-las com a mensagem e a oferta de marketing corretas. Com o grupo demográfico chave, com a conexão e os dados comportamentais disponíveis para cada produto visitado na Web, as recomendações ou mensagens específicas podem ser ainda mais adaptadas em tempo real. "Clientes que compraram este item também compraram..." da Amazon é um excelente exemplo de como fazer as melhores ofertas para os visitantes, cujo comportamento passado equivale ao de outros comportamentos, visando gerar uma probabilidade maior de se obter mais compras.

O PARADIGMA DA NEW SUBSCRIPTION (NOVA ASSINATURA)

A capacidade de facilmente assinar o recebimento de um *feed* (ou o fluxo de mensagens e posts de uma fonte como um blog ou rede social) foi muito simplificada com o desenvolvimento do RSS. O RSS, que significa *really simple syndication*,* permite que os indivíduos recebam rápida e facilmente notícias de um site que desejam manter atualizado e que sejam notificados quando um novo conteúdo estiver disponível.

---

* *Nota do Tradutor*: Distribuição de notícias de forma simplificada, em tradução livre.

No ambiente de rede social, a exigência de subscrição que fornece uma identidade ou lhe identifica de alguma outra forma para ter acesso ao site passou de usuários esperando criar um nome ou título fictício a usuários de site esperando agora fornecer uma identidade precisa que possa ser facilmente associada com a identidade fora da internet. Agora, o padrão na mídia social é o avatar representar a pessoa, de forma que @AplusK é conhecido como representando Ashton Krutcher, @TheRealShaq é realmente Shaquille O'Neil, @StevenGroves é realmente Steven Groves, @GuyPowell é Guy Powell e @JDimos é honestamente Jerry Dimos.

A autenticação está ficando muito mais fácil: em outro lugar discutimos a evolução do Facebook Connect e, em abril de 2010, o Facebook anunciou o próximo passo do modelo Facebook Connect, chamado Open Graph. As melhorias para o produto são inúmeras e variadas e contribuirão para o desenvolvimento do que está sendo chamado de Web semântica, mas em curto prazo elas fornecem uma tecnologia pronta para permitir o acesso a alguns dados por trás do site do Facebook. À medida que os usuários entram em novos sites que possuam esse novo recurso de conexão eles também são apresentados aos seus amigos do Facebook que já estão registrados nesse site que não é do Facebook. Isso incentivará a adoção do usuário de novos sites ou sites complementares porque ele não precisará fornecer novamente suas credenciais sempre que acessar outro site.

A inscrição ou registro em um site para acessar o conteúdo é uma tendência que estamos vendo diminuir, principalmente com o advento de sistemas como o Facebook Connect reforçado e o XAuth — um sistema competitivo de credenciamento desenvolvido pela Meebo e apoiado por grandes nomes do setor como o Google, Microsoft, Yahoo, MySpace e Disqus. A exceção quanto à exigência do usuário de fornecer amplas informações para se conectar parece ser os sites de jogos, em que o anonimato e um *alter ego* da personalidade são necessários. Isso torna o ambiente de jogos o último baluarte para conexão social on-line porque será muito mais difícil conectar a identidade avatar com a pessoa real de fora da internet.

Com esse novo paradigma, os fornecedores de plataformas de rede social poderão agora recolher mais informações sobre seus membros através de seus perfis no Facebook ou no Twitter. Isso pode ser extremamente vantajoso para as plataformas porque elas poderão agora combinar quaisquer informações disponíveis no Facebook com as que possam coletar de seus próprios sites para poder segmentar e visar seus usuários de uma maneira mais detalhada.

Segmentação comportamental em redes sociais

A segmentação comportamental também se aplica às redes sociais. Com o alinhamento de precisas informações de perfis demográficos e boas informações sobre o comportamento passado, com base no funil de envolvimento na comunidade (ver Capítulo 6), os profissionais de marketing podem transmitir mensagens mais atraentes para os membros da comunidade de forma a manter ou aprofundar o envolvimento do visitante. As redes sociais podem se tornar mais valiosas para seus membros e visitantes.

O objetivo da segmentação comportamental em redes sociais é aumentar a amplitude do envolvimento por toda a comunidade e a profundidade de envolvimento dentro do funil citado. Muitas ações de segmentação comportamental assumidas pelo marketing em sites de e-commerce[13] podem ser aplicadas nas comunidades sociais. A tabela a seguir mostra algumas dessas comparações.

Comparando a segmentação comportamental para o e-commerce e a mídia social

Ação de marketing	Ação de e-commerce	Ação da rede social
Histórico de navegação	Isso pode incluir sites visitados no passado, ou em um site específico de e-commerce, aquilo que foi procurado e não foi adquirido.	Para as comunidades sociais, os profissionais de marketing podem rever a história do envolvimento passado para fazer sugestões aos membros sobre como melhorar seu envolvimento com a comunidade.
E-mails do passado que foram clicados	Entender o que possa ter sido uma oferta conversível em compra pode ajudar os profissionais de marketing a fazer ofertas semelhantes às do passado.	Para as comunidades isso poderia incluir a questão de como os membros e os não membros responderam a quaisquer comunicações da comunidade, para transmitir com eficácia novas comunicações mais segmentadas.
Eventual abandono de compra no passado	Entender o que foi quase adquirido pode ajudar o profissional de marketing a fazer outras ofertas semelhantes que possam ter preços ligeiramente menores ou que sejam disponibilizadas em variantes ligeiramente diferentes para finalizar aquela compra.	O abandono em uma rede social poderia incluir o abandono de um comentário ou de um convite.

Ação de marketing	Ação de e-commerce	Ação da rede social
Compras efetuadas	Entender as compras do passado e quando elas ocorreram pode ajudar os profissionais de marketing a sugerirem outros produtos que possam ser interessantes para aquele indivíduo.	As comunidades sociais devem poder enviar informações mais específicas aos membros com base nas discussões lidas no passado, comentários anexados ou convites enviados. A exibição de anúncios poderá ser reforçada, mas também as opções de classificação e a apresentação de outras informações poderão ser melhoradas e ficar mais relevantes.
Frequência de visitas e visitas recentes	Se um visitante que retorna regularmente começa a diminuir a frequência de retorno, pode ser necessário que o profissional de marketing entenda porque o indivíduo reduziu o envolvimento com seu site.	Nas redes sociais, uma redução da frequência dos posts, da frequência de visitas ou da frequência de convites pode sinalizar uma perda de interesse na comunidade. O monitoramento dessa mudança de comportamento pode ajudar os profissionais de marketing a fazer mensagens mais específicas para esses indivíduos para voltar a incentivar os membros que estão se afastando.
Ofertas exploratórias	A segmentação comportamental pode ser usada pelos sites tradicionais de e-commerce para explorar novas áreas de interesse para compradores do passado.	Os profissionais de marketing podem utilizar a segmentação comportamental para ajudar os membros a explorarem novas áreas de envolvimento que outros membros, em grupos demográficos semelhantes, podem ter achado interessante.

Os profissionais de marketing podem utilizar técnicas semelhantes àquelas mostradas na tabela para compreender o comportamento dos indivíduos e dos formadores de opinião. Eles poderão, então, aplicar essas técnicas para atrair os formadores de opinião e aumentar seu envolvimento com a marca e atrair os formadores de opinião para recomendar a marca para seus seguidores.

SEGMENTAÇÃO DINÂMICA E SEGMENTAÇÃO COMPORTAMENTAL

Os indivíduos não repetem apenas os mesmos comportamentos o tempo todo. Eles evoluem e amadurecem em suas ações. Seu comportamento é dinâmico e muda com o passar do tempo. A compreensão de como o comportamento muda com o tempo e os caminhos do comportamento desejado podem, por exemplo, ajudar os profissionais de marketing a aumentar e acelerar a profundidade do envolvimento dos indivíduos e permitir a identificação de mais formadores de opinião. A adição desse componente dinâmico à análise comportamental pode trazer novos insights para que os profissionais possam se certificar de que estejam transmitindo valor para a comunidade e de que ações específicas com indivíduos específicos possam ser assumidas no intuito de aumentar o valor que recebem da comunidade e, agindo assim, fornecer valor de volta para a comunidade e a marca.

A Figura 2.2 mostra que um indivíduo que não seja membro da comunidade se inscreve e se torna membro, mostrando certo nível de envolvimento após um período. Após se envolver em nível inicial, o indivíduo pode mostrar sinais de que seja um formador de opinião. Se a comunidade fornece um bom valor para o indivíduo, o envolvimento continuará e ele pode se mover tornando-se um formador de opinião ou defensor. Se a comunidade não atender as expectativas iniciais ou fizer algo que seja percebido pelo indivíduo como sendo errado, ele pode passar a mostrar pouco ou nenhum envolvimento e cancelar sua inscrição para ir embora da comunidade. Monitorando e

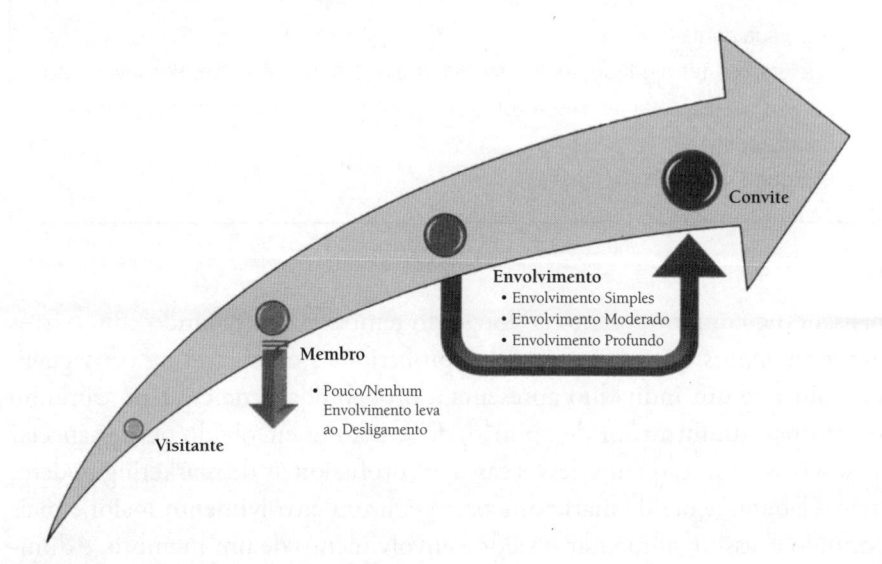

FIGURA 2.2 Comportamento dinâmico

A ANÁLISE KLOUT.COM

"Nossa análise mostra que sua influência no Twitter caiu de 30 para 10. Existem vários motivos para isso ter acontecido, mas não se preocupe. Iremos ajudá-lo a se tornar mais influente! A primeira recomendação é enviar tweets sobre quem são as pessoas que você considera influentes. Isso geralmente provoca conversas, o que é fundamental para sua influência Klout.

Envio de tweets com as pessoas que me influenciam.

Isso melhora os seguintes aspectos:

- Atividade – Nossa! Você conseguiu que pessoas influentes enviem mensagens e retransmitam seu tweet. Seu excelente conteúdo está sendo recompensado.

Esses são os aspectos que recomendamos que você melhore:

- Envolvimento – você deve trabalhar na construção de relacionamentos através de conversas.
- Demanda – sua rede diminuiu de tamanho ou você seguiu deliberadamente muitas pessoas para atingir seu tamanho atual. Siga qualquer pessoa que achar interessante, mas tente se envolver com sua rede e não apenas seguir para ser seguido em retorno.
- Velocidade – ofereça conteúdo original, criativo e interessante que adicione valor a seus seguidores.
- Alcance – a melhor forma de construir sua audiência é ouvir e participar. Não existem atalhos.

Veja sua conta.

Esperamos ter ajudado você a se tornar ainda mais influente. Por favor, não hesite em nos contatar se tiver algumas perguntas, comentários ou feedback.

Obrigado!

A Equipe Klout."[14]

analisando o comportamento ao longo do tempo, e comparando com outros comportamentos que sejam ideais, os profissionais de marketing conseguem determinar se um indivíduo apresenta a probabilidade de estar no caminho de se tornar um formador de opinião, de se manter envolvido ou de cancelar sua inscrição. Em cada um desses casos, os profissionais de marketing podem, então, elaborar ações de marketing para gerar um envolvimento maior e mais profundo e, assim, aumentar o valor e envolvimento de um membro, e diminuir a perda de associados.

A Klout.com utiliza esse conceito ao monitorar a pontuação de um membro do Klout e, se ela começa a cair, o site envia um e-mail com algumas sugestões específicas de como melhorar a pontuação.

WEB SOCIAL – CICLOS DE GESTÃO DA REPUTAÇÃO

Laurel Papworth,[15] por exemplo, descreve o dinamismo à medida que ele se relaciona com a reputação da marca (ver Figura 2.3). Ela considera a dimensão da reputação como componente fundamental do dinamismo.

"Criamos um Perfil em um site, nós fazemos amigos e adicionamos aplicativos, grupos e eventos para definir a Identidade. Nós interagimos ao longo do tempo, oferecendo conteúdo, comentários e classificações que nos trazem uma Reputação. Essa Reputação é, então, transformada em um fator de Confiança – decidimos quão confiável é um membro da rede social pela forma como preenche seu perfil, pelas conexões que estabelece e pelo conteúdo que ele apresenta, tudo isso ao longo do tempo; por esse motivo, a Mídia Social é um envolvimento em longo prazo."

Essa dinâmica pode ser moldada e os profissionais de marketing conseguem utilizar esse dinamismo para aumentar o envolvimento dentro da comunidade, minimizar a rotatividade e identificar possíveis futuros formadores de opinião.

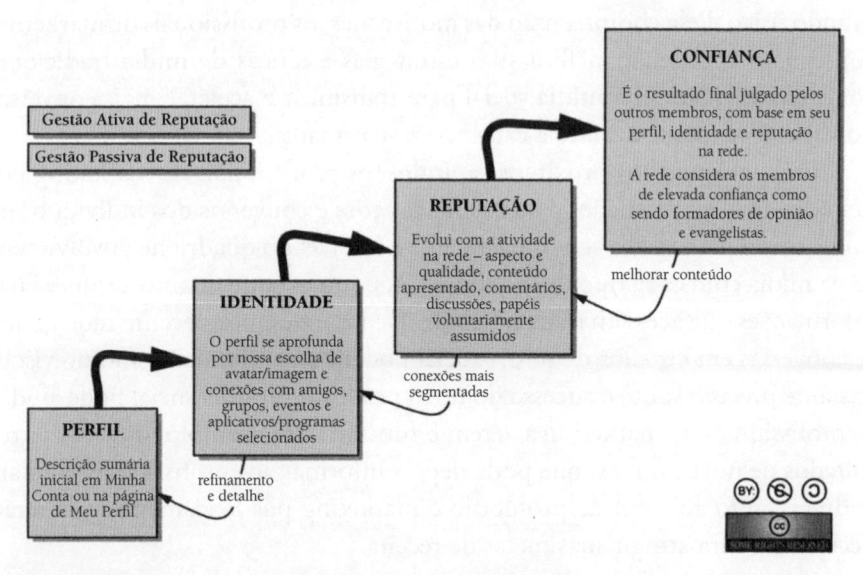

FIGURA 2.3 Web Social: Ciclos de Gestão da Reputação

Fonte: http://laurelpapworth.com/ripple-social-network-influencers/, janeiro de 2010.

Conclusão

Existem muitas motivações para os indivíduos participarem de comunidades sociais. Essas motivações são diferentes em relação aos formadores de opinião. Em mídia social, os profissionais de marketing precisam agora desenvolver táticas e estratégias para identificar e diferenciar os indivíduos dos especialistas e formadores de opinião. A compreensão das motivações dos indivíduos, em contraposição às dos especialistas e formadores de opinião, ajudará os profissionais a melhorarem suas campanhas de marketing na mídia social. A construção de modelos em torno dessas motivações ajudará os profissionais a desenvolverem campanhas de mídia social mais bem-sucedidas, mas com custos e riscos menores.

As campanhas de mídia social são concebidas para gerar três resultados:

1. aqueles que ocorrem no mundo físico em termos de compra e consumo
2. aqueles que ocorrem no mundo virtual e geram conversas positivas e persuasivas entre os indivíduos sobre a marca
3. aqueles que ocorrem com os formadores de opinião para transmitir rapidamente e frequentemente mensagens positivas sobre a marca.

As campanhas de mídia social e tradicional afetam a qualidade e a quantidade de conversas que os indivíduos estabelecem nessas três dimensões. Tais conversas, por sua vez, afetam como os outros dialogam e, depois, agem no mundo físico. Pela compreensão das motivações, os profissionais de marketing conseguem coordenar melhor suas estratégias e táticas de mídia tradicional com suas atividades na mídia social para transmitir e acelerar mais conversas positivas e persuasivas sobre a categoria e suas marcas.

Como veremos nos próximos capítulos, os profissionais de marketing podem desenvolver medições para avaliar as ações e conversas dos indivíduos na mídia social para medir seu impacto em cada nível do quadro de envolvimento na mídia com cada tipo de indivíduo. Tão importante quanto a riqueza das informações que acessam é sua urgência. De fato, pesquisa recente mostra que as conversas em círculos de mídia social podem ser utilizadas como previsões bastante precisas sobre o sucesso do novo produto. A mídia social pode ajudar os profissionais de marketing a verem o futuro.[16] Por exemplo, o nível dos resultados de novos filmes, que pode depois informar aos profissionais de marketing quanto ao nível de promoção e marketing pós-lançamento que serão necessários para atingir suas metas de receita.

A compreensão das motivações e comportamentos dos consumidores ajuda os profissionais de marketing a entenderem como eles podem ofertar mais valor ao seu público-alvo e colher mais valor em troca. A análise comportamental, no que se relaciona com a mídia social, ajuda os profissionais a melhorarem significativamente suas táticas de marketing social. A combinação do grau de conexão, informações de perfil e dados demográficos com a análise do comportamento dos indivíduos na mídia social consegue gerar valiosos insights e programas de marketing mais focados. Muitas dessas motivações e comportamentos se aplicam igualmente à mídia social e à mídia tradicional. A concepção do quadro de envolvimento na mídia se baseia na combinação de motivações e comportamentos à medida que se relacionem com os canais de mídia tradicional e social.

NOTAS

1. *Are Consumers Really Shaping Marketing through Social Media?*, de Stephanie Bullock, diretora de Gestão de Segmentação e Marketing Direto da Canada Post Corporation. Ivana Mazon, vice-presidente de Serviço aos Clientes, FUSE Marketing Group, 23 de julho de 2009.
2. Ver relatório "Dimensions in listening in social media".
3. Raghuram Iyengar, Sangman Han e Sunil Gupta, "Do friends influence purchases in a social network?", *Harvard Business Review*, documentos e estudos, 21 de maio de 2009.
4. Porções citadas e extraídas de pesquisa encomendada pela The Automobile Association, julho de 2007. The Social Issues Research Centre (SIRC), http://www.sirc.org/publik/belonging.pdf, dezembro de 2009. Dr. Peter Marsh, Simon Bradley, Carole Love, Patrick Alexander e Roger Norham.
5. www.youtube.com/channels, fevereiro de 2010.
6. Modificado de RealEstateMarketingBlog.org. Become a Social Networking Influencer, submetido por John na quarta-feira, 17 de dezembro de 2008.
7. Elliot T.S. Social Networking and Group Psychology, 23 de outubro de 2009, 1h05. http://www.ts-elliot.com/social-networking-and-group-psychology, dezembro de 2009.
8. www.wilton.com, dezembro de 2009.
9. Busca no CakeCentral.com, utilizando o termo "Wilton", dezembro de 2009.
10. http://www.Tremor.com, dezembro de 2009.
11. http://www.BzzAgent.com, dezembro de 2009.
12. http://www.greenpeace.org/international/em/news/features/Sweet-success-for-Kit-Kat-campaign/
13. Modificado de http://behavioraltargeting.wordpress.com/, Blog Behavioral Targeting de Anil Batra, dezembro de 2009.
14. E-mail recebido por Steven Groves de Klout.com em 26/3/2010.
15. http://laurelpapworth.com/reputation-management-in-social/, janeiro de 2010.
16. Sitaram Asur e Bernardo A. Huberman, "Predicting the Future with Social Media", http://bit.ly/dBOrur.

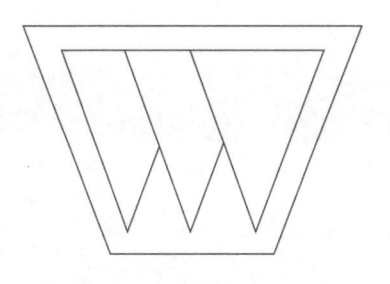

PARTE II
O QUADRO DE ENVOLVIMENTO NA MÍDIA

3

Introdução ao quadro de envolvimento na mídia

Muitos livros sobre mídia social e sobre medições em mídia social olham para a mídia social como se ela estivesse em um vácuo parcial ou total. Eles a consideram de forma isolada, ignorando como ela absorve efeitos da sinergia com a mídia tradicional e como ela pode ampliar a resposta às campanhas da mídia tradicional. Este livro assume abordagem inteiramente diferente, constatando que a mídia social e a mídia tradicional estão inextricavelmente ligadas. Todos os canais de mídia possuem nuanças (e a mídia social não é diferente), mas eles trabalham conjuntamente para gerar valor para a marca. Pelo fato de a televisão e a maioria dos canais de mídia tradicional serem mais antigos, eles têm sido estudados muito mais detalhadamente e são muito mais compreendidos pelos profissionais de marketing que os utilizam.

A partir de cada um desses canais tradicionais, os profissionais de marketing aprenderam como adquirir, aprimorar e administrar de forma a otimizar resultados. Esses canais são mais bem compreendidos. Da mesma forma como a televisão possui muitos tipos diferentes de canais – como público, aberto, cabo, nacional, local –, o mesmo ocorre com a mídia social, ao apresentar mais de um tipo de canal. Ao utilizar ferramentas sofisticadas, os compradores de espaço na mídia planejam cuidadosamente a aquisição na mídia televisiva, revisando cada programa e cada rede para otimizar sua campanha. Eles planejam campanhas de marketing integrado para obter o maior alcance, frequência e qualidade, visando atingir seu público-alvo de maneira ótima com a mensagem correta, no momento e no lugar certos, por meio de um conjunto amplo de efeitos de marketing. No caso da mídia social, cada canal também precisa ser tratado separadamente e distintamente. Os microblogs funcionam de forma diferente dos blogs, que, por sua vez, funcionam diferentemente dos sites, com avaliações e opiniões etc. Assim, embora esses canais se diferenciem, eles também precisam ser planejados no contexto entre si. Os profissionais inteligentes constroem campanhas integradas de marketing social e desenvolvem essas campanhas incluindo tanto a mídia social quanto a tradicional. Os estudos de caso referentes às campanhas de marketing social para as marcas da Guinness e da Heineken, na Malásia mostram como elas podem funcionar mais eficazmente quando tratadas conjuntamente.

A publicidade na televisão é planejada com base na moeda do alcance, frequência e qualidade das impressões. A mídia social é planejada de modo semelhante, embora o alcance, frequência e qualidade precisem agora ser interpretados, acrescentando mais uma dimensão dos formadores de opinião, indivíduos e consumidores. O planejamento do marketing social precisa agora considerar como alcançar melhor os formadores de opinião, como eles poderiam ser persuadidos a defender a marca, como os indivíduos receberiam as mensagens com a defesa da marca, e como se tornariam consumidores. Em vez de gerar impressões, os profissionais de marketing social trabalham com a moeda adicional do envolvimento.

Com isso em mente, nós desenvolvemos um novo conceito: o Quadro de Envolvimento na Mídia. Embora grande parte da discussão deste livro se concentre no quadro de envolvimento na mídia como fazendo parte da mídia social e do ROI de marketing social, ele pode igualmente ser aplicado para a mídia tradicional.

ESTUDO DE CASO
ESTRATIFICAÇÃO DO ENVOLVIMENTO

O estabelecimento do tipo de envolvimento para um nível específico de comunicação com o consumidor permite uma experiência mais completa para o consumidor. Em um nível, o melhor envolvimento para o consumidor ocorre com outro consumidor. Em outros níveis, uma tática direta com o consumidor pode ser melhor. O desenvolvimento de medições para cada um desses níveis pode propiciar excelente insight na determinação do envolvimento com clientes e prospects.

PitneyBowes

A PitneyBowes foi fundada em 1920 por Arthur Pitney e Walter Bowes para fornecer tanto para grandes empresas quanto para pequenas, soluções em termos de envolvimento dos clientes, ideias de negócios, gestão do fluxo de trabalho e soluções de mala direta. Atualmente, eles atendem mais de 2 milhões de clientes com uma meta: ajudar os clientes a encontrarem **seus** objetivos através de colaboração, integridade e responsabilidade. Embora a empresa tivesse começado fornecendo serviços de gestão de documentos e de correio para ajudar as companhias a se tornarem mais produtivas na gestão das correspondências, eles agora fornecem vários serviços incluindo análise de projeções, logística e marketing de relacionamento.

Para a organização contar sua história para seu público, a companhia desenvolveu algumas táticas fundamentais como parte de sua estratégia: um posto de escuta funcional, treinamento em tecnologia e um conselho interno de mídia social. Eles também desenvolveram política e estrutura de "governança mais solta" que fornece uma moldura para os empregados que trazem a personalidade desejada para a marca PitneyBowes.

Aneta Hall é gerente de Novas Mídias encarregada por toda a parte que envolve área social na PitneyBowes e semelhante ao modelo defendido por Chris Brogan e Julian Smith em seu livro *Trust Agents* – ela se posiciona como uma verdadeira agente de confiança no seu trabalho de construção de um caminho de mídia social para a companhia. Seu trabalho já se desenvolveu a ponto de medir tudo sobre a mídia social, de forma a poder colher insights valiosos com as experiências e o processo ser continuamente aperfeiçoado. Para a PitneyBowes a mídia social está no caminho de se tornar a quarta perna da infraestrutura de comunicações de marketing junto com: publicidade transmitindo mensagens unidirecionais; RP para escrever comunicados à imprensa; e relações com investidores para emissão de relatórios de resultados.

Embora a empresa forneça principalmente para empresas, a mídia social pode gerar grande valor no desenvolvimento de relacionamentos individuais com todos os clientes atuais, prospects e acionistas. Em um ambiente B2B, em que os ciclos de vendas são normalmente mais longos do que no ambiente B2C, o uso da mídia social é a maneira ideal de se envolver com os clientes e propiciar um valor real, tanto durante quanto depois do processo de vendas.

Modelo de medição em três camadas

A PitneyBowes implantou um modelo de medição em três camadas para avaliar a eficácia de sua presença social:

1. Medição da atenção – em nível superior, o número de menções precisa ser contado, representando o olhar e o tráfego bruto atribuído à presença social.
2. Medição da participação e do envolvimento – as interações na mídia social precisam estabelecer conexões duradouras de forma que os clientes atuais e em potencial prestem atenção na mensagem. Na PitneyBowes, isso é medido principalmente pelo tempo no site, pois eles consideram esse tempo um dos

indicadores mais confiáveis de envolvimento. Outras medidas são: boca a boca on-line com base em retweets e contagem de comentários.
3. Influência – para a PitneyBowes a influência está ligada diretamente com os objetivos da empresa. Ela é então medida pelo nível de vendas geradas, que como diz Aneta Hall, representa "o santo graal" para os esforços de marketing da companhia.

Esse modelo em três camadas recebeu inicialmente uma resposta não homogênea de muitas das pessoas da equipe de marketing da PitneyBowes, em que a maior parte dos profissionais gravitou para a medição da atenção. Isso está lentamente mudando à medida que os profissionais de marketing começam a ver o valor propiciado pelo envolvimento cada vez mais profundo de clientes atuais e em potencial à medida que participam na comunidade de mídia social da PitneyBowes.

Cartas para os heróis

A PitneyBowes tem sido bastante bem-sucedida no aumento do envolvimento com sua marca pela sua associação com esforços filantrópicos. Eles conseguiram um aumento de dois dígitos na resposta pelo Facebook e aceleraram significativamente o crescimento de seu canal no Twitter através da campanha "Carta para os Heróis". A campanha é conduzida junto com a Cruz Vermelha Americana oferecendo aos consumidores a oportunidade de enviar um cartão-postal para os homens e mulheres das forças armadas dos EUA em serviço por todos os lugares do mundo.

A campanha tem sido conduzida há três anos e segundo Aneta, "a Cruz Vermelha é marca bastante social e gera bastante envolvimento para a PitneyBowes" na campanha conjunta. O site incluiu um vídeo patrocinado pela celebridade Amy Grant e um vídeo com montagens dos participantes e gerou mais de 2 milhões de cartas em 2007 e 2008.

Fórum de apoio ao cliente

Para apoio e retenção do cliente no pós-venda, Aneta fala sobre como a PitneyBowes "investiu bastante em apoio ao cliente voltado para a comunidade, porque se, no final das contas, você não limpar seu próprio quintal, à medida que exista uma preocupação com a comunidade na mídia social, você não obterá autorização para falar sobre seu produto ou suas iniciativas de marketing".

A PitneyBowes estabeleceu um fórum do usuário que é um site focado e dirigido para o cliente, com link a partir do site principal no endereço PB.com. "Representantes da PB conduzem o fórum, mas têm a política de somente se envolver em uma reclamação após 24 horas." Esse intervalo permite que outros clientes sejam envolvidos e geralmente ocorre de um cliente fornecer resposta para **outro cliente**. Um dos principais objetivos para o desenvolvimento do fórum foi desviar ligações do call center da PitneyBowes.

Ao utilizar estatísticas de estimativas de custo obtidas no mercado de que para cada 5 visitas a um post de resposta, ou 25 visitas a um post geral, uma ligação para o serviço ao cliente será evitada, Aneta afirma que "eles analisaram o número de visitantes a um post de mudança de taxa e perceberam que no final das contas, em um período de três meses, eles conseguiram evitar mais de 30 mil ligações para o serviço ao cliente". A um custo estimado de $10 por ligação recebida, isso se traduz em redução de ligações correspondentes a mais de $300 mil em um trimestre.

Ao olhar para o futuro, Aneta explica que "é momento de ter paciência, de ajustar as medições e de continuar explorando".

Fonte: Entrevista com Aneta Hall, gerente de Novas Mídias da PitneyBowes, realizada em 4 de fevereiro de 2010. Publicado com permissão. Todos os direitos reservados.

APLICANDO O QUADRO DE ENVOLVIMENTO NA MÍDIA

Para que o conceito de Quadro de Envolvimento na Mídia (QEM)* seja bem-sucedido, ele precisa ser cético em termos de canal de mídia. Ele não pode funcionar para apenas um canal e deixar de funcionar para outro. Ele precisa funcionar através de todos os canais e ser suficientemente flexível para lidar com as nuanças de cada um desses canais. Ele precisa ser parcimonioso. O QEM incorpora muitos dos conceitos de mídia tradicional e de mídia social para poder descrever de forma ampla os elementos fundamentais da construção de uma estratégia de marketing social e da estrutura de medições. Embora este livro seja principalmente sobre ROI em marketing social, ele tem suas bases na construção de elementos da estratégia de marketing social. Os dois estão inextricavelmente ligados.

CÉTICO EM TERMOS DE CANAL DE MÍDIA

Como veremos nos próximos capítulos, o quadro de envolvimento na mídia pode funcionar com todos os canais de mídia, tanto sociais quanto tradicionais. Neste livro, porém, falaremos apenas sobre como ele se aplica na mídia social.

---

* *Nota do Tradutor:* MEF (Media Engagement Framework).

Por exemplo, ele se aplica perfeitamente nas campanhas segmentadas e integradas utilizando qualquer combinação do Twitter, Facebook ou YouTube.

Com base nesse quadro, apresentaremos muitos outros conceitos relacionados para mostrar como construir táticas e estratégias de marketing social de sucesso e depois medir seu sucesso e determinar seu ROI. Como já mencionamos anteriormente, para aqueles profissionais de marketing não familiarizados com os conceitos de ROI de marketing, é altamente recomendado que leiam primeiro o livro *Marketing Calculator*.

OS PERSONAGENS DO QUADRO DE ENVOLVIMENTO NA MÍDIA

O quadro de envolvimento na mídia é constituído por três segmentos ou personagens:

1. formadores de opinião
2. indivíduos
3. consumidores

Cada um deles representa os tipos de pessoas, ou público-alvo, que os profissionais de marketing precisam se envolver para gerar valor para suas marcas na mídia social (Figura 3.1). Cada pessoa-alvo interage e se sobrepõe aos outros. Os formadores de opinião escrevem posts para seus seguidores, que por sua vez são constituídos por indivíduos. Os indivíduos podem ser também consumidores atuais ou prospects (ou talvez nunca cheguem a ser consumidores). Os consumidores correspondem ao mercado-alvo para a venda de produtos e serviços.

FORMADORES DE OPINIÃO

Da mesma forma que esses três personagens são importantes para o marketing social, eles também são importantes para a mídia tradicional. O departamento de Relações Públicas busca editores que escrevam artigos para influenciar e informar seus leitores. O profissional de relações públicas procura gerenciar campanhas de apoio em que as celebridades endossem determinada marca na esperança de que os fãs da celebridade venham então a adquirir os produtos endossados. A NASCAR* é um exemplo brilhante da utilização do endosso

---

* *Nota do Tradutor*: A National Association for Stock Car Auto Racing (NASCAR) é uma associação automobilística que controla campeonatos de corridas de Stock Car dos Estados Unidos.

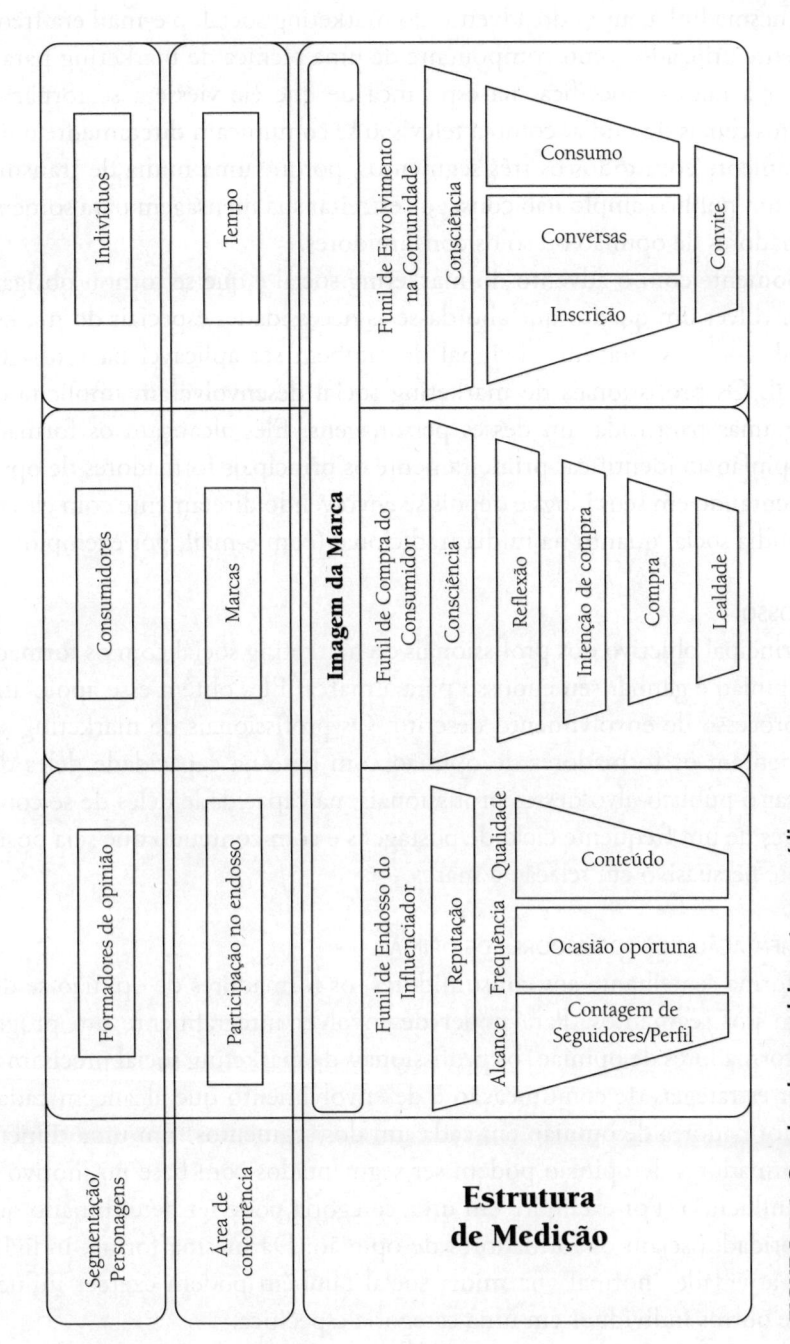

FIGURA 3.1 Quadro de envolvimento na mídia.

Segmentação/Personagens: Indivíduos | Consumidores | Formadores de opinião

Área de concorrência: Tempo | Marcas | Participação no endosso

Estrutura de Medição:

Imagem da Marca

- Funil de Envolvimento na Comunidade: Consciência → Consumo / Conversas / Inscrição → Convite
- Funil de Compra do Consumidor: Consciência → Reflexão → Intenção de compra → Compra → Lealdade
- Funil de Endosso do Influenciador: Reputação / Frequência / Alcance / Qualidade → Conteúdo / Ocasião oportuna / Contagem de Seguidores/Perfil

dos pilotos de carros de corrida para promover suas marcas patrocinadoras. Na mesma linha, antes do advento do marketing social, o e-mail era frequentemente utilizado como componente de uma técnica de marketing para promover a marca específica, na esperança de que ele viesse a se tornar viral. Outros canais de mídia, como a televisão se comunicam diretamente e simultaneamente com todos os três segmentos, porque uma mídia de transmissão para um público amplo não consegue estreitar sua mensagem para somente os formadores de opinião ou só os consumidores.

Somente com o advento do marketing social é que se tornou obrigatório desenvolver um quadro que abordasse as necessidades especiais do marketing social, com a vantagem adicional de também ser aplicável na mídia tradicional. Os profissionais de marketing social desenvolveram implicitamente programas para cada um desses personagens. Eles alcançam os formadores de opinião ao identificar primeiramente os principais formadores de opinião, comentando em seus blogs e depois se envolvendo diretamente com eles tanto na mídia social quanto na mídia tradicional (com e-mail, por exemplo).

Endosso

O principal objetivo dos profissionais de marketing social com os formadores de opinião é ganhar seu endosso para a marca. Eles obtêm esse apoio através do processo de envolvimento descrito. Os profissionais de marketing social segmentam os formadores de opinião com base na capacidade deles de alcançar o público-alvo desses profissionais, na capacidade deles de se contatar através de um frequente ciclo de postagens e com conteúdo que seja positivamente persuasivo em relação à marca.

Segmentação dos formadores de opinião

De forma semelhante aos consumidores, os formadores de opinião se distribuem por segmentos. Para poder desenvolver integralmente um programa dos formadores de opinião, os profissionais de marketing social precisam conceber estratégias de comunicação e de envolvimento que alcancem cada um dos formadores de opinião em cada um dos segmentos. Em uma dimensão, os formadores de opinião podem ser segmentados com base no motivo para sua influência. Por exemplo: em uma categoria pode ser determinado que as celebridades sejam os formadores de opinião. Da mesma forma, indivíduos com atividade "normal" na mídia social também podem exercer influência sobre outros indivíduos em uma categoria específica.

Os formadores de opinião podem ainda afetar aspectos diferentes da categoria. Eles podem ser formadores de opinião para marcas específicas – suas ou dos concorrentes – para canais de distribuição específicos e para certos fatores externos importantes para a categoria. Para cada uma dessas classes de formadores de opinião, os profissionais precisam desenvolver uma campanha de formador de opinião que possa gerar a maior participação no endosso que ajude a ampliar a participação da categoria ou a participação da marca dentro da categoria.

ESTUDO DE CASO
CRIANDO A MARCA EM CONJUNTO COM O CLIENTE

Um dos aspectos mais poderosos de utilizar a mídia social como tática empresarial é que a marca pode ser definida em conjunto com o consumidor. Aquilo que o cliente quer ver em um produto ou serviço pode agora se tornar parte integrante daquilo que a empresa fornece. Dessa forma, o produto ou serviço fica alinhado mais de perto com os desejos do consumidor e pode existir um prêmio que o cliente esteja disposto a pagar por obter precisamente aquilo que ele quer.

Delta Airlines

A Delta Airlines é uma das maiores companhias aéreas do mundo, atendendo mais de 160 milhões de clientes a cada ano. Sediados em Atlanta, Geórgia, a Delta possui um site poderoso e um programa totalmente integrado para o passageiro costumeiro: o Delta SkyMiles. Nós conversamos com Jennifer Miller, gerente de Marketing e Conteúdo para a Delta.com, sobre a experiência de mídia social da Delta, lançada em 2007. Aquilo que começou como um esforço para tentar falar diretamente com os clientes a situação das viagens evoluiu para um blog concebido para conectá-los com seus clientes.

Os primeiros esforços incluíram um concurso de vídeos criados pelos fãs e postados no YouTube. Desde então, a mídia social da Delta evoluiu, passando de um esforço de marketing para se tornar um modo de ouvir e se envolver com os consumidores a respeito da experiência de viajar. Os obstáculos para o crescimento de sua presença social podem ser atribuídos ao setor e à economia: o setor encolheu significativamente e as equipes de marketing e de mídia social só agora estão entrando em uma fase de crescimento. Para Jennifer e sua equipe, a mídia social refere-se a administrar os recursos para apoiar o envolvimento com o consumidor em torno da experiência de viajar.

As principais medições da Delta não estão centradas ainda no cálculo do ROI. Elas estão centradas na criação de um programa que primeiramente aumente o alcance da marca e o aprendizado de como medir a consistência e qualidade

> das conversas. Para poder acompanhar as conversas em torno da marca, a Delta utiliza a Visible Technologies para estabelecer os tópicos principais de monitoramento e obter os dados processados na forma de informações significativas. Até o momento, a Delta implantou um posto de escuta, estabeleceu uma política de mídia social, criou um plano de comunicações para crises e examinou como gerar defensores pela companhia que possam representar a marca nas comunicações de marketing corporativo e no serviço aos consumidores.
>
> Uma das principais percepções que surgiu no processo de desenvolvimento da mídia social foi ter aprendido que não se trata mais do que a marca deseja dizer; trata-se da criação conjunta da marca através de conversas e de um envolvimento com o cliente. A Delta está buscando agora ampliar a conversa e torná-la parte valiosa e dinâmica da forma como a Delta se apresenta ao mercado.
>
> *Fonte:* Entrevista com Jenni Miller, gerente de Marketing, Conteúdo & Mídia Social do Delta. com da Delta Airlines, realizada em 12 de março de 2010. Publicada com permissão. Todos os direitos reservados.

FUNIL DE ENDOSSO DO FORMADOR DE OPINIÃO

No Capítulo 4 definiremos com mais detalhes cada um dos elementos da dimensão "formador de opinião" do quadro de envolvimento na mídia. O novo conceito de "funil de endosso do formador de opinião" será definido de forma mais completa, descrevendo como os profissionais de marketing social podem estabelecer suas estratégias para chegar aos formadores de opinião desenvolvendo campanhas de marketing social altamente bem-sucedidas. O funil de endosso do formador de opinião se baseia em medições já conhecidas e compreendidas pelos profissionais de marketing – alcance, frequência e qualidade – e as aplica no desenvolvimento de programas de marketing voltados aos formadores de opinião. Dessa maneira, estratégias de marketing bem-sucedidas para o formador de opinião podem ser definidas, executadas e medidas de maneira a gerar mais valor para a marca, com menos custo.

CONSUMIDORES

O uso da mídia social para segmentar os consumidores continuará a crescer e a gerar benefícios para as marcas que se apoiam nessas novas ferramentas. A mídia social se tornará um novo canal de mídia tão forte quanto os outros canais de mídia tradicional que já existem. Os canais de mídia tradicional são medidos de muitas maneiras, mas principalmente com base nas duas dimensões fundamentais de "funil de compra do consumidor" e de "imagem da marca":

Funil de compra do consumidor

Da mesma forma que a imagem da marca de consumidores ativos em mídia social pode diferir da imagem da marca de consumidores inativos na mídia social, o status no funil de compra do consumidor pode diferir para os consumidores ativos em mídia social quando comparado com os consumidores inativos em mídia social. Consciência, reflexão e intenção de compra irão se desenvolver de forma diferente para os consumidores ativos em mídia social. A consciência da marca e produto pode ocorrer mais rapidamente, mas a reflexão ou intenção de compra podem demorar um pouco mais (ou pode acontecer alguma outra combinação). Em qualquer caso, a travessia do funil de compra do consumidor será diferente para os consumidores ativos em mídia social em comparação com os consumidores inativos em mídia social. Os consumidores ativos em mídia social representam um novo subsegmento que precisa ser medido, utilizando técnicas de medição semelhantes de funil de compra do consumidor e imagens da marca, com a possibilidade de que eles possam gerar percepções diferentes daqueles consumidores que recebem principalmente somente mídia tradicional. O QEM aborda essa questão ao aplicar esses conceitos conhecidos para esse novo personagem ativo em mídia social.

Enquanto as outras duas dimensões do QEM discutem formadores de opinião e indivíduos, essa dimensão discutirá como se pode aplicar o marketing social aos consumidores. Muitos dos tópicos conhecidos de imagem de marca, de funil de compra do consumidor e de segmentação precisarão ser aplicados tanto para os consumidores ativos em mídia social quanto para os consumidores inativos em mídia social, ainda que essas ferramentas venham a dar apoio a medições importantes na determinação do relativo sucesso da mídia social comparado com a mídia tradicional.

Segmentação pela atividade na mídia social

Um novo critério de segmentação dos consumidores precisará ser adicionado ao mix quando se considera a mídia social. Como foi discutido, o consumidor ativo em mídia social desenvolve impressões de marca diferentes daqueles que não são ativos em mídia social. Os consumidores ativos em mídia social precisarão ser monitorados de forma semelhante aos consumidores inativos em mídia social, mas os resultados desses estudos de rastreamento podem fornecer novos insights para os profissionais de marketing. Os profissionais de marketing social podem precisar desenvolver novas estratégias dirigidas ao seu público-alvo ativo em mídia social visando influenciar as percepções do consumidor de alguma nova maneira para benefício da marca. Podem ser reveladas oportunidades para os profissionais de marketing social, em que a marca consiga obter resultados rápidos em relação à concorrência, com base em insights recentemente determinados. Os profissionais de marketing tradicional também podem obter insight valioso para seus consumidores inativos em mídia social à medida que começarem a ouvir a voz do consumidor na mídia social. Isso já ocorre porque os materiais promocionais geralmente incluem citações verbais de consumidores encontradas na área de mídia social da marca.

INDIVÍDUOS

As campanhas de marketing social alcançam muitos indivíduos: aqueles que são consumidores, aqueles que podem se tornar consumidores e, infelizmente, aqueles que nunca se tornarão consumidores. Por causa da natureza da mídia social, o marketing social é mais parecido com uma mídia de ampla transmissão. Assim as mensagens postadas por um formador de opinião alcançarão seus seguidores que são constituídos por muitos indivíduos. Seus seguidores podem não fazer parte necessariamente do público consumidor-alvo. A expectativa é que parcela significativa de seus seguidores faça parte do mercado-alvo da marca. Da mesma forma que a publicidade na televisão atinge um amplo mercado medido em pontos de audiência bruta (GRPs – Gross Rating Points), o marketing social atinge um grande mercado medido pela contagem de seguidores e de fãs.

ENVOLVIMENTO DA COMUNIDADE

Os profissionais de marketing desejam desenvolver campanhas de marketing social que estabeleçam um crescente envolvimento com esses indivíduos. Esse envolvimento aumenta à medida que o indivíduo avança no funil de envolvimento – o funil do envolvimento na comunidade – consumindo informações sobre a marca, conversando sobre a marca e convidando outros a também se envolverem com a marca. O objetivo principal dos profissionais de marketing é gerar um envolvimento do indivíduo. Com o aumento do envolvimento, o indivíduo fica mais propenso a escrever posts sobre a marca ou, se estiverem no segmento-alvo da marca, a se tornar um consumidor.

Pelo fato de a mídia social poder consentir ou não com o recebimento de suas comunicações, os profissionais de marketing social concorrem não apenas com outras marcas, como também pela quantidade de tempo que um indivíduo dispõe para conversar ou se envolver com as marcas em comparação com o tempo envolvido em outras oportunidades de entretenimento na Web. Suas táticas de marketing social em relação à marca precisam ser altamente envolventes e divertidas para que o indivíduo passe mais tempo envolvido com essas atividades ou lendo posts de formadores de opinião do que com qualquer outra atividade.

O Capítulo 5 descreve de forma mais completa o processo de marketing para os segmentos de indivíduos. Introduzimos um novo conceito denominado "funil de envolvimento na comunidade" em que os profissionais de marketing conseguem medir o nível de envolvimento dos indivíduos com a marca para que táticas específicas de marketing possam ser desenvolvidas visando maior envolvimento. Os profissionais de marketing social podem utilizar o funil de envolvimento na comunidade de duas maneiras. Os profissionais podem aumentar o número de indivíduos envolvidos com a marca em cada nível no funil de envolvimento na comunidade, ou podem mover os indivíduos para posições cada vez mais profundas dentro do funil. Dessa maneira, o profissional de marketing consegue desenvolver valor para a marca, em curto e longo prazo.

À medida que as comunidades e as estatísticas em torno das comunidades se tornam mais maduras, vemos esses conceitos de envolvimento na comunidade sendo executados em sofisticados aplicativos de Gestão de Relacionamento com o Cliente (CRM – Customer Relationship Management) em mídia social.

IMAGENS DA MARCA

A mídia social é fortemente utilizada por muitas marcas para fornecer um melhor apoio ao cliente. A imagem da marca, como percebida nas mentes dos formadores de opinião, indivíduos e consumidores, desempenha um papel decisivo de como esses três personagens responderão às ações de marketing. As marcas com baixo valor adicional atribuído a elas (*brand equity*) são menos propensas a evocar uma resposta desses três personagens do que as marcas com elevado valor adicional. Os formadores de opinião são mais propensos a endossar marcas que possuem elevado valor do que aquelas com baixo valor. De forma semelhante, os indivíduos são mais propensos a se envolver com marcas de elevado valor do que marcas com baixo valor. Infelizmente, isso funciona tanto do lado positivo quanto negativo. As marcas menos proeminentes possuem maior probabilidade do que as mais proeminentes de provocar um boca a boca negativo quando surge um evento que provoca a insatisfação dos clientes. Por outro lado, as marcas mais proeminentes possuem maior probabilidade de serem "utilizadas" por ativistas que combatem determinadas causas, pois são mais propensas a provocar mudança de comportamento do fabricante e mais propensas a provocar respostas na imprensa quando tomadas por "grandes corporações". Os ataques na mídia social pelo Greenpeace contra a marca Dove da Unilever e a marca KitKat da Nestlé são excelentes exemplos de como uma grande marca pode sofrer desproporcionalmente na mídia social por causa de seu tamanho.

A Intuit, por exemplo, possui um fórum de discussão bastante sofisticado e avançado que os usuários da Intuit podem visitar para buscar rapidamente por respostas ou possivelmente apresentar perguntas para que outros usuários bem informados dentro da comunidade respondam. Dessa maneira houve uma redução das ligações para o suporte ao cliente e para aqueles que participam ativamente na comunidade melhorou a percepção sobre o serviço ao cliente. No entanto, caso existissem usuários da Intuit inativos em mídia social, eles não entrariam na comunidade virtual e não utilizariam o conhecimento compartilhado pela comunidade que apoia a Intuit. Eles utilizariam o tradicional canal de apoio pelo telefone e, dessa forma, poderiam ter um percepção totalmente diferente sobre a qualidade do apoio ao cliente oferecido pela Intuit. Portanto, a mídia social gera uma imagem de marca diferente para os consumidores ativos em mídia social quando comparado com a imagem de marca percebida pelos consumidores inativos na mídia social.

A mídia social também oferece outros desafios aos profissionais de marketing social. As mensagens recebidas pelos consumidores não são mais diretamente transmitidas pelo profissional de marketing. Formadores de opinião, indivíduos e consumidores conversam sobre a marca utilizando sua própria voz, e o profissional pode não ter nenhum controle sobre essa voz. Se as mensagens enviadas por esses indivíduos são negativas ou se inclinam para esta ou aquela direção, eles tenderão a afetar a imagem da marca para os consumidores ativos na mídia social. Estes receberão mensagens bastante diferentes do que os consumidores inativos em mídia social e, portanto, provavelmente desenvolverão diferentes percepções de marca e outra imagem da marca. Os profissionais de marketing em geral, e os de marketing social em especial, precisam agora medir a imagem da marca para cada um desses segmentos ativos na mídia social para poder compreender o que acontece com sua marca na mídia social e, possivelmente, assumir ações corretivas para melhorar sua imagem entre os consumidores ativos.

ÁREA DE CONCORRÊNCIA

À medida que os indivíduos participam na mídia social, eles escolhem se envolver em uma atividade em relação a outra, com base no valor que ela oferece em comparação com outras possíveis atividades que poderiam ser assumidas. Essas atividades concorrentes diferem para cada tipo de personagem e precisam ser levadas em conta pelos profissionais de marketing ao desenvolver uma campanha de marketing de sucesso. Elas são descritas a seguir para cada personagem.

FORMADOR DE OPINIÃO: PARTICIPAÇÃO NO ENDOSSO

Considerando o grande número de marcas, os formadores de opinião só conseguem endossar. Em muitos setores, os profissionais de marketing concorrem com outros profissionais, em nível de formador de opinião, pelo endosso dos formadores de opinião. Há uma limitação no número de marcas que um formador de opinião consegue endossar.

CONSUMIDOR: MARCAS

Os profissionais de marketing concorrem entre si em relação ao personagem consumidor à medida que ele caminha pelo funil de compra do consumidor. Por exemplo, quando os consumidores ficam cientes em relação a determinada marca, a batalha passa a ser estabelecida pela participação em sua mente à medida que ele gera uma reflexão sobre o conjunto de produtos a serem adquiridos.

INDIVÍDUO: TEMPO

O elemento mais essencial em termos de concorrência em nível individual é a insubstituível dimensão do tempo. Uma vez gasto, o tempo não pode ser recuperado; assim, obter a atenção do indivíduo, ainda que por um momento, está cada vez mais se tornando a principal tarefa do marketing. Os elementos que concorrem por esse tempo estão se tornando mais variados, e mais fáceis de acessar, no mundo do indivíduo.

ESTRUTURA DE MEDIÇÃO

Para gerenciar o esforço na mídia social e tradicional é essencial medir a atividade e os resultados dessa atividade. Cada um dos personagens possui um conjunto de medições que se aplicam e que são específicas do esforço em torno dessa personagem. O conjunto de medições é coberto nos próximos capítulos: apresentamos aqui um breve resumo de cada.

FUNIL DE ENDOSSO DO FORMADOR DE OPINIÃO

O funil de endosso do formador de opinião possui componentes que ajudam o profissional de marketing a entender o possível alcance, frequência e qualidade das mensagens de um formador de opinião. O modelo possui elementos que ajudam a identificar o melhor formador de opinião para a imagem da marca e rastrear sua atividade em torno dela.

FUNIL DE COMPRA DO CONSUMIDOR

O conceito do funil de compra do consumidor foi desenvolvido mostrando o nível relativo de envolvimento que um consumidor possui com determinada marca física. Os profissionais de marketing já vêm usando a construção do funil de compra do consumidor para medir e determinar a eficácia relativa de seus esforços para gerar compras e lealdade. As medições e as métricas no funil de compra do consumidor serão apenas revistas aqui, mas uma exploração mais profunda poderá ser encontrada em *Marketing Calculator*.

FUNIL DE ENVOLVIMENTO NA COMUNIDADE

O Funil de Envolvimento na Comunidade (FEC) descreve os níveis crescentes de envolvimento que um indivíduo possui à medida que participa da comunidade social. Quanto mais profundamente avançar no funil, maior o nível de envolvimento. O FEC contém elementos que o profissional de marketing consegue monitorar e medir de forma a poder desenvolver táticas para gerar um maior envolvimento do indivíduo com suas marcas em uma comunidade social.

CONCLUSÃO

Á medida que nos próximos capítulos aprofundarmos a definição do quadro de envolvimento na mídia, os profissionais de marketing obterão novos insights sobre como deveriam construir suas estratégias de marketing, desenvolver suas táticas e coletar medições valiosas. Ao utilizar as medições corretas, o ROI pode ser estimado ou calculado para melhorar os resultados dos investimentos de marketing. Com essas melhorias, as marcas crescerão mais rapidamente e desenvolverão vantagens estratégicas sobre a concorrência, gerando lucros, crescimento e valorização maiores.

O emprego e a adoção do QEM fornecem uma base que o profissional de marketing pode mais facilmente aplicar para o desenvolvimento e a execução de um plano de marketing. Com ele, o profissional de marketing consegue desenvolver um conjunto de medições apropriadas e indicadores-chave de desempenho (KPIs – Key Performance Indicators) que podem ser compartilhados com a equipe executiva para os relatórios sobre eficácia e permitir um nível mais rígido de controle e gerenciamento do esforço de marketing social.

4
O personagem formador de opinião no quadro de envolvimento na mídia

Os formadores de opinião na mídia social constituem um grupo importante porque podem amplificar sua mensagem em seu benefício, independentemente da mensagem ser on-line ou fora da internet. Esse efeito amplificador é fundamental para se colher o máximo de benefício da mídia social. Entretanto, os formadores de opinião não enviam somente mensagens positivas; eles também podem enviar mensagens negativas para seu mercado-alvo. Deve ser tomado o máximo nível de cuidado para desenvolver essa classe de participantes no mercado.

O FORMADOR DE OPINIÃO E O QUADRO DE ENVOLVIMENTO NA MÍDIA

O componente formador de opinião do modelo descreve como os profissionais de marketing podem abordar os formadores de opinião em sua categoria, estabelecer metas internas e medir sua eficácia com o objetivo de ganhar o endosso deles para assuntos e marcas que terão impacto positivo sobre a categoria ou a marca. Existem outras dimensões para definir uma estratégia com o formador de opinião e elas podem ser importantes para algumas categorias, mas no geral, encontramos três dimensões como sendo as mais importantes em relação ao QEM.

Essas três dimensões se relacionam com o formador de opinião das seguintes maneiras:
- *segmentação do público:* formador de opinião celebridade, estratificação de categorias e perfil do público-alvo.
- *área de concorrência:* participação no endosso.
- *funil de endosso do formador de opinião:* reputação, alcance, frequência e qualidade.

Na mídia social os formadores de opinião representam possivelmente o grupo de indivíduos mais importantes para os profissionais de marketing. Na mídia social, os formadores de opinião possuem seguidores. Esses seguidores são constituídos de indivíduos, alguns dos quais correspondendo a outros formadores de opinião que você quer alcançar com sua mensagem; e muitos desses indivíduos são os consumidores que você quer alcançar com sua mensagem, pois pertencem aos seus segmentos-alvo de preferência e são muito valiosos para a marca.

ESTUDO DE CASO
OS TRÊS PILARES DO MARKETING

A Microsoft é uma das marcas de tecnologia mais conhecidas do planeta. Ela disputa com o Google e a Apple pela posição superior como marca de tecnologia mais conhecida. Pelo fato de terem passado de empresa de software em seu início para se tornar uma companhia importante em serviços e mídia, eles encaram a mídia social com outro olhar.

Microsoft, Sudeste da Ásia

Entrevistamos Andrew Pickup, diretor de Marketing da Microsoft Asia Pacific, para entender como a Microsoft vê a mídia social em geral, e especificamente no Sudeste da Ásia. Tendo acabado de lançar um software com um importante componente de mídia social, foi interessante ouvir como eles empregaram seus quadros de milhões de testadores beta em todo o mundo, e as centenas de milhares na Ásia-Pacífico para gerar conhecimento e aceitação desse novo sistema operacional.

Com 93% dos PCs possuindo o Windows, e pelo fato de muitos dos milhões de PCs vendidos serem utilizados para se conectar com a internet, a Microsoft tem uma vantagem única sobre marcas que não são de tecnologia como a BMW e a Starbucks quando se trata de mídia social. Com essa conexão direta com a mídia social, eles empregam três pilares em suas estratégias de comunicação em geral, e com a campanha específica de lançamento do Windows 7:

1. mídia paga
2. mídia conquistada (em que a mídia conquistada engloba a categoria de mídia social)
3. mídia em que são proprietários e operam

A mídia paga corresponde àqueles ativos de mídia em que a Microsoft pode fazer um investimento para promover seus produtos e serviços para melhorar a visibilidade ou a consciência sobre a marca. Entretanto, a mídia paga é apenas o início do ciclo de envolvimento. Os ativos de mídia que a Microsoft coloca naqueles locais são muitas vezes sujeitos a interpretação ou reinterpretação por parte do consumidor. A Microsoft percebeu que os comentários e conversas que ocorrem no ecossistema social fazem parte da mídia conquistada e eles também ajudam a promover a marca Microsoft. O objetivo de todos esses esforços, interações e conversas é conseguir o consumidor da rede de mídia em que a Microsoft é proprietária e opera.

No que se relaciona com a mídia em que são proprietários e operam, a Microsoft é um "participante da mídia em seu próprio benefício". Com sua presença on-line no Microsoft.com, Windows Live e Bing, eles possuem 3 dos 10 maiores domínios do mundo.

Para o Sudeste da Ásia isso significa que eles possuem um alcance de aproximadamente 160 milhões de consumidores através da Microsoft, do MSN, Hotmail e Windows Live Messenger. Mas, na mídia conquistada, "somos um blogueiro, somos um emissor de mensagens, somos um líder de pensamento e colocamos esse conteúdo no mercado, seja na forma escrita, digital ou em vídeo. Então pedimos para as pessoas comentarem, enviarem retweets, adaptarem, pegarem para si próprias etc.".

Por causa de sua grande presença na mídia social, a Microsoft separa os indivíduos que fazem comentários ("centenas de milhões de pessoas", todo ano) em alguns segmentos. No nível superior está o segmento da Camada 1, que inclui blogueiros de qualquer país. Estes podem ser envolvidos um a um, dependendo das exigências do dia. Outras camadas e segmentos também são definidos para apoiar as exigências da mensagem, conforme necessário.

Medição

Com o nível de volume de informações que a Microsoft possui, eles dispõem de muitas ferramentas colocadas para medir, monitorar e tirar vantagens do que está sendo dito sobre eles e suas categorias. Do ponto de vista da medição eles enxergam três componentes:
- volume de cobertura
- nível de influência do comentário
- tom – positivo, negativo ou neutro.

Sua abordagem na mídia social os levou a serem a marca mais falada – "A marca que aparece em mais tweets, com maior número de referências e com o maior envolvimento na mídia social em todo o mundo. Do total, 8% foram positivos e 17% foram negativos ou neutros" – com base em um estudo feito em 2009 pela Advertising Age in America. Comparado com o Google e a Apple, que tiveram "níveis menores de comentários e com menor nível de natureza positiva", a Microsoft recebe mais de 650 milhões de visitantes em seus sites todos os meses.

Uma abordagem segmentada

Ao olhar para os diferentes mercados na Ásia-Pacífico, eles variam desde Austrália e Coreia de Sul, que imitam a infraestrutura da Europa ou América do Norte, até o Sudeste da Ásia, que ainda possui questões de conectividade, mas que mesmo assim são bastante fortes em seu nível de conectividade pela internet móvel. Isso exige uma abordagem geográfica bastante segmentada para obter sucesso na mídia social. "A Indonésia é o país de crescimento mais rápido (em termos percentuais) no Facebook do que qualquer outro lugar do mundo, seguida bem de perto pelas Filipinas e Tailândia." O Sudeste da Ásia é um grande mercado emergente para a mídia social e "possui um forte apetite para a mídia [digital] de consumo, dessa forma".

"Penso em como nosso papel está mudando, em geral. Como o poder e influência da marca estão diminuindo com o tempo e o poder da comunidade está aumentando. O que aconteceu é que os consumidores, assim como as pessoas nas empresas, estão agora conectados ou agregados (unidos como um sindicato, se você preferir), tendo uma voz e querendo se envolver em algo que chamamos marketing colaborativo."

Com sua abordagem em três pilares, a Microsoft vê seu melhor ROI vindo dos investimentos na mídia em que são proprietários e operadores, seguidos pelo ROI de seus investimentos na mídia social. Ao tornar essa mídia bastante arraigada, eles conseguem utilizar sua própria mídia para se envolver com a audiência e depois motivá-la pela mídia conquistada a comentar suas experiências com a Microsoft. É uma poderosa afirmação sobre como o valor do conteúdo gera valor para a companhia, que pode ser aproveitado para gerar mídia (social) conquistada com conversas dentro da comunidade.

O futuro da mídia social e da internet

Olhando para a frente, Andrew levanta duas tendências moldarem o futuro:
- *Single sign-on*, em que a Microsoft lidera a mudança com seu recurso LiveID.
- Conectividade móvel. Os equipamentos móveis substituirão o PC como aparelho mais popular para acessar a internet em torno de 2013. O acesso móvel, principalmente do Twitter e da busca, impulsionará a internet móvel.

Fonte: Entrevista com Andrew Pickup, diretor geral de Marketing & Operações da Microsoft Asia Pacific, realizada em 31 de maio de 2010. Publicada com permissão. Todos os direitos reservados.

Avaliando a influência

Na construção de uma bem-sucedida estratégia em termos de formadores de opinião, os profissionais de marketing devem primeiro "ouvir" os formadores de opinião analisarem suas mensagens e posts no ecossistema digital para compreender onde eles gastam a maior parte de seu tempo, quais são seus interesses e qual é seu papel na hierarquia não oficial da comunidade. O profissional de marketing precisa entender os tipos de assuntos sobre os quais os formadores de opinião escrevem, o estilo que utilizam para escrever e onde o conteúdo de seu interesse coincide com o conteúdo pertinente à marca.

Os formadores de opinião visados podem ser mais avaliados para determinar a frequência dos posts e o alcance de seus esforços em relação ao tamanho de sua audiência, e o alcance de segundo grau dessa audiência. Se o formador de opinião visado for um blogueiro, torna-se importante na avaliação de seu valor para a marca o tráfego para o seu site, quantos assinantes possuem e como esses assinantes optaram para receber esses posts (RSS ou e-mail, por exemplo). No próximo nível, os profissionais de marketing precisam avaliar o público assinante do formador de opinião: quantos assinantes eles possuem e qual é seu comportamento quando se trata de comentar ou retransmitir o conteúdo dos posts do formador de opinião.

Com essas informações em mãos, a equipe da marca pode então optar por priorizar e abordar o formador de opinião. Existem algumas táticas que podem ser empregadas para se envolver com os formadores de opinião visando conseguir que escrevam de forma influente e persuasiva sobre a marca do profissional de marketing.

Segmentação dos formadores de opinião

Pelo fato de os formadores de opinião serem tão fundamentais para o sucesso de marketing, vamos nos aprofundar um pouco mais nos esquemas de segmentação que geralmente são mais importantes quando se trata de classificar e visar os formadores de opinião.

Os formadores de opinião podem ser segmentados não apenas com base no perfil de seus seguidores, mas também com base em suas motivações e no impacto no volume de vendas da categoria. O perfil-alvo do seguidor será discutido dentro do modelo do consumidor, no Capítulo 5. Nesse ponto existem duas dimensões na segmentação do formador de opinião que são fundamentais no desenvolvimento de medições e estratégia de envolvimento com o formador de opinião da marca: formador de opinião celebridade e estratificação da categoria. As medições em torno do perfil do público-alvo são descritas a seguir sob a dimensão alcance do funil de endosso do formador de opinião.

FORMADORES DE OPINIÃO EM GERAL

Existiram alguns estudos que determinaram um conjunto de características gerais que ajudam a identificar os indivíduos com maior probabilidade de serem formadores de opinião. Os indivíduos com essas características podem ser formadores de opinião on-line, formadores de opinião fora da internet, ambos ou nenhum deles. Os formadores de opinião possuem um perfil específico e um conjunto de comportamentos que os profissionais de marketing devem buscar. Eles podem conceber seus sites de comunidade social para mais facilmente identificar esses indivíduos. Através de pesquisas específicas, perguntas sobre o perfil dos membros e outros meios, os profissionais de marketing podem coletar informações sobre características do formador de opinião para estabelecer um marketing dirigido a indivíduos com alta probabilidade de serem formadores de opinião. Esse modelo pode ser aprimorado ao se comparar as características dos seguidores com aquelas que já se autoidentificaram em sua comunidade. Dessa forma, com base nessas características, os profissionais de marketing podem:

1. Visar tipos específicos de indivíduos com alta probabilidade de serem formadores de opinião e que não são membros para se juntar à comunidade, ou
2. Visar membros atuais que possuem elevada probabilidade de serem formadores de opinião.

John Berry e Ed Keller descrevem os formadores de opinião da seguinte forma:

> "Eles geralmente possuem uma abordagem ativa da vida que se estende da comunidade ao tempo de lazer, passando pelo ambiente de trabalho; uma rede de contatos mais ampla não apenas do que o normal para a sociedade, mas também mais ampla do que as redes de pessoas geralmente classificadas como desejáveis em termos demográficos, como, por exemplo, os afluentes; uma tendência de serem procurados por outros para oferecerem conselhos ou opiniões; mentes inquietas que parecem estar constantemente envolvidas e fascinadas com a solução de problemas; e um padrão de estabelecer tendências em áreas que fizeram substancial diferença para a sociedade em geral."[1]

Os formadores de opinião[2,3] se diferenciam dos outros indivíduos das seguintes maneiras:

1. Estão dispostos a pagar mais por um produto se acreditarem que ele possua uma melhor qualidade.
2. Estão dispostos a experimentar os últimos lançamentos.
3. Querem contar aos outros sobre os novos produtos que eles gostam.
4. Amigos e familiares geralmente pedem conselhos sobre a utilização de diversos produtos e serviços.
5. Eles confiam menos nas informações e buscam muito mais fontes de informação.
6. Possuem uma ampla rede social. Eles:
    a. possuem maior probabilidade de pertencer a cinco ou mais organizações.
    b. falam com muitas pessoas em várias esferas da vida, são socialmente ativos e participam nas comunidades.
    c. conhecem novas pessoas, em viagens e trabalhos voluntários.
7. Adoram conversar. Eles:
    a. adoram falar sobre produtos e serviços.
    b. são bastante propensos a recomendar determinada marca que gostam.
    c. ganham valor pessoal quando compartilham informações.
    d. possuem forte desejo em continuar a aprender.
8. São altamente persuasivos. Eles:
    a. são vistos como "especialistas" pelos outros.
    b. são conscientes do fato de serem especialistas e querem reconhecimento por isso.
    c. passam o tempo pesquisando marcas.
    d. buscam ativamente conselhos de outros.

De acordo com Berry e Keller, eles abrangem praticamente todos os segmentos demográficos, políticos, geográficos, de gênero e de renda. Geralmente "possuem curso superior, são de meia-idade, estão criando os filhos e possuem renda média a alta".

FORMADORES DE OPINIÃO DE COLEGAS

Os formadores de opinião de colegas são aquelas pessoas que influenciam em seu próprio benefício porque possuem certas características e desenvolveram seguidores compostos por familiares e amigos. Eles regularmente influenciam pequenos grupos de indivíduos tanto on-line quanto fora da internet. O exemplo do

Cyworld apresentado no Capítulo 2 discutiu os formadores de opinião de amigos. Para muitos profissionais de marketing os formadores de opinião de amigos representam uma oportunidade inexplorada de construir suas marcas.

Os formadores de opinião existem em praticamente todo mercado e categoria. Eles possuem conhecimento que pode ajudar outros a levarem vidas melhores e gostam de ajudar outras pessoas com esse conhecimento. Eles fazem parte de algumas comunidades e organizações. Com as ferramentas corretas e estratégias de marketing, os profissionais conseguem recrutá-los para promover com sucesso suas marcas, tanto on-line quanto fora da internet.

Um marketing bem-sucedido em relação aos formadores de opinião pode melhorar o sucesso das campanhas de marketing. Infelizmente, os formadores de opinião nem sempre se identificam como tal dizendo "olha eu aqui". Eles agem da maneira que sempre agiram e através dessas ações influenciam as outras pessoas. Eles podem influenciar outros de muitas formas em termos de produtos e marcas que compram, causas que apoiam e comunidades em que participam. Para poder identificar os formadores de opinião, precisamos entender o que os torna especiais. Precisamos rastrear esses comportamentos e desenvolver e alcançá-los com mensagens específicas para que eles, por sua vez, influenciem seus seguidores em favor da marca. Com base em seus comportamentos e características, conseguimos determinar quais são os indivíduos em nossas comunidades que possuem maior probabilidade de serem formadores de opinião. Ao pontuar esses indivíduos em relação a essas características, os indivíduos com maior pontuação podem então ser visados com mensagens e ofertas específicas, no momento e lugar corretos.

FORMADORES DE OPINIÃO DE COLEGAS

SweetSugar nunca pensou em si mesma como sendo uma especialistas em bolos. Entretanto, quando seu interesse em bolos e doces ficou mais pronunciado ela começou a passar mais tempo on-line explorando o que outros interessados estavam dizendo e percebeu que havia uma riqueza de informações que poderiam ser colhidas de muitas comunidades em torno do assunto. A SweetSugar se juntou a algumas delas, mas realmente se sentiu em casa na CakeCentral.com. Ela entrou nesse site cerca de 5 anos atrás, em 2005, e desde então subiu no ranking até atingir a posição de "fórum superstar". Ela postou mais de 5.900 vezes e continua postando a um ritmo de mais de 100 por mês. Cada um de seus posts provoca de 10 a 15 comentários dentro dos primeiros 7 dias, partindo de muitos membros que ela nem mesmo conhece.

> Ela adora ajudar os outros, postando fotos de suas criações e participando de alguns concursos. Não são propriamente doces: são obras de arte e as mais de 80 fotografias atestam seus dons artísticos. Sejam cachorros, jacarés, guitarras ou abóboras, a SweetSugar os montou, assou, serviu e comeu.
>
> Embora ainda não tenha ganhado nenhum concurso, chegou perto algumas vezes. De vez em quando ela acha que está exagerando um pouco, pois transformou a lavanderia em depósito para suprimentos de bolo (a lavadora e a secadora passaram para o corredor). Mas por outro lado, ela está aproveitando e considera essa atividade uma maneira simples de se envolver com sua paixão enquanto seus filhos estão dormindo ou agora, quando seu filho mais velho está na escola. Ela vendeu seu primeiro bolo há dois anos atrás e atualmente os fornece para muitas de suas amigas e conhecidas, para aniversários e eventos especiais. Já chegou a fazer bolos especiais de casamento, o que representou um grande desafio, pois sabia que precisariam sair perfeitos.
>
> A SweetSugar vem fazendo malabarismo com uma série de atividades incluindo a Associação de Pais e Mestres, a equipe de natação de mães e o voluntariado na igreja, mas ainda encontra tempo para ajudar os outros na CakeCentral. Desde que entrou no site foi convidada para inúmeros eventos com alguns dos maiores nomes na área de suprimentos para bolos e percebeu que possuía um grupo de seguidores na comunidade. Um de seus objetivos é viajar para encontrar algumas amigas que conseguiu conhecer através da comunidade. Ela adoraria finalmente poder encontrar com um punhado delas e, na verdade, já encontrou algumas pessoas em suas últimas férias em Orlando e DisneyWorld, na Flórida.
>
> A SweetSugar não é diferente de muitos outros formadores de opinião que não são celebridades. Eles possuem os comportamentos que acabam influenciando outras pessoas. Eles pertencem a um grupo especial de formadores de opinião chamado de formadores de opinião de colegas.

O INDIVÍDUO COMO FORMADOR DE OPINIÃO

Geralmente os formadores de opinião são sempre formadores de opinião, mas muitas vezes surge a questão sobre se, em determinadas circunstâncias, um indivíduo pode ser considerado um formador de opinião ocasional. A resposta é "sim": um indivíduo pode surgir em determinados momentos e executar ações que influenciem outros indivíduos. Isso ocorre quando o indivíduo fica tão mobilizado pela marca, causa ou assunto que ativamente envia mensagens para amigos e conhecidos. Da mesma forma que os formadores de opinião precisam ser motivados e encontrar valor em encaminhar mensagens e defender determinada marca, esses formadores de opinião ocasionais também precisam. Constatou-se, por exemplo, que as crianças influenciavam seus pais para a compra do BlendTec após terem visto a série de vídeos WillItBlend no YouTube.

Formadores de opinião que se autoidentificam

Por um lado, alguns formadores de opinião podem ser identificados por seu perfil e comportamentos conhecidos. Os indivíduos que possuem um grande número de seguidores e que enviam convites e defendem determinada marca na comunidade, estão se autoidentificando através de suas ações. Eles ativamente buscam táticas que aumentem a contagem de amigos e seguidores, e reconhecem o valor de postar regularmente novos conteúdos para seu público.

Provavelmente, eles mesmos selecionaram seu assunto ou assuntos de interesse, desenvolveram um conhecimento ou especialização em torno da categoria, conjunto de produtos ou serviços e se estabeleceram em inúmeros sites sociais. Essas duas características – o número de seguidores e o número de convites ou número de marcas que defendem – representam o primeiro nível de classificação do formador de opinião de colegas.

Formadores de opinião latentes

A próxima classe de formadores de opinião pode ser identificada estabelecendo o perfil dos formadores de opinião que se autoidentificam. Comparar seus perfis com outros na comunidade com o mesmo perfil pode ser de grande ajuda para identificar formadores de opinião latentes que podem ser formadores de opinião em qualquer lugar, mas que ainda não exibiram essa influência dentro da comunidade. Esses indivíduos podem ser formadores de opinião, mas não para suas marcas, ou eles podem ter o perfil correto e ainda não serem influentes. Ao utilizar um modelo de comparação com base nas características de comportamento e de perfil corretos, podem ser encontrados indivíduos com elevada probabilidade de serem formadores de opinião. Por outro lado, indivíduos com alta probabilidade de não serem formadores de opinião podem ser removidos da lista de candidatos.

Formadores de opinião "quase celebridades"

As "quase celebridades" não são exatamente celebridades para a população em geral, mas são bem conhecidos em um pequeno grupo segmentado específico. Eles se tornaram influentes apenas pelo que conseguiram realizar para o grupo ou grupos específicos através de sua presença on-line. As quase celebridades desenvolvem sua base de seguidores com o propósito expresso de obter grande audiência, algumas vezes alcançando contagem de seguidores na faixa de dezenas de milhares. Eles podem não ser celebridades para a população em geral, mas construíram uma reputação como especialistas em seus próprios domínios de conhecimento. Eles podem ter crescido desde formadores de opinião de colegas, evoluindo para quase celebridade.

Os formadores de opinião quase celebridade pertencem a uma classe diferente da dos formadores de opinião de colegas. Os formadores de opinião quase celebridades possuem um número extremamente grande de seguidores e são bastante conhecidos por sua especialização e reputação.

Um excelente exemplo do uso de formadores de opinião quase celebridades é uma recente promoção da Audi para seu novo Audi R8. Guy Kawasaki escreveu vários livros, incluindo *O jeito Macintosh* (Callis, 1993), *Selling the Dream* e *Rules for Revolutionaries*. Através desses livros ele desenvolveu um enorme grupo de seguidores e, em alguns círculos, pode até mesmo ser considerado uma celebridade. Ele não é conhecido por sua perspicácia em termos de automóveis, pois seu "outro" carro é um Toyota Sienna – não que seja considerado algo de errado nisso. Porém, ele é um astro do rock em termos de tecnologia e inovação. Assim, os profissionais de marketing do novo Audi R8 decidiram abordar uma nova "Audi-ência" de uma forma diferente oferecendo um test drive do carro para um formador de opinião do setor de tecnologia.

Em fevereiro de 2009, Guy Kawasaki recebeu um Audi R8 por uma semana.[4] Por causa de seu status de formador de opinião e suas inúmeras conexões, era quase certo que colocaria algo em seu blog após completar o test drive – e ele fez exatamente isso em um post intitulado "'Audi – like my belly button?' Life with four kids and an Audi R8".* O post em si incluía inúmeras fotos e pequenas menções de outras pessoas sobre o carro, incluindo as de seus filhos (sua filha é a fonte da citação do título). Depois de postado o artigo gerou 321 comentários em janeiro de 2009, sendo alguns deles bastante interessantes e apoiando a experiência com a marca Audi. Alguns, porém, agiram aumentando a popularidade do blog de Kawasaki, incluindo discussões e um link para o endereço http://www.theofficialbellybuttonforum.com

Formadores de opinião celebridade

Os formadores de opinião celebridade são aqueles normalmente conhecidos amplamente pelo público em geral, tanto on-line quanto fora da internet. As celebridades possuem grande número de seguidores porque ficaram famosos

---

* *Nota do Tradutor*: "'Audi – como meu umbigo?' A vida com quatro filhos e um Audi R8."

em função de sua profissão. A Oprah e o Ashton Kutcher são os principais exemplos de celebridades que possuem enormes grupos de seguidores na mídia social.

Ferramentas de medição da influência

Estão sendo desenvolvidas ferramentas e tecnologias para ajudar os profissionais de marketing a determinar a influência relativa de um formador de opinião. A Klout.com analisa a presença no Twitter para determinar o nível de conectividade e influência que uma conta específica no Twitter pode possuir.[5] Para cada Twitter ID submetido, eles desenvolvem uma "pontuação Klout" e um mapa com um quadro de quatro dimensões das principais conexões. Estas quatro dimensões – *connector*, *persona*, *casual* e *climber* – fornecem insights valiosos sobre a pontuação de uma conta no Twitter de um profissional de marketing ou se um formador de opinião específico vale a pena ser visado.

No site consta a seguinte citação:

"A Klout é o padrão para a determinação da influência. Nós acreditamos que todo indivíduo que gera conteúdo possui influência. Nosso objetivo é medir com precisão essa influência e fornecer um contexto em torno de quem uma pessoa influencia e os tópicos específicos em que é mais influente.

A Klout rastreia o impacto de suas opiniões, links e recomendações ao longo de todo o seu gráfico social. Nós recolhemos dados sobre o conteúdo que você gera, como as pessoas interagem com esse conteúdo e o tamanho e composição de sua rede. A partir daí, analisamos os dados para encontrar indicadores de influência e depois fornecemos para você ferramentas inovadoras para interagir e interpretar esses dados.

A Pontuação Klout é uma medida da influência. Ela mede a influência geral através de 25 variáveis distribuídas por três categorias: Alcance Verdadeiro, Pontuação de Amplificação e Pontuação de Rede."

O uso desses tipos de tecnologias aumentará à medida que as marcas buscarem os formadores de opinião que possam ajudar a impulsionar suas mensagens de marca para o público-alvo.

Remunerando formadores de opinião

Embora geralmente os formadores de opinião não sejam pagos, podem existir programas de sucesso com pagamento de formadores de opinião em cada nível. A remuneração pode ser em termos de usar livremente os produtos (sem custo para o formador de opinião) ou pagamento real em dinheiro. Em todos os casos, quando se tratar de blogueiros e formadores de opinião nos EUA, as relações de pagamento e as condições associadas que cercam esse pagamento devem ser inteiramente divulgadas segundo a orientação da FTC.[6] À medida que os formadores de opinião forem alcançando posições cada vez maiores como celebridades, é mais provável que você tenha que pagá-los pelo endosso de um produto ou marca. Os profissionais também estão experimentando agora programas de formador de opinião com pagamentos alternativos (como, por exemplo, uso de produtos gratuitamente, viagens para reuniões de grupo do formador de opinião e semelhantes) para formadores de opinião em todos os níveis.

Comunidades formadoras de opinião

Para gerar comportamento de formador de opinião, muitas marcas surgiram com comunidades privadas on-line vinculadas a ela para apoiar seu esforço. Intel, Walmart e Microsoft desenvolveram programas formais de relações com formadores de opinião com vários níveis de reconhecimento e recompensa. O canal formador de opinião até se tornou um novo canal de mídia através de agências como a BzzAgent e a Tremor. Descrevemos a seguir alguns exemplos:

Intel Insiders
O Intel Insiders[7] é constituído por um conjunto de especialistas em mídia social para ajudar a Intel a "se conectar com o público on-line interessado em tecnologia e inovação".

> "Alimentamos os Insiders com produtos e sempre que o fazemos, exigimos explicitamente que eles reconheçam publicamente o apoio da Intel, seja quando esteja envolvido um presente da Intel ou um patrocínio de viagem. Seguimos regras estabelecidas pela WOMMA e nosso departamento jurídico nos orienta a aderir às regras da FTC. Nosso objetivo desde o primeiro post no blog que deu início ao programa Intel Insider em junho de 2008 é construir relacionamentos, aprender formas de melhorar nossas próprias comunicações e compartilhar abertamente nossas intenções e experiências."

Em dezembro de 2009 o programa de relações com os formadores de opinião Intel Insider foi escolhido como sendo o melhor pela Society for New Communications Research.[8]

WALMART ELEVENMOMS

O programa Walmart Elevenmoms começou com 11 mães, mas se expandiu agora para 21 mães, com o foco principal de economizar dinheiro. Em dezembro de 2008 o programa expandiu-se para o site hispânico. Sua política de envolvimento claramente estabelecida é a seguinte:

> "A participação no programa Walmart Elevenmoms é voluntário. As participantes do programa devem divulgar claramente seu relacionamento com a Walmart, assim como qualquer retribuição recebida, incluindo oportunidades de viagem, despesas ou produtos. Quando esses produtos forem recebidos para avaliação, os participantes podem manter ou dispor do produto a seu critério."[9]

O programa Walmart Elevenmoms é definido em torno de sua mensagem principal e posicionamento de marca de economizar dinheiro.

MICROSOFT MOST VALUABLE PROFESSIONAL

Iniciado nos anos 1990, o Microsoft Most Valuable Professional (MVP) reconhece indivíduos com forte registro de contribuições para a comunidade sobre qualquer uma do conjunto de tecnologias específicas da Microsoft.

Para se tornar um MVP, o programa descreve da seguinte forma:

> "Os possíveis MVPs são indicados por outros membros da comunidade de tecnologia, atuais e antigos MVPs e pelos funcionários da Microsoft que constataram sua liderança, disposição e capacidade de ajudar os outros a extraírem o máximo da tecnologia Microsoft.
>
> Para receber o Prêmio MVP da Microsoft, os indicados a MVP passam por um rigoroso processo de avaliação. Um corpo de jurados que inclui membros da equipe MVP e grupos de produtos da Microsoft, avalia o conhecimento técnico de cada indicado e as contribuições voluntárias para a comunidade nos últimos 12 meses. O corpo de jurados considera a qualidade, quantidade e nível de impacto das contribuições dos indicados a MVP. A cada ano os MVPs ativos recebem o mesmo nível de avaliação que os outros novos candidatos.
>
> Os MVPs são independentes da Microsoft, com opiniões e perspectivas em separado, e conseguem representar os pontos de vista dos membros da comunidade com os quais se relacionam todo dia."[10]

O programa MVP da Microsoft é concebido em torno daqueles formadores de opinião que possam dar suporte a cada uma das principais tecnologias e produtos da companhia. Existem mais de 88 comunidades que são distribuídas por tecnologia ou linha de produto, subdivididas em 15 categorias principais.[11]

Agências de marketing formadoras de opinião

Como mencionado anteriormente, a BzzAgent e a Tremor desenvolveram programas de formadores de opinião não pagos basicamente para os formadores de opinião individuais se envolverem com amigos na promoção de campanhas. Com cada agência estão centenas de milhares de indivíduos que se inscreveram para fazer parte desse canal de mídia especializado.

Estratificação de formadores de opinião

Os formadores de opinião podem ser classificados em cinco estratos distintos, com base na hierarquia de conversas à medida que se relacionem com a categoria da marca e as dimensões diferentes em que possam direta ou indiretamente influenciar o volume de vendas da marca em uma categoria. Alguns formadores de opinião podem somente escrever em uma dimensão, enquanto outros podem abranger múltiplas dimensões. Eles são os seguintes:

Formadores de opinião relacionados com os consumidores – escrever sobre os próprios consumidores em uma determinada categoria pode exercer influência sobre um segmento específico da categoria ou na categoria como um todo. Isso pode influenciar seus comportamentos de compra ou suas participações em uma determinada categoria.

Formadores de opinião relacionados com a categoria – os formadores de opinião relacionados com uma categoria são aqueles que podem afetar o tamanho de toda a categoria. Por exemplo, os posts sobre possíveis mudanças nas taxas de juros no longo prazo podem ter um efeito sobre as taxas de hipoteca no mercado imobiliário. Muitos posts em uma categoria não fazem referência à determinada marca. Na categoria cerveja, por exemplo, quatro de cada cinco posts mencionam cerveja leve, robusta ou outro termo genérico, enquanto somente um em cada cinco menciona determinada marca. Se qualquer um desses influenciadores genéricos puder se envolver sem mencionar sua marca, ele poderá gerar um grande efeito para você.

Alguns formadores de opinião relacionados com a categoria possuem um grau de poder sobre tendências que impulsionam o tamanho da categoria. Por exemplo: se a marca patrocinar determinado atleta, os formadores de opinião que escrevem sobre esse atleta podem também afetar o valor da marca.

Os formadores de opinião relacionados com a categoria precisam também considerar a relevância das marcas maiores e as categorias em que elas operam. A marca Dove, da Unilever, pode ser encontrada na categoria de loções para mãos e corpo, assim como em xampus, sendo, portanto, a "marca maior" abrangendo múltiplas categorias.

Formadores de opinião relacionados com a marca – os formadores de opinião relacionados com a marca escrevem posts diretamente sobre sua marca. Gostam tanto de sua marca que estão dispostos a emprestar a credibilidade deles para ela. Eles se tornam defensores de sua marca. Normalmente, esses formadores de opinião são os mais fáceis para que os profissionais de marketing se envolvam. Pelo fato de já estarem escrevendo para você, os profissionais de marketing devem se esforçar para:
- aumentar o número de posts
- ajudá-los a aumentar a contagem de seguidores
- ajudá-los a fornecer mais valor para seus seguidores
- ajudá-los a escrever de forma mais persuasiva.

Formadores de opinião relacionados com marcas concorrentes – semelhantes aos formadores de opinião relacionados com a marca, esses são formadores de opinião que defendem marcas concorrentes. Embora geralmente mais difícil, se esses formadores de opinião puderem ser envolvidos para também escrever positivamente sobre sua marca, então isso pode se tornar um componente importante de sua estratégia em relação aos formadores de opinião.

Formadores de opinião relacionados com os canais de distribuição – pelo fato das vendas em determinadas categorias também poderem ser afetadas pelos canais de distribuição, se existirem posts escritos positiva ou negativamente a respeito de um parceiro canal de distribuição relacionado com a categoria, eles poderão ter um impacto sobre a categoria como um todo ou sobre sua marca ou sobre marca concorrente.

Formadores de opinião de fatores externos – os fatores externos podem afetar a marca ou a categoria. Se existirem formadores de opinião escrevendo bastante persuasivamente sobre um tópico específico relacionado com a marca, então os profissionais de marketing social precisam monitorar esses posts e construir um relacionamento com eles para possivelmente abrandar quaisquer posts que possam ter efeitos perniciosos ou negativos sobre a categoria, a marca, o canal de distribuição ou um concorrente. Um exemplo disso poderia ser a alegada influência de Bill O'Reilly em março de 2003, quando ele anunciou um boicote aos vinhos franceses durante a segunda guerra no Iraque. Embora não tivesse mencionado qualquer marca específica, esses posts claramente ajudaram os negócios dos vinhos norte-americanos.[12] Esse formador de opinião em questão anunciou o boicote na mídia tradicional, ilustrando como o QEM pode ser aplicado tanto na mídia tradicional quanto na social.

Outras dimensões de segmentação dos formadores de opinião

Existem muitos outros esquemas de segmentação importantes para os profissionais de marketing quando eles desenvolvem sua estratégia em relação aos formadores de opinião. Alguns componentes importantes incluem o canal de mídia social; isso é, em que tipo de canal o formador de opinião é influente. Alguns formadores de opinião podem possuir grande número de seguidores no Twitter, outros no Facebook, e outros podem possuir um blog importante ou um grupo do LinkedIn que gerenciam. Dependendo da ação de marketing específica, do público-alvo e da mensagem, os profissionais de marketing podem querer somente abordar esses formadores de opinião que são influentes em um canal selecionado. Se o público-alvo estiver principalmente no Facebook, então um formador de opinião no Twitter pode não ser tão valioso como formador de opinião no Facebook. De forma semelhante, os formadores de opinião também podem ser segmentados com base no principal aparelho-alvo utilizado por seu público. Isso poderia incluir os laptops, mas na Ásia poderia também incluir os smartphones ou o iPad.

No desenvolvimento de uma estratégia de sucesso na mídia social é fundamental estabelecer o esquema correto de segmentação dos formadores de opinião, e isso pode levar a um grande sucesso para os profissionais de marketing. Visando perfis específicos de formadores de opinião, os profissionais de marketing conseguem segmentar sua mensagem, priorizar seus esforços e minimizar uma possível perda de interesse dos formadores de opinião. A segmentação dos formadores de opinião ao longo dessas três dimensões pode gerar custos menores, resultados melhores e menor risco de perda de interesse do formador de opinião.

O funil de endosso dos formadores de opinião

Em um mundo ideal, a marca gostaria de alcançar todos os formadores de opinião e conseguir que eles transmitissem uma mensagem convincente, repetindo o posicionamento da marca para todos seus seguidores o mais rapidamente possível e o maior número de vezes possível.

Reputação

No nível superior do funil de endosso dos formadores de opinião está a reputação deles (Figura 4.1). Esses formadores de opinião em uma categoria ou segmento específico precisam ser vistos por seu público como especialistas para que suas mensagens tenham o mais alto grau de credibilidade. Os conhecimentos

```
           Funil de Endosso do
           Formador de Opinião
         ┌─────────────────────┐
          \     Reputação      /
           └─────────────────┘
         Alcance  Frequência  Qualidade
        ┌──────┐ ┌────────┐ ┌────────┐
        │Cont. │ │Ocasião │ │Conteúdo│
        │Seg./ │ │oportuna│ │        │
        │Perfil│ │        │ │        │
        └──────┘ └────────┘ └────────┘
```

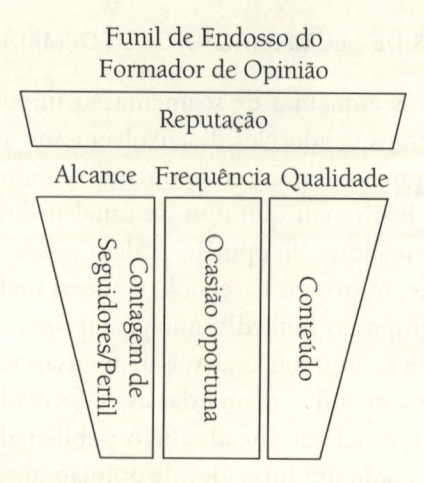

FIGURA 4.1 Funil do formador de opinião

podem ser obtidos de diversas maneiras. Como vimos no Capítulo 3, os formadores de opinião possuem muitas motivações diferentes. Os especialistas podem ter mais conhecimento ou saber mais do que seu público, ou podem retransmitir mensagens sobre determinada marca com base em suas experiências. Os formadores de opinião vistos como especialistas carregam um peso diferente e podem escrever com mais autoridade sobre como a marca ou produto específico pode ser avaliado. Por outro lado, as experiências pessoais com um produto ou marca também podem ser escritas, mas elas possuem um peso e um sentimento diferentes do que aquelas escritas por um especialista.

Excelentes mensagens valiosas para a marca podem ser enviadas por qualquer um, mas se a fonte não possuir credibilidade e não tiver uma boa reputação, o valor da mensagem será diminuído. Por exemplo, uma mensagem de tecnologia enviada por um formador de opinião que não seja da área de tecnologia não carrega as mesmas credenciais do que uma mensagem de tecnologia enviada por um formador de opinião com fortes credenciais na área.

ALCANCE, FREQUÊNCIA E QUALIDADE

Em um nível abaixo, o funil de endosso dos formadores de opinião é constituído por três medidas conhecidas por todos os profissionais de marketing: alcance, frequência e qualidade. Elas são semelhantes àquelas encontradas na mídia tradicional e representam uma medição inicial nesse estágio do QEM, isto é, um profissional de marketing social pode utilizar o alcance, a frequência e a qualidade do formador de opinião como sendo medições provisórias de sucesso para seus esforços com cada formador de opinião. Como no caso de qualquer publicidade, a marca precisa transmitir mensagens importantes e de alta qualidade para um público-alvo com certa frequência e período. Essas três dimensões são definidas como sendo: alcance da audiência do formador de opinião, frequência e ocasião oportuna para o conteúdo; e qualidade do conteúdo.

ALCANCE DA AUDIÊNCIA DO FORMADOR DE OPINIÃO

O alcance tem dois componentes: qualidade da audiência e contagem de seguidores. A qualidade da audiência é composta pelos indivíduos que caem na audiência do formador de opinião. Do ponto de vista da marca, os profissionais de marketing querem que a audiência do formador de opinião tenha uma grande sobreposição com o público-alvo do profissional. Com muitos formadores de opinião, e com muitos canais de mídia social, o alcance preciso não pode ser determinado com exatidão, mas vários serviços externos conseguem classificá-los e agrupá-los pelo tamanho relativo (como, por exemplo, a Alterian SM2 e a Radian6).

A qualidade da audiência também pode ser mais subdividida se os profissionais de marketing quiserem alcançar certos segmentos-alvo que somente possam ser alcançados através de certos formadores de opinião. O Burger King, por exemplo, pode querer alcançar o grupo demográfico mais jovem. Eles podem querer então se envolver com os maiores astros do rock que possuem grande quantidade de seguidores jovens. Por outro lado, se o Burger King estivesse tentando promover suas ofertas de saladas, os profissionais de marketing poderiam querer alcançar as Mommy Bloggers para seduzi-las a escrever posts para suas seguidoras – outras mamães – instando-as a trazer seus filhos para o Burger King, de forma que as crianças pudessem comer hambúrgueres enquanto as mães comeriam salada.

FREQUÊNCIA E OCASIÃO OPORTUNA PARA O CONTEÚDO

A frequência dos posts e a ocasião oportuna medem quando e quantas vezes um formador de opinião específico escreve posts. Alguns formadores de opinião podem somente postar uma vez por semana, outros uma vez por mês, mas a medição apropriada é a oportunidade e frequência dos posts sobre assuntos importantes para sua categoria (ver a discussão sobre a estratificação de formadores de opinião).

Essa dimensão se torna cada vez mais importante à medida que o esforço de marketing social atinja um esforço global em tempo real. Se o formador de opinião faz posts dentro de uma programação ou se ele segue uma programação mais específica (como, digamos, para somente um blog), o post pode deixar de ter o impacto para gerar com sucesso uma euforia em torno da marca ou obter uma resposta viral para uma campanha.

Se o formador de opinião faz posts em um microblog, esses posts são geralmente muito mais frequentes e o fato deles serem oportunos é bem menos preocupante, mas a regularidade dos posts é relevante. Um formador de opinião em mídia social não pode se conectar e desconectar com sua audiência conforme sua vontade – o conteúdo periódico e persistente foi a forma de eles atingirem sua posição no ranking, e isso exige atenção e atividade regulares.

Qualidade do Conteúdo

A qualidade do post ou da mensagem é uma boa medição para avaliar se a mensagem é persuasiva sobre sua marca ou categoria. As medições para o sucesso e qualidade de um post do formador de opinião podem incluir o número de retweets para o Twitter, o número de comentários para um post no blog e o número de visitas de fãs ou de "Likes", no Facebook.

O conteúdo do post é relativamente fácil de avaliar. O controle do fluxo de mensagens e de posts feitos revela se eles falam ou não sobre os produtos e marcas com frequência suficiente para sua audiência não ser pega de surpresa pela introdução de um conteúdo voltado à marca – se os posts forem considerados ostensivos ou dissimulados, o formador de opinião pode perder seu público, ou eles podem descobrir que suas mensagens são adotadas por outra audiência que talvez seja mais valiosa para a marca.

Contudo, a qualidade do post é um pouco subjetiva. A linguagem utilizada na mídia social é relevante para a audiência com a qual o formador de opinião se conecta. O livro *Elements of Style*, de Strunk e White, ou *The Chicago Manual of Style*, tem pouco significado para as legiões de jovens que optaram pela mídia social – as contrações são o que eles usam em mensagens de texto (ur = you are [você é]; LOL = laugh out loud [risos] etc.) e os jargões e gírias são esperados por seu público (não utilizá-los pode indicar que não conhecem sua audiência e que não estejam conectados). Essa falta de consistência e de padrões é que representa um enorme desafio para a determinação automática do tom, sentimento e significado pelos fabricantes de ferramentas de escuta. Entretanto, a linguagem pode ser apropriada para o público para o qual o formador de opinião está escrevendo e precisa ser avaliada nesse contexto.

Entretanto, os profissionais de marketing não conseguem apenas adquirir o alcance e frequência dos formadores de opinião da mesma forma que com a mídia tradicional quando submetem seu conteúdo publicitário. Semelhante aos profissionais de RP que abordam os editores, os profissionais de marketing de mídia social precisam construir um relacionamento com os formadores de opinião para que seja bastante provável que escrevam ou encaminhem muitas mensagens sobre a marca sob um enfoque positivo. Precisam se envolver com eles da maneira correta para extrair o resultado correto deles e também não violar as orientações da FTC sobre endossos. Os profissionais de marketing de mídia social precisam identificar os formadores de opinião certos, que possuem o público-alvo certo e que alcancem essa audiência por algum período e, possivelmente, mais de uma vez. Eles pretendem aplicar o máximo de esforço e de tempo para transmitir uma mensagem persuasiva e com credibilidade sobre sua marca.

Para avaliar os resultados dessas atividades, os profissionais de marketing precisam medir:
- o perfil da audiência e o número de seguidores
- a frequência e ocasião oportuna das mensagens enviadas pelos formadores de opinião
- os sentimentos, persuasão e conteúdo da mensagem.

Construindo um bem-sucedido programa para os formadores de opinião

A execução de uma estratégia de sucesso junto aos formadores de opinião com as métricas apropriadas pode ser realizada seguindo um processo simples em seis etapas:

1. Determine os objetivos desejados para cada segmento em termos de qualidade, conteúdo e frequência das mensagens.
2. Identifique os formadores de opinião visados com base nos esquemas de segmentação delineados ou em outro esquema de segmentação relevante para sua marca. Priorize cada um desses segmentos com base nesses critérios. Tendo definido o esquema de segmentação, identifique os formadores de opinião com credibilidade e sua influência estimada, com base no alcance, na frequência e na qualidade em cada uma dessas categorias.
3. Comece a ouvir cada formador de opinião e determine os tipos de conteúdos de mensagens que transmitem para suas audiências. Desenvolva um perfil para cada um dos segmentos de formadores de opinião com base em atividades on-line e fora da internet. Por exemplo: as atividades fora da internet podem incluir participação ou palestras em exposições ou conferências. Colete outras informações sobre o perfil obtidas através de buscas detalhadas na internet.
4. Desenvolva uma estratégia geral com base em uma análise do conteúdo do formador de opinião, audiência e outras informações sobre o perfil.

Determine se há indivíduos específicos na organização que possam estar mais alinhados com certos tipos de formadores de opinião. Determine se esses indivíduos já tiveram relacionamento com os formadores de opinião segmentados.
5. Determine o tipo de valor recíproco que você pode oferecer para o formador de opinião. Isso pode incluir acesso exclusivo ou antecipado a protótipos de produtos, mas geralmente não deve restringir o formador de opinião a escrever somente posts positivos sobre a marca. Também pode ser incluído o reconhecimento público para que eles possam oferecer um nível ainda maior de valor percebido por seu público. Finalmente, se mais de um formador de opinião estiver envolvido, pode ser valioso para eles desenvolver uma comunidade exclusiva, concebida especificamente para que conversem entre eles. Todos os detalhes dos acordos e acertos devem ser divulgados, especialmente nos EUA, e principalmente se houver um relacionamento pago como os programas da Intel, Walmart e Microsoft mencionados. Certifique-se de possuir uma política clara de divulgação e torne-a pública. Sempre permita que os formadores de opinião digam o que desejarem, mesmo que pareça prejudicial para a marca, sem represálias ou outras limitações.
6. Desenvolva e monitore medições com base no quadro delineado no funil de endosso dos formadores de opinião. Ajude os formadores de opinião a aumentar seus seguidores e motive-os sempre que possível para aumentar a frequência com a qual escrevem sobre sua marca. O fornecimento de conteúdo exclusivo também pode ajudá-los a melhorar a qualidade e o valor persuasivo dos posts deles para seu público-alvo.

Conclusão

A segmentação dos formadores de opinião e a segmentação comportamental irão se tornar ferramentas fundamentais de marketing para ajudar os profissionais de marketing a fornecer mais valor para seu público-alvo localizado nas comunidades de mídia social. Muitas grandes empresas já empregam essas táticas com resultados fantásticos. Uma vez que os segmentos do público-alvo e os segmentos dos formadores de opinião visados tenham sido identificados, os profissionais de marketing podem começar a determinar estratégias para identificar e implantar o marketing com formadores de opinião. As táticas de marketing com formadores de opinião propiciam um efeito amplificador e conseguem acelerar e melhorar muitas campanhas de marketing.

Reputação e aplicativos para gerenciamento da reputação estão em ascensão. Uma característica da próxima iteração da Web social é o fato de ela ser "verificada" ou avaliada por fontes confiáveis. A reputação da fonte será relevante. A escolha dos formadores de opinião corretos com as reputações certas será fundamental na melhoria do valor da marca nas mentes dos formadores de opinião e do público-alvo.

Por último, os formadores de opinião precisam ser escolhidos e se envolver com a marca com base em seu alcance, frequência e qualidade. Essas três medidas são conhecidas por todos os profissionais de marketing e representam o número, oportunidade e qualidade das mensagens que atingem o público-alvo desses profissionais.

NOTAS

1. Jon Berry e Ed Keller, *The Influentials: One American in Ten Tells the Other Nine How to Vote, Where to Eat and What to Buy*, 1ª edição (Free Press, janeiro de 2003).
2. Extraído do SPI (Social Persuaders & Influencers)-Relatório, dezembro de 2006.
3. Fonte: WOMMA Conference, dezembro de 2006. USC Annenberg.
4. http://blog.guykawasaki.com/2009/02/audi-like-my-b.html, janeiro de 2010.
5. O CEO da Klout.com, Joe Fernandez, entrevistado no estudo de caso do desenvolvedor da ferramenta na Parte III.
6. FTC 16 CFR Part 255 – http://www.ftc.gov/os/2009/10/091005endorsementguidesfnnotice.pdf; coletado em 28 de maio de 2010.
7. Página da Comunidade Intel Insiders – http://scoop.intel.com/insiders.
8. http://scoop.intel.com/2009/12/intel-insiders-voted-best-influencer-relations-program.php, abril de 2010.
9. http://instoresnow.walmart.com/Community.aspx, abril de 2010.
10. http://mvp.support.microsoft.com/gp/mvpbecoming, abril de 2010.
11. https://mvp.suppot.microsoft.com/communities/mvp.aspx, abril de 2010.
12. Bill O'Reilly declara o fim de seu boicote à França após a vitória de Sarkozy, Media Matters for America, maio de 2007, http://mediamatters.org/research/200705090008, abril de 2010.

5

O personagem consumidor no quadro de envolvimento na mídia

A mídia social rapidamente se tornou uma nova arma no arsenal das comunicações de marketing. Por causa disso, os profissionais de marketing começam a esmiuçar seu conhecimento do processo de tomada de decisão do consumidor, comparando como essas decisões são influenciadas pelas mensagens que eles recebem. Independentemente da fonte, as mensagens possuem muitos componentes para os consumidores, centrados principalmente em cinco atributos: autoridade, persuasão, alcance, frequência e lembrança (se são inesquecíveis). As mensagens são recebidas pelo consumidor ou prospect e é respondida de formas específicas. Tem existido e continuará a existir um bom volume de pesquisas nessa área. Apresentamos a seguir o estado da arte em pesquisa sobre como os consumidores respondem às mensagens recebidas no mercado e depois eventualmente tomam decisões de compra no "primeiro momento da verdade"[1] – na prateleira da loja. O funil de compra do consumidor e a imagem da marca – um modelo utilizado por muitos anos – representam como a autoridade e a persuasão se traduzem em medições que podem ser avaliadas. Elas são os componentes que definem o QEM e representam o ponto final – a compra – para o marketing tradicional e de mídia social.

Temos falado em como a mídia social é semelhante de muitas formas à mídia tradicional. As mensagens são recebidas pelos indivíduos que as processam e depois agem. Mediante o recebimento de uma mensagem com a mídia tradicional, o indivíduo poderia:
- fazer nada
- agir, contando para um amigo, ou
- agir, comprando um produto.

Com a mídia tradicional, como destacam os autores de *Fenômenos sociais nos negócios*,[2] fica difícil contar aos outros pelos meios tradicionais (não sociais). Esses meios não sociais podem incluir:

- escrever uma carta
- escrever um comentário ou carta para uma mídia televisada ou escrita (como, por exemplo, um jornal, uma televisão ou uma estação de rádio)
- enviar um e-mail
- ligar para um amigo pelo telefone
- conversar pessoalmente com amigos e familiares.

O indivíduo também poderia comprar o produto ou serviço objeto da propaganda, ou um produto ou serviço da concorrência.

Mediante o recebimento de uma mensagem pela rede social, o indivíduo possui todas essas opções e muitas outras. Ele poderia:
- encaminhar instantaneamente a mensagem para amigos e conhecidos escrevendo no Mural do Facebook
- enviar um tweet
- escrever um post no blog

As mensagens recebidas por qualquer fonte, sejam meios tradicionais ou sociais, fazem o receptor agir de várias maneiras, muitas das quais podendo ser diretamente medidas. Algumas só podem ser medidas através de técnicas de pesquisa, tais como o estudo de rastreamento da marca ou um estudo conjunto com base na escolha. As mensagens transmitem:
- um nível de envolvimento, como descrito parcialmente
- um impacto emocional sobre um indivíduo, fazendo-o emprestar sua reputação ao encaminhar a mensagem para um amigo
- o valor emocional que uma mensagem possui quando recebida de um amigo, se comparado com outras mídias.

As mensagens recebidas de fontes diferentes determinam quanto de impacto elas possuem para conduzir o consumidor pelo funil de compra. Esses canais de mídia que são altamente envolventes e direcionados, tais como os vídeos no YouTube, apresentam probabilidades muito maiores de tornar o consumidor ciente (provavelmente perto de 100%) e de gerar níveis significativamente maiores de reflexão e intenção de compra do que aqueles canais de mídia que são menos envolventes e mais interruptivos, como a televisão.

Com esse quadro para ser utilizado, cada mídia e mensagem podem ser medidas e classificadas em relação ao nível de consciência marginal, reflexão, intenção de compra e grau de associação com a marca que elas fornecem. Conhecendo o alcance e a frequência de cada mensagem, pode, então, ser determinado o nível geral de impacto que ela terá em cada um desses aspectos.

CANAIS DE MÍDIA INTERRUPTIVOS *VERSUS* DIRECIONADOS

Cada canal de mídia pode ser classificado por seu grau de impacto marginal nos níveis dentro do funil de compra do consumidor e da associação com a marca. Entretanto, ficou claro para os autores no diversos estudos de caso e outras evidências relatadas que a mídia mais direcionada possui impacto significativamente maior sobre quem a visualiza do que os canais de mídia interruptivos.

Infelizmente, com os canais de mídia direcionados é difícil determinar se o espectador pertence ao segmento-alvo ou não. Assim, nesse caso pode haver bastante desperdício em seu impacto geral. Isso não quer dizer que a mídia tradicional de massa também não tenha bastante desperdício; no entanto, a mídia tradicional de massa possui um alcance significativamente maior do que a mídia social. Enquanto a mídia de massa televisão consegue alcançar dezenas de milhões de espectadores, a mídia social só consegue alcançar dezenas de milhares de pessoas.

Isso ficou evidente no comentário de Lisa Wellington feito na conferência MeasureUp 2010 sobre os milhões de seguidores do Twitter da Coca-Cola e em sua presença no Facebook, comparado com os bilhões de consumidores que compram os produtos da Coca-Cola todos os dias.

Fonte: Lisa Wellington na conferência MeasureUp 2010, Chicago.

ESTUDO DE CASO

AMPLIFICANDO O EFEITO FORA DA INTERNET COM A MÍDIA SOCIAL ON-LINE

A comScore relatou no último ano que a presença social poderia afetar a taxa de cliques (CTR – Click Though Rate) no marketing de dispositivo de busca, aumentando-a em mais de duas vezes. Como isso funciona quando você aproveita o on-line para eventos fora da internet? Na Malásia, país com mais de 28 milhões de cidadãos, uma empresa está aprendendo como utilizar melhor a mídia social on-line para impulsionar a participação em eventos da marca fora da internet.

Guinness Anchor Berhad

A Guiness Anchor Berhad (GAB) é a corporação encarregada pela fabricação e comercialização das marcas de cerveja Heineken e Guinness, assim como várias outras marcas regionais da Ásia, na Malásia. A GAB – sob a direção de Mark Jenner, Diretor de Marketing – está aprendendo a utilizar a mídia social como parte do processo de desenvolvimento de uma campanha integrada, aproveitando características on-line e digitais, junto com elementos da mídia tradicional.

O ato de consumir cerveja é social, tornando a adição de um componente de marketing social uma extensão natural. Mark percebeu isso desde logo e a mídia social tornou-se uma nova plataforma para eles se comunicarem com seu público como parte essencial de uma campanha integrada entre vários canais de mídia – on-line ou fora da internet, em revistas, em eventos musicais ou em cinemas. A GAB usa a mesma aparência, sentimento e espírito em cada um dos canais.

Heineken e a mídia social na Malásia

Para a marca Heineken, eles a impulsionam com outra atividade altamente social – a música – e utilizam a campanha global da Heineken "Green Room" como base para promover uma série de eventos musicais exclusivos para os apreciadores da cerveja Heineken. Eles começam identificando formadores de opinião (blogs, Twitter etc.) na comunidade. Depois eles utilizam o evento Green Room para gerar envolvimento com os formadores de opinião, conseguir visitantes para sua página de fãs no Heineken Malásia Facebook e para um "mini-site" (http://www.GreenRoom.com.my) desenvolvido para apoiar o evento.

Eles segmentaram os formadores de opinião através de uma análise do conteúdo dos blogs, seu estilo de escrita, os tópicos que escrevem (focando os criadores de conteúdo que escreveram principalmente sobre música, moda ou cultura hip hop) e tudo o mais que poderiam recolher sobre os blogueiros e seus estilos de vida. Eles verificaram o tamanho de suas respectivas audiências e depois os convidaram para eventos menores visando conhecê-los e compartilhar questões sobre os produtos e a marca GAB, evitando intencionalmente uma venda mais agressiva. Em seguida, ajudaram esses blogueiros a aumentar e melhorar seu alcance dando-lhes pacotes de ingressos que poderiam ser utilizados para convidar seus seguidores para os próximos eventos Green Room.

A GAB concebeu a campanha de forma que ao término de um evento Green Room, eles aproveitam as fotos e comentários postados pelos consumidores nos sites de mídia social para promover o próximo evento Green Room. O efeito é que um evento se constrói sobre o sucesso do anterior, amplificando a atividade fora da internet através da euforia on-line. Cada evento torna-se maior e fica mais falado do que o anterior.

Para a GAB, o conteúdo é fundamental para o crescimento da base de fãs e para a capacidade de envolvimento. Eles perceberam que se postarem conteúdo novo e interessante, os consumidores irão compartilhá-lo com os amigos. Ao longo dos últimos três meses, a página do site passou de pouco mais de 43 mil fãs para mais de 75 mil: uma quantidade de seguidores muito maior do que a da maioria de outras marcas da Malásia.

Guinness e a mídia social na Malásia

Em 2009, outra marca da GAB, a Guinness, comemorou 250 anos e a GAB aproveitou novamente o poder da mídia social. Como parte da comemoração mundial, a GAB organizou uma grande festa regional e ofereceu um concerto na Malásia com o grupo de música bastante popular no mundo todo, o Black Eyed Peas. Para sensibilizar o público sobre o evento e a marca Guinness, eles tomaram as ruas enviando um ator parecido com Arthur Guinness (o fundador da Guinness), mostrando-o em outdoors e bares por toda Kuala Lumpur. À medida que o ator passava de um local para outro, ele enviava mensagens sobre sua localização e incentivava as pessoas a se encontrarem com ele no bar. Aqueles que ofereciam um brinde para Guinness recebiam um par de ingressos para o concerto. Vários indivíduos enviaram tweets e fizeram seus próprios posts com fotos sobre a ação. Isso gerou uma enorme quantidade de conversas e uma euforia sobre a localização de Arthur, sobre onde estaria a seguir e sobre somo conseguir ingressos para o show. Foi quase um uso perfeito da mídia social pela marca. Iniciar as conversas e sair do caminho: a marca fornece a faísca e a conversa decola. Quando os apreciadores da Guinness passaram a conversar entre si, isso foi ao encontro do objetivo da equipe de conseguir que os consumidores socializassem e discutissem a marca e o produto Guinness.

Embora as quantidades de visitantes, mensagens e interações possam ainda ser consideradas pequenas em sua presença social, a GAB está tentando avaliar mais de perto a qualidade das respostas e o nível de envolvimento. Eles estão observando com cuidado o tom dos comentários, a percentagem da base de fãs que clica 'Like' na página de fãs e o número de posts feitos. No futuro eles pretendem conectar o investimento em mídia social com o nível de vendas adicionais de produtos nos vários pontos de venda.

À medida que a GAB aprendia como aproveitar a mídia social, houve esforços que não se pagaram. Em resumo, apenas despejar conteúdo não é o melhor caminho a seguir na mídia social. Essa visão veio da tentativa de postar um anúncio de televisão de determinada marca regional em uma página de fãs e depois tentar promover o envolvimento em torno do anúncio. A tática mostrou que os consumidores não estavam interessados em apenas rever conteúdo que já conheciam. Por outro lado, quando um fã postou um anúncio de televisão da Heineken de outra região, isso acabou gerando mais tráfego.

De acordo com Mark, dois dos maiores obstáculos para conseguir investir mais em mídia social são:

1. encontrar maneiras eficazes de medir o ROI de marketing social.
2. convencer a alta administração de que existe um ROI no esforço.

Com o ROI sendo gerado por vendas adicionais de produtos ou com a saúde da marca no mercado sendo melhorada, isso mostra para a alta administração que existe um retorno para o esforço. Mark diz que a mídia social "... parece ser o caminho certo a percorrer e as pessoas estão dizendo as palavras certas, mas não temos sido capazes de isolar o efeito da mídia social sobre a saúde da marca ou sobre o valor da marca, e medi-lo apropriadamente".

Mark afirma que "vemos que esse tipo de atenção leva a uma recomendação pessoal e a recomendação pessoal de um consumidor para outro é a melhor coisa que a marca pode obter. Dez anos atrás, nós dizíamos que um amigo nos recomendou. A mídia social permite que essa mesma ação aconteça de forma muito mais rápida e abrangente".

Fonte: Entrevista com Mark Jenner, diretor de Marketing da Guinness Anchor Berhad, realizada em 20 de maio de 2010. Publicada com permissão. Todos os direitos reservados.

O CONSUMIDOR E O QEM

Os consumidores representam um subconjunto de indivíduos na mídia social. Da mesma forma que a mídia tradicional, quando os profissionais de marketing embarcam em uma campanha de marketing, suas mensagens atingem muitos indivíduos: não só consumidores, mas também possíveis consumidores, não consumidores e formadores de opinião. O comportamento do consumidor e do prospect pode ser descrito pelo funil de compra do consumidor como desenvolvido originalmente na McKinsey[3] e pela imagem da marca. Os profissionais de marketing conseguem influenciar essa imagem da marca e o nível em que está o consumidor no funil de compra através da comercialização e entrega de seus produtos e serviços. Este capítulo descreverá primeiro o funil de compra do consumidor e depois o aplicará para toda a mídia e, especificamente, para a mídia social. No Capítulo 8 falaremos especificamente sobre a imagem da marca e de como as percepções da imagem pelos três personagens pode afetar suas ações na mídia social.

O impacto da mídia social sobre a imagem da marca e o funil de compra do consumidor é diferente daquele derivado da mídia tradicional, porque o profissional de marketing não tem mais o controle da mensagem. As mensagens são recebidas pelos consumidores partindo de outros consumidores, prospects, indivíduos e formadores de opinião. Essas novas fontes de mensagens podem possuir conteúdos, frequência e alcance completamente diferentes daqueles desejados pelo profissional de marketing. No entanto, ao utilizar a mídia social, os profissionais de marketing que conseguem aprimorar o poder dessas mensagens avançam um longo caminho no intuito de afetar positivamente a imagem de suas marcas e de conduzir os consumidores pelo funil de compra.

Consumidores como um subconjunto de indivíduos

Os consumidores representam um subconjunto de indivíduos participando na mídia social. Os indivíduos podem ou não utilizar produtos e serviços de uma categoria específica. De forma semelhante, os formadores de opinião podem ou não serem usuários dos produtos e serviços dentro de uma categoria. Por exemplo, como menciona Tom Dickinson com o BlendTec, as crianças que viram a série de vídeos WillItBlend no YouTube podem influenciar seus pais a comprarem o liquidificador BlendTec, embora as crianças não sejam diretamente consumidoras na categoria liquidificador.

Naturalmente, os consumidores se distribuem por segmentos e, considerando os consumidores ativos em mídia social, uma nova dimensão de segmentação precisa ser sobreposta na segmentação original dos profissionais de marketing. Como a distribuição demográfica dos consumidores pode ser a mesma, o fato deles serem ativos em mídia social pode agora mudar as percepções que o consumidor possui de determinada marca ou categoria. Como as mensagens na mídia social são agora recebidas partindo de muitas fontes e possuem tons e conteúdos diferentes dos de outras fontes de marketing tradicional sob controle dos profissionais, esses consumidores ativos em mídia social apresentam probabilidade significativamente maior de possuírem uma percepção da marca diferente daqueles que não são ativos em mídia social.

Vamos considerar, por exemplo, dois consumidores diferentes da Comcast. Cada um deles é bastante semelhante em termos de grupo demográfico e estilo de vida. Eles recebem um número semelhante de mensagens pela mídia tradicional. A única diferença é o fato de um deles ser ativo em mídia social e o outro não. Eles possuem expectativas similares sobre o nível de serviços oferecidos pela Comcast. O consumidor ativo em mídia social percebe que a Comcast oferece um serviço ao cliente extraordinário por causa das respostas imediatas e individualizadas encontradas na grande quantidade de recursos em mídia social empregados pela companhia. Por outro lado, o consumidor inativo em mídia social, com a mesma preferência por um bom serviço ao cliente, pode sentir que esse departamento da Comcast seja inaceitável pelo longo tempo de espera nas ligações telefônicas para o serviço. O nível de atividade na mídia social fornece um novo critério de segmentação que os profissionais de marketing precisam atender para aumentar o valor de suas marcas nas mentes de seus consumidores.

O FUNIL DE COMPRA DO CONSUMIDOR

O funil de compra do consumidor descreve o caminho emocional seguido pelo consumidor desde a consciência inicial sobre o produto ou serviço até a compra final. Existem muitas variações para o funil de compra do consumidor, mas aquela que nós achamos mais útil é a apresentada na Figura 5.1. Existe um fluxo natural à medida que a marca se move pela mente do consumidor, conforme descrito pelo funil de compra. Ele é um componente fundamental do QEM, representando como os consumidores tomam decisões de compra. O resultado final das ações de um profissional de marketing deve ser o de fazer o consumidor escolher a sua marca, e não as dos concorrentes.

O funil de compra do consumidor pode ser definido de forma diferente para categorias distintas,[4] mas podemos simplificá-lo em cinco níveis principais que representam os efeitos da publicidade a médio e longo prazo no que se refere aos consumidores individuais (ver box a seguir). Esses valores para os consumidores em geral por categoria podem ser medidos através de estudos de monitoramento das imagens da marca.[5]

- Consciência
- Reflexão
- Intenção de compra
- Compra
- Lealdade

FIGURA 5.1 Funil de compra do consumidor

> **FONTES DE MENSAGENS**
>
> Existem cinco fontes de mensagens da marca:
>
> 1. Da marca, através de mídia direta e de massa, como televisão, rádio, jornais e revistas.
> 2. Dos especialistas e endossantes, tais como a Oprah Winfrey, Kelly Ripa ou Guy Kawasaki.
> 3. Do comércio, como a Kroger ou Walmart.
> 4. Dos concorrentes, como através da guerra de cervejas entre Anheuser-Busch e SABMiller Brewing.
> 5. De outros consumidores, tais como você, eu e outros.
>
> Cada uma dessas fontes de mensagem possui uma probabilidade relativa se for vista, persuasivamente, como possuindo autoridade e outras características. De forma interessante, a mais compreendida, ainda que provavelmente menos poderosa, é a mídia de massa, embora a mais poderosa e menos entendida seja a mídia social.

Consciência

A consciência[6] da marca normalmente possui um efeito de médio a longo prazo. A consciência decai ao longo do tempo, quando um consumidor específico fica ao mesmo tempo ciente e não ciente da marca. Um consumidor não pode ter uma consciência parcial: ou está ciente de um produto ou marca, ou não está. A soma de todos os consumidores conscientes é um dos itens normalmente registrados no estudo de monitoramento da imagem da marca.

Existem principalmente dois tipos de consciência: espontânea e com ajuda (ver box a seguir). Na prática, porém, à medida que as mensagens são inseridas no mercado, os consumidores têm alguma probabilidade de ver essas mensagens de forma espontânea, com base na mídia empregada pela marca. Elas podem ser vistas na televisão ou podem ser ouvidas no rádio ou lidas em uma revista, outdoor ou jornal. Quando são vistas e causam uma impressão suficientemente poderosa no consumidor a ponto de ele ficar consciente em relação à marca, isso significa que a cada mensagem inserida no mercado existe uma probabilidade discernível de que o consumidor ficará consciente espontaneamente com base no número de mensagens e na frequência como são colocadas no mercado.

CONSCIÊNCIA ESPONTÂNEA

A consciência espontânea (também conhecido como consciência sem ajuda ou lembrança sem ajuda)

A consciência ou percepção espontânea é a menção do nome de sua marca quando um pesquisado é perguntado sobre marcas que conhecem em determinada categoria sem receber qualquer estímulo anterior sobre marcas ativas na categoria.

A consciência ou percepção espontânea é indicativa do poder de penetração da marca na categoria, que pode ter sido gerada pela relevância e destaque (diferenciação) da proposta da marca. Em muitas categorias de bens de consumo não duráveis, a consciência espontânea da marca é um bom indicador de presença no conjunto de considerações do consumidor. Isso significa que a marca já obteve sucesso em se estabelecer na mente do consumidor somente através das mensagens, sem necessariamente precisarem ser vistas em uma loja de varejo. A presença da marca nas prateleiras das lojas acentua as propriedades dela e faz que fique mais perto de ser comprada na mente do consumidor. Diferentemente das marcas que são lembradas somente com ajuda, os consumidores com consciência espontânea da marca podem procurá-la na loja mesmo quando ela não for imediatamente encontrada nas prateleiras.

A consciência espontânea nem sempre é um indicativo claro sobre o valor da marca, mas a inexistência de consciência espontânea é um claro indicador negativo para a marca. Outras questões referentes à consciência espontânea incluem:

- A consciência espontânea pode ser devida a uma percepção negativa da marca pelo consumidor em função de alguma experiência anterior negativa com a marca ou em função de menções negativas da marca partindo de outras fontes de informações.
- Para todas as marcas é importante diferenciar a consciência espontânea entre usuários e não usuários, independentemente de seu porte ser pequeno ou grande, ou dela ser nova ou antiga.
- A consciência espontânea não é necessariamente um grande indicador de marcas hereditárias ou de marcas que dominam uma categoria. Nesses casos, a citação espontânea de marcas preferidas (*top-of-mind awareness*) pode ser um indicador melhor do sucesso de marketing. A citação espontânea é definida como o número de vezes que a marca é citada em primeiro lugar quando se pergunta sobre marcas em uma determinada categoria.

Hoje, as mensagens enviadas pela mídia tradicional normalmente possuem uma probabilidade bastante baixa de gerar consciência de marca. Por outro lado, as mensagens recebidas através de contatos de mídia social normalmente possuem alta probabilidade de impulsionar a consciência da marca. A autoridade e a reputação do remetente da mensagem na mídia social são geralmente altas e preestabelecidas. Por esse motivo, as necessidades ou desejos do consumidor de ler e se envolver com a mensagem também são altas.

Em um contexto de mídia social, tal como na campanha em torno do A1 Steak Sauce YouTube Contest* (ver http://www.youtube.com/a1), os consumidores podem se envolver com a marca tanto criando um vídeo e colocando-o no YouTube (e assim, participando do concurso) quanto assistindo os vídeos na internet e dando notas para eles.

Em qualquer um dos casos, existe uma probabilidade bastante alta – perto de 100% – de se ficar consciente da marca. Do ponto de vista de medição, o importante para a marca é monitorar o número de visitantes do YouTube que assistiram todo o vídeo, em contraposição àqueles que só assistiram partes dele (não é possível medir a visualização real).

A consciência também depende do envolvimento que um consumidor possui com a marca. Se um consumidor adquiriu a marca e a consumiu, então essa marca terá 100% de consciência com esse consumidor por um longo tempo (geralmente mais longo do que o prazo de decisão do gestor da marca). Podemos esperar que tendo utilizado essa marca, talvez o consumidor nunca venha a esquecê-la.

Se a marca é nova ou possui baixa penetração na categoria, então pode ser que muitos consumidores nunca a tenham experimentado. Eles ficaram cientes da marca através de mensagens recebidas ou continuarão desconhecendo-a.

Os consumidores que ficaram conscientes da marca, mas que nunca a utilizaram, também podem perder essa consciência se após receber as primeiras mensagens, elas são interrompidas. Os consumidores podem então acabar não usando ou adquirindo a marca. Certamente isso pode acontecer independentemente da mídia levar a mensagem, embora para alguns tipos de mensagens – principalmente para mensagens na mídia social – a probabilidade de perder essa consciência da marca após a exposição inicial possa ser bastante baixa.

Para a mídia social, por exemplo, se o consumidor assiste um vídeo no YouTube e se envolve com a marca de forma virtual, a interação estabelecerá uma forte conexão com a marca. Haverá uma probabilidade relativamente

---

* *Nota do Tradutor*: A1 Steak Sauce é marca de um molho de churrasco dos Estados Unidos que conduziu um concurso de vídeos no YouTube.

> **CONSCIÊNCIA DA MARCA COM AJUDA**
>
> A consciência com ajuda corresponde à resposta: "sim, eu conheço essa marca" após ser estimulado com o nome da marca. Não há dúvida de que a consciência com ajuda é melhor do que não haver consciência em relação à marca, mas em termos de valor, ela é apenas ligeiramente superior a não haver lembrança.
>
> A visibilidade na prateleira, em si mesma, não é suficiente, pois há necessidade de uma forte mensagem para que os consumidores parem e reconsiderem a marca. Portanto, em muitas categorias a consciência com ajuda é buscada, mas não necessariamente vista, como um bom indicador de sucesso do marketing.
>
> Outras questões referentes à consciência com ajuda incluem:
>
> 1. A consciência com ajuda é um bom indicador de sucesso do marketing se a marca estiver nos primeiros estágios de ser lançada.
> 2. A consciência com ajuda é um bom indicador de sucesso se a questão da empresa envolve a consciência para as variantes de determinada marca.

baixa de o consumidor perder sua consciência daquela marca, em comparação com o baixo nível de envolvimento que um consumidor normalmente possui com um anúncio de televisão. Dessa maneira, o envolvimento virtual com a marca na mídia social pode ter efeitos de longa duração para a marca.

As mensagens que necessitam alto envolvimento virtual e são entregues a partir de fontes fidedignas possuem um valor bastante elevado para a marca. Pelo fato dessas mensagens serem enviadas de amigos para amigos, elas possuem elevada probabilidade de serem vistas. Uma mensagem típica na televisão pode apresentar probabilidade de 2% a 5% de tornar um consumidor consciente da marca, enquanto algumas mensagens na mídia social, tais como aqueles vídeos do exemplo da A1 Steak Sauce, podem apresentar perto de 100% de probabilidade de tornar o consumidor consciente.

Conjunto de considerações

Apenas ter consciência da marca não significa que ela esteja no conjunto de considerações do consumidor – que ela será objeto de reflexão quando o consumidor fizer uma compra na categoria. Porém, como mostrou a discussão, a consciência espontânea sugere fortemente que a marca faz parte do conjunto de considerações do consumidor. Para que ocorra uma compra, a marca anunciada precisa ser considerada pelo consumidor como uma das opções da categoria. Para consumidores que nunca utilizaram a marca, ou para novos produtos na categoria, a publicidade é a única maneira de inserir e manter a marca no conjunto de reflexões do consumidor. Se a publicidade for interrompida, a marca pode acabar saindo do conjunto de considerações do consumidor. Para cada consumidor, em algum momento no tempo, a marca tem alguma probabilidade de sair de consideração. Isso é especialmente verdadeiro em categorias que exigem forte reflexão. Esses casos incluem circunstâncias em que o consumidor esteja esperando que o valor de sua compra forneça benefícios em longo prazo pelos atributos funcionais, como uma garantia válida, ou através de atributos emocionais, tais como o impacto da compra da marca entre os amigos.

As reflexões também decaem ao longo do tempo, assim como no caso da consciência: o consumidor mantém ou não a marca dentro do conjunto de considerações. Com a evolução do tempo, se o consumidor nunca utilizou a marca e as mensagens deixam de ser enviadas, existe alguma probabilidade de que a marca saia do conjunto de reflexões do consumidor.

A mídia social gera reflexões sobre a marca tanto de maneira positiva quanto negativa. À medida que os consumidores vejam as mensagens da marca, elas entrarão ou não em seu conjunto de considerações. Mensagens negativas podem levar o consumidor a retirar a marca de seu conjunto de reflexões. Isso é especialmente verdadeiro em classificações e opiniões, em que a marca ou produto pode receber mensagens positivas e negativas. Por causa do valor que os consumidores atribuem a eles, esses serviços de opinião dos colegas/classificação dos colegas, tal como o Yelp![7] estão crescendo rapidamente em popularidade. Se as mensagens são verdadeiramente negativas ao longo de linhas mais importantes das preferências do consumidor, ele acabará removendo a marca ou produto do conjunto de considerações enquanto continua no processo de tomada de decisão de compra.

De forma semelhante à consciência, a reflexão também é determinada pelo envolvimento passado com a marca. Uma vez que a marca tenha sido experimentada, ela somente sairá do conjunto de considerações se o consumidor tiver tido uma má experiência ou se ele tiver recebido mensagens negativas sobre a marca. Se o consumidor nunca tiver utilizado a marca, e então ela poderá sair mais rapidamente de consideração. Isso acontece se o consumidor perder a consciência da marca ou se o consumidor não receber mais mensagens que mantenham ou promovam a marca em seu conjunto de considerações.

A reflexão não pode ser confundida com preferência. Pode ser que um consumidor prefira o sabor da Coca-Cola em relação ao da Pepsi, mas a Pepsi pode ser a escolhida se a diferença de preço for suficientemente grande. Nesse caso, tanto a Coca-Cola quanto a Pepsi estão no conjunto de considerações, embora a Coca-Cola seja a preferida sobre a Pepsi. A preferência será mais detalhadamente discutida no Capítulo 6.

INTENÇÃO DE COMPRA

A intenção marginal de compra poderá ser aumentada pela exposição repetida à publicidade. O impacto de uma mensagem pode ser bastante persuasivo na mídia social. Com uma combinação de mais mensagens e publicidade, a intenção de compra pode ser ampliada. Se a publicidade é interrompida, a intenção pode diminuir. A intenção de compra não pode estar ligada ou desligada, como no caso da consciência de marca e da inclusão no conjunto de

---

ENVOLVIMENTO EM CONVERSAS E CONVITES VIRTUAIS

Aquelas pessoas que comentam e conversam positivamente (ou negativamente) sobre a marca, assim como convidam outras para participar de comunidades relacionadas com a marca, normalmente aumentam (ou diminuem no caso de comentários negativos) sua intenção de compra da marca. Para os comentários positivos, o fato de que estejam dispostos a colocar suas reputações em jogo em relação à marca, significa que possuem uma intenção de compra bastante elevada. Cada recomendação reafirma essa intenção de compra, tornando mais difícil que aquele que comenta ou convida não adquira a marca na próxima oportunidade. Seria difícil para eles convidar alguém para participar de uma comunidade relacionada com a marca e depois sair e recomendar marca diferente. Esse, porém, não é necessariamente o caso para atividades que por si mesmas possuam valor. Por exemplo, se a marca estiver conduzindo um excelente jogo como parte de uma promoção, um membro da comunidade pode convidar outros amigos ou não a participarem do jogo, e ainda assim não possuírem afinidade com a marca.

Eles não estão convidando seus amigos a participarem da comunidade relacionada com determinada marca: eles estão convidando seus amigos a participarem do jogo. Esse convite não é visto como um endosso da marca, mas apenas para o jogo. Nesse caso, o profissional de marketing precisa se certificar de que o valor do jogo possa induzir os participantes a um envolvimento no longo prazo; caso contrário, eles participarão do jogo e depois terminarão seu envolvimento com a marca.

O estudo de caso do zoológico de San Diego exemplifica isso à medida que eles anunciam no Cartoon Network, destacando o jogo em seu site.

considerações. Geralmente ela é maior para aqueles consumidores que adquiriram a marca no passado e tiveram uma experiência positiva com ela, do que para os consumidores que não experimentaram anteriormente a marca. Para ter intenção de compra o consumidor precisa ter consciência da marca. Se o consumidor não estiver mais ciente da marca, a intenção de compra cai a *zero* e permanece *zerada* até que o consumidor fique novamente receptivo a ela. De forma semelhante, a marca também precisa estar no conjunto de considerações do consumidor antes dele poder ter uma positiva intenção de compra.

As mensagens da mídia social chegam a ter um grande impacto na intenção de compra porque podem vir de indivíduos com elevada autoridade e reputação e pelo fato do indivíduo ter optado por ouvir suas opiniões. Se eles forem amigos do consumidor ou se forem considerados especialistas na categoria, então as mensagens deles terão um peso maior do que outras mensagens que são entregues por outros meios, tais como através de publicidade tradicional onde as mensagens são transmitidas pela marca.

As mensagens podem vir de muitas fontes no ecossistema da mídia social – blogs, microblogs, redes sociais, serviços para compartilhar fotos e vídeos, e via comunidades virtuais 3D, como a Second Life, Blue Mars, Kaneva ou qualquer outra nova plataforma social 3D.

A medição da maior intenção de compra gerada através de cada canal de mídia social pode ser feita considerando o nível de envolvimento virtual que uma atividade específica de marketing propicia. Por exemplo, as mensagens sobre a marca podem mais fortemente ou menos fortemente influenciar o consumidor com base no tempo gasto por um visitante em uma comunidade vinculada à marca e se as mensagens podem fazer parte ou não de uma experiência de imersão.

O valor marginal que a marca Huggies recebe de um consumidor que passa 5 minutos no huggiesbabynetwrk.com é significativamente maior do que o valor recebido por uma visita de 30 segundos. Medir o tempo gasto no site para uma comunidade vinculada à marca pode gerar um intervalo de medição bastante interessante no intuito de avaliar o valor persuasivo da comunidade em impulsionar a intenção de compra.

Compra

O objetivo do marketing é encaminhar mensagens no momento certo, no lugar correto, para os clientes certos visando influenciá-los a comprar mais da marca, cada vez mais rapidamente. Uma das etapas mais valiosas dentro do funil de compra do consumidor é a aquisição do produto. No final, o objetivo do profissional de marketing é que o consumidor selecione a marca na loja ou na Web sobre outras de concorrentes que possam estar disponíveis.

LEALDADE

Uma vez que a marca tenha sido comprada, os profissionais de marketing podem continuar a buscar seus clientes para influenciá-los a adquirir mais produtos através de vendas adicionais ou cruzadas, ou pela renovação de suas compras. Isso pode ser feito pelo marketing de lealdade.

A lealdade é semelhante à compra à medida que representa a decisão de continuar comprando a marca. As mensagens recebidas precisam estar em linha com a experiência com a marca e mostrar que permanecer comprando trará mais valor e utilidade do que trocar pela marca concorrente. Muitos funis de compra do consumidor não incluem esse nível, mas ele certamente se

---

MARKETING B2B

No mercado B2B a decisão de compra não é tomada por um indivíduo, mas por um comitê de compra. O comitê pode ser informal – composto por um gerente e seus subordinados – ou pode ser um grupo formal de gerentes e executivos, cada um com a responsabilidade de representar as necessidades de seus departamentos e grupos de trabalho. Todas as dimensões da estrutura de valor da mensagem se aplicam, mas agora precisam ser modificadas para encaixar cada membro do comitê de compra. A consciência e a reflexão são valores relacionados com indivíduos, mas agora cada indivíduo do comitê precisa ficar consciente da marca e colocá-la dentro de seu conjunto de considerações.

Cada membro do comitê de compra possui preferências diferentes. Aqueles em cargos menores estão tentando crescer em suas carreiras, enquanto os executivos mais graduados ou a média gerência estão tentando não cometer erros. O "você não será despedido por recomendar IBM" do passado foi um componente importante para muitas decisões na empresa. Os profissionais de marketing podem utilizar a mídia social para apoiar cada um dos membros do comitê de compra através da segmentação de suas ações de marketing social.

Joan Koerber-Walker, presidente e CEO da CorePurpose, possui quatro contas diferentes no Twitter e três blogs distintos para dirigir mensagens específicas para tipos específicos de audiências, com pouca sobreposição entre elas:

1. @joankw
2. @JKWinnovation
3. @JKWleadership
4. @JKWgrowth

Fonte: Podcast e estudo de caso com Joan Koerber-Walker/CorePurpose no Capítulo 8.

constitui em um componente fundamental para o marketing e as operações para gerar lealdade uma vez que o consumidor tenha sido conquistado na dura batalha em níveis superiores do funil.

Mídia social e o marketing e venda B2B

Embora a equipe de vendas possa não querer que seja descrito dessa forma, nas categorias B2B as equipes de vendas passaram a agir como uma extensão da mensagem de marketing. Cada pessoa de vendas pode transmitir mensagens de vendas, mensagens de mídia social, receber feedback útil e responder às perguntas de clientes atuais e prospects sobre os produtos, a empresa ou a marca. Eles fornecem valor significativo na venda de produtos, não sendo o menor deles a capacidade de tomar o último passo no intuito de transformar o prospect em cliente solicitando o pedido de compra e "fechando o negócio". A discussão a seguir precisa ser vista sob essa luz, com o objetivo de entender como a mídia social pode ajudar a equipe de vendas B2B e tornar a função de marketing mais eficaz.

O comitê de compra

As compras mais onerosas no espaço B2B não são realizadas com base na decisão de uma única pessoa: elas são feitas por uma equipe de pessoas – o comitê de compra. Os papéis no processo de decisão incluem formadores de opinião, coletores de informações, defensores, negativistas e donos do orçamento. As decisões são tomadas por uma equipe, levando em conta o orçamento, muitos fatores emocionais, a reputação da marca, o custo total da operação, os custos de mudança e muitos outros fatores. Muitas vezes, a decisão é mais um consenso determinado pelo comitê formal ou informal que leva em conta políticas internas e prioridades que podem não ter nada a ver com as propostas de valor das marcas concorrentes. Nós chamamos isso de comitê de compra. O comitê pode ser composto por qualquer número de participantes, desde o chefe nominal do departamento (e subordinados diretos) que possui a palavra final sobre o orçamento, até uma equipe formal de participantes incluindo um gerente operacional, um cargo de compras, um cargo financeiro e outros defensores da solução proposta.

Michael Buck, diretor do esforço SMB da Dell na Europa, Oriente Médio e África explicou que, pelo fato de haver todas essas pessoas diferentes aprovando uma transação na venda B2B, a Dell administra conversas na mídia social de forma diferente para cada uma delas: uma para finanças, uma para TI (Tecnologia da Informação) e assim por diante.[8]

No caso informal, o gestor com autoridade para assinar pode querer se certificar de que seus subordinados diretos sejam participantes em igualdade de condições no processo de tomada de decisão, pois eles também serão responsáveis pela implantação e execução da solução adquirida. Se o projeto falhar, o gestor acabará com um "senão" em sua credibilidade e isso pode ter amplas implicações na carreira. O gestor precisa fazer o que for necessário para tornar o projeto bem-sucedido e, assim, fornecerá bastante espaço para os subordinados diretos assumirem um forte compromisso, aumentando a probabilidade de sucesso do projeto quando a decisão de compra for tomada, e sua implantação tiver início.

A mídia social pode apoiar o processo de tomada de decisão de várias maneiras. O mais importante é que ela garante disponibilizar rápida e facilmente para cada um dos membros do comitê de compra as informações que são relevantes e pertinentes. Cada membro do comitê de compra possui preferências e desejos diferentes em termos de decisão. A mídia social pode representar um ótimo método de fornecer informações bastante rápidas e direcionadas para a equipe de vendas e para os membros do comitê de compra, porque ela é muito mais imediata do que outra mídia. Encomendar um relatório ou estudo de caso pode levar meses. Escrever no blog de um executivo sênior um post abordando tópicos atuais e específicos pode ser feito quase imediatamente,

---

NÃO SE INSCREVE, NÃO GOSTA, NÃO É FÃ E NÃO QUER SER SEGUIDOR

O impacto daqueles que "não se inscrevem", normalmente em função de uma campanha por e-mail, é geralmente negligenciado em qualquer estudo sobre a eficácia do marketing. Os e-mails enviados são contados pelos serviços de entrega como o ConstantContact, mas os que acabam na lixeira física ou eletrônica dos subscritores não são contados. Com base em pesquisa recente feita em julho de 2009 pela Return Path, em conjunto eles chegam a representar até 3,3% dos e-mails enviados (janeiro a junho de 2009).

De forma semelhante, os que não se inscrevem nas contas do Twitter ou nas páginas de fãs do Facebook, embora talvez não tão permanentes como os que não subscrevem os e-mails, também podem representar um indicador da eficácia do profissional de marketing. Esses "não seguidores" podem ser especialmente devastadores se fizerem parte da relação dos melhores prospects de seu vice-presidente.

Fonte: Jack Loechner, Delivered email Metric May Not Be Accurate, Center for Media Research, 3 de agosto de 2009.

se necessário, e facilmente encaminhá-lo para os membros certos do comitê de compra para sua avaliação. A natureza semiformal dos posts do blog pode abordar questões que não são facilmente discutidas em outras mídias.

MENSAGENS QUE MOVEM OS CONSUMIDORES B2B NO FUNIL DE COMPRA DO CONSUMIDOR

As comunidades sociais também ajudam as equipes de vendas e de marketing a identificar possíveis tomadores de decisão dentro das empresas em que se pretende vender. O LinkedIn e o Plaxo permitem que as equipes de vendas e de marketing pesquisem os tomadores de decisão-chave e que depois os contatem diretamente. O Twitter também permite que os seguidores entrem em contato com o titular da conta da empresa no Twitter, fazendo perguntas diretamente. Essas comunidades sociais também fornecem informações básicas que podem ser úteis no desenvolvimento de bons relacionamentos entre cada um dos membros do comitê de compra. Cada uma dessas funções corresponde a níveis semelhantes no funil de compra do consumidor. Uma resposta a um InMail do LinkedIn bem dirigido e redigido ou um convite de conexão poderia ser definido como uma primeira indicação de reflexão e consideração.

A Serena Software desenvolve aplicativos para empresas visando automatizar o desenvolvimento de software e melhorar a produtividade. A empresa utilizou vídeos criativos para ajudar na divulgação de um produto recém-lançado, chamado de Business Mashup Composer. A companhia produziu uma série de vídeos divertidos postados no YouTube[9] ligados a um concurso no Facebook[10] fazendo referência à campanha SuperMasher "Just @=$% IT" para gerar a consciência em relação a um novo software. A campanha foi bem-sucedida e atraiu 1,1 milhão de visitantes com uma taxa de clique de pouco menos de 0,8%, em que muitos desses acessos também baixaram um relatório sobre o produto. A taxa de acessos e os relatórios baixados representam uma boa aproximação para o número de possíveis consumidores da empresa que colocam esse recém-lançado software em seu conjunto de considerações. A Serena Software utilizou uma comunidade B2C no Facebook para promover o lançamento de seu novo produto e pôde recolher bastante consciência e consideração para um produto que inicialmente era B2B.[11]

A intenção de compra pode ser ampliada à medida que os membros do comitê de compra são alcançados por meios diferentes, seja pelo pessoal de vendas, mídia tradicional, panfletos e *downloads* ou pela mídia social. Embora existam diferenças no processo de tomada de decisão para o B2B, os conceitos do funil de compra do consumidor e de imagem da marca representam o processo que o comitê de compra utiliza individualmente e como grupo.

ESTUDO DE CASO
AS ATIVIDADES DE MARKETING SÃO AS NOVAS FINANÇAS

As pessoas que controlam os gastos em uma companhia têm sido historicamente as do departamento de finanças. Não há dinheiro suficiente para todas as atividades que a empresa gostaria de fazer em marketing, vendas, fabricação ou qualquer outro departamento. Quando a Dell implantou a mídia social nos idos de 1995, mesmo Michael Dell não tinha certeza até onde poderia chegar, mas desde então descobriram que o retorno sobre a mídia social valeu o investimento realizado.

Dell Computers Inc., EMEA

De acordo com o IDC, a Dell é o fornecedor número um de computadores nos Estados Unidos e a número 2 em todo o mundo. No espaço da mídia social eles chegaram às manchetes quando afirmaram que poderiam realizar $19 milhões em receita diretamente atribuível às suas atividades utilizando o Twitter. Inicialmente, o canal Twitter da Dell foi concebido para ajudar a colocar rapidamente no mercado certos tipos de estoques antigos, mas ele obteve muito mais sucesso do que se imaginava.

Michael Buck é diretor e gerente-geral da SMB Global e, de acordo com ele, a Dell posiciona sua atividade on-line em torno dos "quatro pilares da presença on-line" que impulsiona suas interações de mídia social com os consumidores:

- Dell.com – a plataforma principal para o e-commerce e o lugar para integrar a interação com o cliente.
- Comunidades vinculadas à Dell – IdeaStorm, Blogs, fóruns e comunidades.
- Comunidades externas – Facebook, Twitter, LinkedIn e outras.
- Empregados – em essência, 96 mil pessoas que são embaixadoras da marca Dell.

Ao ouvir os clientes e incorporar seu feedback, a organização tem feito grandes progressos em melhorias operacionais tangíveis.

O poder da Dell na mídia social vem do topo para baixo. Michael Dell participa do blog da companhia e a filosofia de toda a empresa flui para quase todos os empregados da Dell. Esse tipo de participação faz a diferença no marketing entre empresas (B2B) e no marketing ao consumidor (B2C) da Dell. Eles descobriram que os consumidores B2C são bastante proativos e que de imediato fornecem feedback, avaliações e comentários sobre como a Dell está atuando, enquanto no mercado B2B a situação é bastante diferente. Os clientes empresariais valorizam o acesso a equipes e conteúdo úteis através das presenças das empresas em mídia social. Devido às complexidades das vendas B2B de produtos de alta tecnologia, os clientes parecem exigir um pouco mais de apoio. Existem muito mais pontos de contato dentro do processo de compra de uma empresa que eles precisam atender – finanças, vendas, administração, TI e outros. Todos eles possuem necessidades diferentes, de forma que o conjunto de mídia social precisa ser mais diversificado e robusto. Para um envolvimento social B2B, o comprador e usuário não correspondem a uma única pessoa: geralmente são constituídos por um comitê de pessoas. Mesmo com as dificuldades para gerenciar esse escopo mais amplo de objetivos na mídia social, os benefícios superam de longe o investimento.

A Dell dá bastante importância às medições, mas olha primeiro para aquilo que gera valor aos clientes. Na mídia social eles são cinco:

1. Uma conexão significativa com a Dell baseada em interesses compartilhados que lhes permita se expressarem.
2. Recebimento de recompensas e reconhecimento pelas contribuições fornecidas, principalmente se fornecem feedback e conhecimento.
3. Obter conselhos e validações.
4. Receber um reforço positivo quanto às suas decisões; aprender com colegas e com a empresa.
5. Resolver seus problemas; evitar chamar o suporte técnico.

As métricas relacionadas com os aspectos que geram valor são:

1. Utilizar ideias dos clientes para gerar inovação – quantos clientes estão mudando ou afetando os produtos Dell?
2. Eficiência nos gastos de marketing – a mídia social não é grátis, mas é muito menos onerosa do que as taxas de conversão da mídia on-line tradicional – racionaliza a oferta de e-commerce.
3. Valor em termos de ciclo de vida de cliente – lealdade e investimentos recorrentes.
4. Economia de custos – elimina o atrito no sistema para interações de apoio ao cliente.

Na IdeaStorm.com,[12] uma comunidade vinculada à Dell com mais de 3 anos, as estatísticas mostram que a comunidade:
- contribuiu com 14.043 ideias.
- promoveu uma ideia 720.890 vezes (isto é, votou positivamente pela ideia).
- postou 89.452 comentários.

Dessas contribuições, a Dell deu seguimento a mais de 416 ideias submetidas pelos clientes.

Michael sugere que "as atividades de marketing são as novas finanças na Dell". A venda direta não está em primeiro plano – primeiro eles ouvem, construindo o ecossistema e o ambiente de suporte e, à medida que os clientes veem o efeito do trabalho, eles votam com seus dólares. O ponto de partida é a confiança; algo que eles têm a ganhar de seus clientes – não é uma certeza que os clientes se envolverão; a Dell trata a mídia social como um esforço sério que possui consequências sérias. A Dell também investe em promover esse ponto de vista para seus clientes – a página da Dell no Facebook possui várias orientações no intuito de ajudar os proprietários de empresas a entenderem como aproveitar a mídia social para atingir seu público-alvo.

O futuro da mídia social na Dell

A Dell está na mídia social para o longo prazo, diz Michael. "Não há nada pior na mídia social do que iniciar algo e não levar a sério. Ou não conseguir desenvolver um caminho com início, meio e fim para a interação com o consumidor. O consumidor perceberá e suspeitará daqueles que tratam a presença na mídia social como nada mais do que um chamariz e denunciará isso publicamente. A Dell tem forte compromisso com a mídia social e oferece as plataformas por causa do sucesso que temos visto, e nossos clientes estão aberta e prontamente aceitando isso."

O futuro que eles enxergam é utilizar a mídia social com uma presença geográfica mais equilibrada, com foco maior nos países que compõem o BRIC, pois eles estão se desenvolvendo muito rapidamente em mídia social. Eles esperam um aumento de atividade e um reequilíbrio dos ativos em mídia social, para que possam ter acesso a uma audiência global. A "busca" e os formadores de opinião desempenharão um papel crescente no modelo de mídia social e eles veem a busca como elemento central de mídia social. A busca é especialmente relevante para companhias globais, pois é onde os clientes estão quando precisam de ajuda e de informações.

A Dell também busca os principais formadores de opinião e os que gostam da marca para multiplicar a eficácia do investimento feito em mídia social e espera atingir aqueles que possam melhorar e aperfeiçoar o impacto da mensagem da Dell na mídia social. Michael acredita que o marketing social no espaço da SMB ficará muito mais direcionado aos formadores de opinião e que a internet móvel desempenhará um papel cada vez maior no marketing social. Para a Dell, a mídia social fornece uma base forte que é mensurável e que tem o poder de influenciar consumidores através de uma experiência positiva com a marca, independentemente do dispositivo de acesso utilizado.

Fonte: Entrevista com Michael Buck, diretor e gerente-geral do SMB Global EMEA, da Dell Computers Inc, realizada em 5 de março de 2010. Publicada com permissão. Todos os direitos reservados.

Conclusão

O consumidor é um indivíduo que se tornou consciente da marca e que é considerado em um processo que leva à compra de um produto. O crescente envolvimento com o consumidor pode levar à melhor oportunidade para a marca estabelecer um relacionamento, de forma que ele permaneça leal e continue a adquirir a marca.

O formador de opinião que também se torne um consumidor é um dos melhores resultados possíveis para a marca. Em virtude de sua presença na mídia social, os formadores de opinião provavelmente continuarão a promover e a evangelizar a marca bem após a compra. É para uma posição bem além do funil de compra do consumidor que todas as marcas querem que os consumidores avancem: promovendo e enaltecendo as virtudes da marca para outras pessoas em seu círculo de amigos e seguidores.

Notas

1. *Wall Street Journal*, 21 de setembro de 2005, artigo de primeira página: "Procter & Gamble Co. believes shoppers make up their mind about a product in about the time it takes to read this [sentence]."
2. Charlene Li e Josh Bernoff, *Fenômenos Sociais nos Negócios: Vença em um Mundo Transformado pelas redes Sociais* (Rio de Janeiro: Campus/Elsevier, 2009).
3. A jornada de decisão do cliente, *McKinsey Quarterly*, https://www.mckinseyquarterly.com/Media_Entertainment/Publishing/The_consumer_decision_journey_2373, julho de 2010.
4. Outras formas incluem AINDA – awareness, intent, desire, action (consciência, intenção, desejo, ação).
5. Essas são pesquisas contínuas de percepção de marca pelos consumidores, geralmente executadas em bases regulares. Elas monitoram as percepções do consumidor ao longo do tempo.
6. Agradecemos a Ramesh S., Analista Chefe do DemandROMI pela comparação entre consciência espontânea e com ajuda.
7. http://www.yelp.com
8. Desculpe-me, deixei em Atlanta.
9. Podcast e transcrição postados em http://www.SocialMarketingConversactions.com e nos estudos de caso deste capítulo.
10. Post no YouTube da Serena Software: Mrmashup, http://www.youtube.com/watch?v=qLTs6jlbkjE; coletado em 28 de maio de 2010.
11. Página da Campanha SuperMasher da Serena Software no Facebook; http://apps.facebook.com/supermasher/campaign_membership/home; coletado em 28 de maio de 2010.
12. MarketingProfs – Facebook Success Stories.
13. http://www.ideastorm.com.

6

O personagem indivíduo no quadro de envolvimento na mídia

O Quadro de Envolvimento na Mídia (QEM) inclui um segmento sob a mídia social que cumpre o papel do indivíduo dentro do mix da mídia social. Os indivíduos que participam na mídia social representam uma parte importante do público-alvo dos profissionais de marketing. Os indivíduos participam da mídia social por vários motivos. Sua participação e envolvimento é medido pelo tempo que passam nos diversos sites e pelo nível de envolvimento e os comportamentos que exibem nesses sites. O objetivo do profissional de marketing é desenvolver um relacionamento com esses indivíduos de tal forma que algum grau desse relacionamento se traduza em mais envolvimento geral e que alguns indivíduos se transformem em consumidores fazendo compras ou em formadores de opinião escrevendo mensagens positivas sobre a marca; ou que o maior volume de conversas aumente o ranking na busca.

O INDIVÍDUO E O QEM

Os indivíduos constituem todos os consumidores, não consumidores, formadores de opinião e não formadores de opinião. Eles são importantes para o profissional de marketing porque podem ser, ou podem se tornar, consumidores ou formadores de opinião; além disso, sua participação em uma comunidade social ou atividade de marketing social pode levar outras pessoas a ficarem cientes dessa atividade de marketing social ou torná-la mais atraente. Os autores muitas vezes fazem a seguinte questão: "É melhor que somente um subconjunto de consumidores visados esteja ciente de determinada atividade na mídia social, ou é melhor que muitos indivíduos, incluindo um subconjunto do mesmo tamanho de consumidores visados, estejam cientes de determinada atividade na mídia social?" Nós acreditamos que esta última seja a melhor opção. Na série de vídeos "Will it Blend?", aqueles indivíduos que não eram consumidores de liquidificadores podem ter tornado conscientes os consumidores visados sobre a série de vídeos "Will it Blend?" apenas por terem se envolvido com a atividade. Em função do envolvimento, os vídeos são baixados com mais frequência, recebem maior classificação, maior número de links e aparecem em posição mais alta nos dispositivos de busca. Assim, a marca ganha valor a partir dos indivíduos não consumidores e não formadores de opinião se envolvendo no site de mídia social com contornos que não ocorrem de forma semelhante na mídia tradicional.

Esse comportamento para qualquer indivíduo, seja ele um consumidor ou um formador de opinião, ou não, é caracterizado e classificado utilizando-se o Funil de Envolvimento na Comunidade (FEC). A discussão a seguir descreve como os profissionais de marketing conseguem medir esse envolvimento para determinar o grau de sucesso em geral obtido na mídia social.

O ponto de conexão para os indivíduos em uma cultura e na rede social varia caso a caso. Na América do Norte, nós assistimos como o Facebook cresceu desde seu início nas principais faculdades, passando pelas universidades e depois chegando às cidades e à cultura dominante. Se você tornou-se membro do LinkedIn ou do FastPitchNetworking.com, rapidamente descobriu que a comunidade nesses sites gira em torno de negócios e de várias funções no relacionamento entre empresas. O Twitter não cresceu a partir de nenhum tipo específico de relacionamento, a não ser a galera inicial de interessados em novas tecnologias na South by Southwest (SXSW) e agora, junto com o Facebook, faz parte da tendência dominante.

Por todo o mundo vemos paradigmas semelhantes de redes sociais emergindo a partir de experiências compartilhadas, tais como uma escola frequentada pelos indivíduos, uma cidade onde nasceram ou viveram ou uma corporação que incorpore a cultura de um país.

ESTUDO DE CASO
GERANDO VALOR E USUÁRIOS NO FUNIL DE ENVOLVIMENTO DA COMUNIDADE – TWITTER *VERSUS* F150ONLINE

Os dois exemplos seguintes ilustram como uma empresa trabalhou ativamente para conduzir seus usuários mais profundamente dentro do FEC e como outra companhia – Twitter – não o fez.

Twitter

Desde sua fundação em 2006, o Twitter conseguiu alcançar mais de 75 milhões de usuários até janeiro de 2010. Uma das questões que enfrentam é que o Twitter ainda não encontrou uma maneira de aumentar a atividade da maioria de seus usuários – somente 17% dessas 75 milhões de contas enviaram um ou mais posts. Douglas Quenqua do ClickZ escreveu: "Cerca de 25% dos usuários do Twitter não possuem seguidores, e aproximadamente 40% nunca enviaram um único tweet." O estudo afirma: "80% dos usuários do Twitter enviaram menos de 10 tweets desde que se inscreveram no site". Somente 60% se envolveram mais do que enviar alguns poucos posts e criaram uma base de seguidores, com 83% não conversando no mês anterior ao da pesquisa em dezembro de 2009.

"Na faixa superior", o estudo ClickZ constatou "uma tremenda lealdade e envolvimento daqueles usuários do Twitter que permanecem no sistema após sua primeira semana. Embora somente 20% dos usuários enviem tweets em seu segundo mês no site, eles enviam tantas mensagens que compensam a falta de atividade dos usuários inativos". A falta de um envolvimento profundo pela comunidade foi compensada pelo tráfego gerado por aqueles usuários que utilizam ativamente o serviço e que se envolvem na comunidade.

A relação entre o Twitter e o FEC, poderia ser feita da seguinte forma:

Nível de envolvimento no FEC	Ações no Twitter
Consciência	Consciência sobre o que é ofertado pelo microblog Twitter
Inscrição	Inscrevendo-se para abrir uma conta
	Inscrevendo-se para acompanhar os posts de outros usuários (tornando-se "seguidor")
Consumo	Lendo os posts dos outros ("tweets")
Conversas	Criando e postando mensagens
	Repetindo posts de outros usuários ("retweeting tweets")
Convite	Contando para outras pessoas e incentivando-as a abrir uma conta

A comunidade Twitter tem sido apontada como bastante bem-sucedida, mas muitas vezes não para o usuário recente, que pode não compreender plenamente o "porquê" e o "como" do Twitter. Os profissionais de mídia social e de marketing estão utilizando a ferramenta, mas os novos usuários ainda precisam compreender as táticas e o raciocínio para se envolverem mais profundamente e continuamente com um público. Esse envolvimento significa entrar mais frequentemente no site (via endereço na internet ou outra ferramenta como o Tweetdeck ou o Seesmic), postar mensagens (tweets) para uma comunidade de "seguidores", e se inscrever para acompanhar os posts de outros usuários do Twitter (ser "seguidor"). O Twitter, como anfitrião do serviço, não empreendeu um esforço visível para aumentar o envolvimento dentro do funil com sua base de usuários; é a comunidade e os profissionais de marketing experientes que estão conduzindo os consumidores a adotarem o serviço e a utilizá-lo.

F150online, the unofficial resource center for Ford Truck enthusiasts*

Por outro lado, o F150online.com trabalhou arduamente desde o início para gerar envolvimento com todos os seus usuários. Fundado em 1996, o F150online.com foi uma das primeiras comunidades on-line para proprietários e entusiastas de caminhões e picapes: especificamente o Ford Truck 150. Ela cresceu para ser um dos maiores sites para os entusiastas de caminhões último tipo, ostentando mais de 3 milhões de visitas mensais às suas páginas e mais de 300 mil visitantes únicos (*unique visitors*) mensais.

A controladora, Internet Brands, também possui e opera algumas comunidades sociais e sites de e-commerce, em uma variedade de categorias de consumo: automotivo, cursos, saúde, lar, dinheiro e empresa, compras e viagens, e lazer. Mais de 95% do tráfego para seus sites vem de fontes não pagas. Os sites automotivos administrados pela Internet Brands cobrem várias marcas e modelos de veículos, incluindo o Audi, Camaro, Chevrolet, Land Rover, Mazda, Mustang e Ford. Com esses sites, a Internet Brands oferece uma riqueza de usuários segmentados para os anunciantes.

O F150online.com iniciou permitindo que os proprietários e entusiastas dos picapes F150 postassem fotos e trocassem mensagens em fóruns de discussão e quadros de avisos. Tudo começou com Steve Eppinger, fundador do site e empreendedor, postando na Web fotos de sua picape F150 recém-adquirida; passados 7 dias ele viu que as fotos tiveram mais de 50 visitantes. Após pesquisar um pouco, Steve não conseguiu encontrar nenhuma outra fonte de informações on-line para os proprietários do F150 e isso o levou a dar início a um grupo de discussão por e-mail sobre o F150. Em 4 meses a lista tinha mais de 400 membros e foi isso que conduziu ao site F150online.

O problema para Steve era que o F150online precisava de dinheiro para sustentar o site; em abril de 1997, a Pneus Dunlop procurou Steve para anunciar no site. A dificuldade, porém, era que a Dunlop não possuía nenhum dinheiro orçado

---

* *Nota do Tradutor*: Centro não oficial de informações para os entusiastas da Ford Caminhões.

para esse tipo de canal de propaganda. Através de uma negociação de permuta, a Dunlop ofereceu a troca dos anúncios no novo site por um jogo de 4 pneus novos. Atualmente, o site mantém sua proeminência na categoria picape e continua com tal sucesso que quando "F150" é buscado no Google, o F150online ainda aparece como número um ou dois na página de resultados.

Inicialmente o site se concentrou nas necessidades de seus membros fornecendo as ferramentas que precisavam para se conectar com outros usuários. Ele passou de galeria de fotos e artigos técnicos, para o fornecimento de fóruns de discussão, informações sobre avisos de recall, avaliações de produtos, classificados, notícias do setor e um calendário de eventos nacionais. Quando o site atingiu certa massa crítica, as receitas com anúncios passaram a sustentá-lo. Steve começou a empregar a mídia tradicional on-line e fora da internet para impulsionar ainda mais a consciência em relação ao site e a associação de interessados. Esses esforços trouxeram pessoas ao site, onde agora a atuação se volta para táticas de engajamento, mantendo-as ativas e envolvidas.

Steve explicou como as medições evoluíram com o tempo em relação à mídia social: "Inicialmente, à medida que o site crescia, a classificação monetária da comunidade tinha a ver principalmente com o número de acessos e visualizações e o CPM (custo por mil) que poderíamos oferecer aos anunciantes. Agora, o mais importante é o tempo gasto no site e a quantidade de interações entre os membros da comunidade e a rede social. Se somente 5% estão participando e o restante é de 'espectadores', os números não significam tanto. Possuir dezenas de milhares de espectadores não terá muita influência para os outros membros ou para os anunciantes. Os anunciantes buscam [agora] por membros que promovam e fortaleçam suas marcas junto aos outros membros – com que frequência os membros participam, ficando envolvidos e se fazendo ouvir."

Voltando ao FEC, significa medir o volume, ou quantidade, de conversas e utilizar isso como maneira de classificar monetariamente a comunidade e construir valor para os anunciantes atuais e futuros. Isso representa uma dinâmica específica para estabelecer preços de anúncios – anunciar em comunidades sociais pode evoluir para uma estrutura de preços em duas camadas: uma é a abordagem direta de visualizações e cliques nos anúncios, e outra taxa significativamente maior que poderia ser baseada no grau de conversas geradas sobre a marca na comunidade.

Com isso em mente, Steve e sua equipe rapidamente perceberam que os novos usuários precisariam ser incentivados a participar e a fazer seu primeiro post. Os gestores da comunidade começaram a incentivar a participação dos membros, e tornaram esse envolvimento mais fácil e menos intimidador. Essa tática permitiu que o F150online.com aumentasse sua proporção de post por visita em mais de

20% e a percentagem de membros enviando mensagens para mais de 30%. Para gerar envolvimento no site, explica Steve, "nós criamos um ambiente em que todos eram incentivados a participar". Foram desenvolvidos incentivos para premiar os membros à medida que encaminhassem posts.

O modelo de criação de envolvimento do F150online inclui:
- acesso à seção de classificados
- redução do nível de publicidade
- acesso ao sistema privado de e-mails
- assinatura personalizada em seu perfil
- designação do status de associado variando de "Membro Júnior" e "Membro" (30 posts) até "Membro Sênior" (100 posts), "Colaborador com Artigos Técnicos" ou "Mediador Global" (de fóruns e discussões).

Essas táticas, apoiadas por medições, foram fundamentais para o aumento do nível de consumo de conteúdo e para gerar conversas no site. A atividade trouxe valor marginal para os membros e anunciantes.

O F150online consegue gerar altos níveis de envolvimento para mais de 30% de seus membros, em comparação com aproximadamente 17% no Twitter.

Fonte: Entrevista com Steve Eppinger, presidente e CEO da Ownersite Technologies LLC e fundador do F150online.com, realizada em 2 de fevereiro de 2010. Publicado com permissão. Todos os direitos reservados.

O FUNIL DE ENVOLVIMENTO NA COMUNIDADE

A ideia de que os indivíduos em uma comunidade podem ser conduzidos a um maior nível de envolvimento é exemplificada em nosso estudo de caso com Steve Eppinger do F150online.com. À medida que Steve trabalhava para desenvolver a comunidade, ele observou que os indivíduos variam amplamente em seus níveis de envolvimento. A relevância e frequência em postar mensagens e o interesse em preencher os perfis eram áreas que ele via como precisando de apoio na comunidade. A tática que ele utilizou foi a de fornecer níveis de reconhecimento pelo tempo gasto no site, por preencher perfis ou por postar e responder para outras pessoas. Vários níveis foram recompensados à medida que as tarefas eram cumpridas e o F150online.com utilizou o e-mail para encaminhar lembretes gentis para que os novos membros completassem seus perfis, postassem uma foto de seu veículo ou enviassem seu primeiro post. As designações de "Membro Júnior" até tornar-se "Membro Sênior" ou "Mediador Global" ficaram cada vez mais importantes e impulsionaram os comportamentos dos membros da comunidade.

Em níveis específicos, à medida que os usuários demonstrassem dedicação ao assunto e disposição de se conectar e de ajudar outras pessoas, eram dados privilégios especiais de mediar um grupo ou um fórum de outros membros. Cada nível ou título na comunidade contribuía para incentivar o consumidor a avançar para níveis mais profundos de envolvimento no FEC (Figura 6.1).

O envolvimento com a marca ocorre fisicamente e virtualmente. Antes do advento da mídia social, os consumidores se envolviam fisicamente com a marca quando iam até a loja, pegavam o item na prateleira, examinavam-no, liam a etiqueta e colocavam na cesta de compras ou devolviam para a prateleira. Quando chegavam em casa ou voltavam para o carro, eles, ou os membros de suas famílias, o consumiam. Para a marca existente, as propagandas eram vistas na televisão, em revistas e outdoors, ou ouvidas no rádio. Cartazes com propaganda podiam ser vistos nas lojas. Antes de ver uma nova marca na prateleira, o consumidor podia ter visto mensagens ou ouvido a respeito dela. Até esse ponto as mensagens eram todas unidirecionais e o delineamento entre o recebimento da mensagem e o envolvimento com a marca era bastante claro.

A linha divisória começava a ficar um pouco mais confusa quando alguém lhe perguntava sobre a marca ou quando você perguntava a alguém sobre ela. Isso podia acontecer na sala de estar entre membros da família ou no bebedouro com colegas de trabalho. Se sua experiência com a marca foi muito ruim ou muito boa você podia até telefonar para a companhia ou escrever uma carta. Passava a ocorrer agora um diálogo sobre a marca. Porém, o nível de diálogo era pequeno e apenas com algumas marcas e produtos esse envolvimento com consumidores tinha qualquer impacto significativo sobre a marca. No caso de compras de elevado valor e que exigiam reflexão, os consumidores poderiam ter consultado a revista *Consumer Reports* ou outras fontes especializadas. Essas interações ainda eram unidirecionais. Não havia um nível significativo

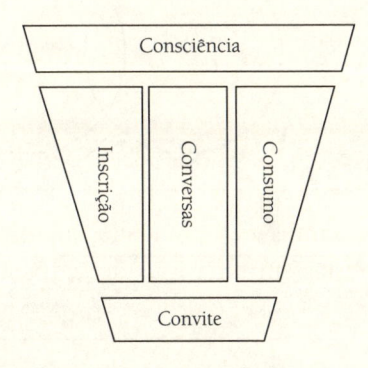

FIGURA 6.1 Funil de envolvimento na comunidade.

de diálogo entre consumidores. Apenas um mero punhado de produtos conseguia se tornar viral em qualquer escala. O bambolê foi um dos primeiros produtos a se tornar viral, principalmente através de observação e conversas nas escolas. Isso foi aumentado por intermédio de concursos transmitidos por estações de rádio para ver quem conseguia manobrar o bambolê por mais tempo. Uma das primeiras recordistas de tempo com o bambolê, de acordo com o site recordholders.org,[1] foi de dez horas e quarenta e sete minutos estabelecido por Mary Jane Freeze dos Estados Unidos em 19 de agosto de 1976.

No entanto, havia algumas marcas e categorias que conseguiam prosperar com base em sua capacidade de criar uma rede social em torno de suas marcas. O Palm Pilot foi um dos primeiros: inicialmente disseminados entre pilotos de companhias aéreas. Homens de negócios e passageiros frequentes viram esses dispositivos e constataram que o problema de processar informações e comunicações com um equipamento portátil acabara de ser resolvido. Eles conseguiam monitorar suas agendas, utilizar uma calculadora e sincronizar informações com seus PCs. Na verdade, esse método de marketing social foi tão bem-sucedido que a companhia pôde evitar o aumento de capital para financiar a mídia tradicional. Mesmo agora, algumas marcas tentam reforçar o valor das conversas por intermédio de sua propaganda tradicional. As pessoas se acostumaram com o fato de que quando você via uma caixa turquesa, já sabia que alguém estava prestes a receber um presente da Tiffany. A Helzberg Diamonds está utilizando uma abordagem semelhante de publicidade que imita as conversas que eles esperam ocorrer sobre a marca quando os consumidores vêem uma caixa de cor vinho.

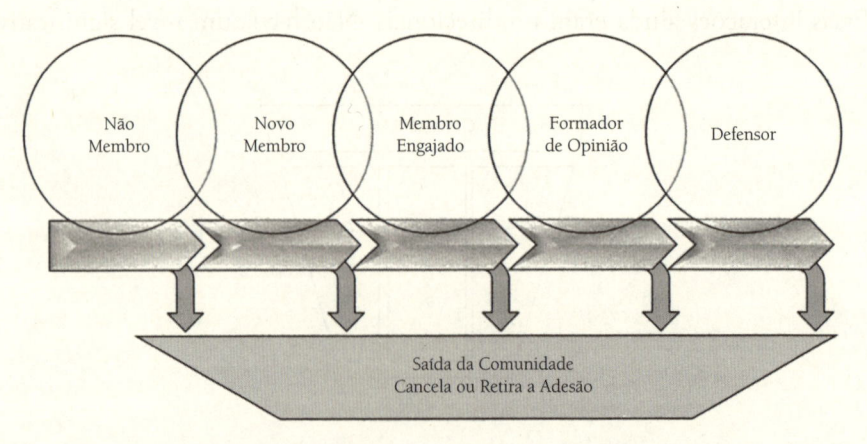

Segmentação dinâmica: caminhos dos membros

Até que a internet se espalhasse, as redes sociais eram fortemente limitadas em sua capacidade de gerar conversas sobre a marca. Isso mudou nos anos 2000 quando as comunidades sociais on-line passaram a ser uma tendência predominante. Agora os indivíduos falam o tempo todo sobre as marcas. Com toda essa conversa, surge um novo grau e um elevado volume de envolvimento que pode agora influenciar o sucesso de determinada marca. O FEC trata desses novos tipos de envolvimento virtual que os consumidores exibem e de como os profissionais de marketing podem então utilizar essas ferramentas em seus arsenais para afetar o nível de envolvimento a favor de suas marcas em uma comunidade.

O conceito FEC foi concebido para ajudar os profissionais de marketing a compreenderem como os consumidores colhem valor de uma comunidade, de forma cada vez maior, à medida que participam em uma comunidade social. Ao classificar as atividades específicas na comunidade em vários graus de valor, essas ações podem agora ser medidas e ligadas às avaliações de sucesso do profissional de marketing. Essas medições intermediárias descritas pelo FEC ajudam os profissionais de marketing a tomar decisões muito melhores sobre como promover a participação em suas comunidades e como conceber essas comunidades. O FEC se tornou um conceito fundamental para o ROI de mídia social delineando métricas intermediárias importantes que os profissionais de marketing podem utilizar para medir seu sucesso. Agora podem ser estabelecidos Indicadores-chave de Desempenho (KPI – Key Performance Indicator) e o progresso pode ser medido contra esses KPIs.

Definição do Funil de Envolvimento na Comunidade

Para poder transmitir melhor a eficácia do marketing em mídia social, nós precisamos dividir o impacto da mídia social em suas partes componentes. Os indivíduos que participam em atividades na mídia social se envolvem com a marca de várias maneiras quando estão em uma comunidade. Independentemente do tipo de comunidade, se o indivíduo não estiver consciente em relação à comunidade da marca, ele não conseguirá se envolver com a marca naquela comunidade. Uma vez que estejam cientes da comunidade, eles conseguem participar dela tornando-se membros associados, consumindo materiais (lendo, ouvindo e vendo), adicionando valor a esses materiais por intermédio de conversas (votando, comentando e encaminhando) e, finalmente, convidando outros para participarem da comunidade e defendendo a marca. Existem algumas diferenças entre comunidades públicas e privadas, mas geralmente esses cinco níveis descrevem o grau de envolvimento que um indivíduo pode alcançar com uma comunidade. Com isso em mente, podemos agora compreender o grau de envolvimento virtual que um indivíduo pode ter com a marca, seja através de uma comunidade vinculada (ou não) a determinada marca, seja se ela estiver de alguma outra maneira relacionada com a marca, seus concorrentes ou com a categoria.

Consciência

Embora os indivíduos possam se envolver em níveis diferentes com a comunidade, o FEC representa o valor relativo que a marca recebe através desse envolvimento. Na ponta superior do funil está a consciência externa em relação à comunidade. Se o indivíduo não estiver consciente em relação à comunidade, o envolvimento não pode ser iniciado. Em níveis mais baixos no funil (pegando, por exemplo, uma comunidade pública), o envolvimento pode se iniciar pelo consumo dos materiais dessa comunidade. O indivíduo pode ver o mural no Facebook ou assistir a um vídeo no YouTube. Um blog pode ser lido, mas para fazer comentários nele será preciso se inscrever apresentando um endereço de e-mail. Por outro lado, uma comunidade privada pode exigir que um indivíduo se inscreva antes de consumir e conversar. No fundo do funil está o convite e ele representa o maior valor para a comunidade. As três camadas intermediárias do funil diferem em importância dependendo da concepção da comunidade. O fato de os três estágios intermediários poderem ser vivenciados em sequências diferentes indica que:

- A participação na mídia social depende da concepção da comunidade.
- Para que uma estrutura de medições tenha sucesso, ela precisa ser suficientemente flexível para abranger as possíveis variações.

A campanha da Dove para a Beleza Real

A título de exemplo, a "Campanha para a Beleza Real" (CampaignForRealBeauty.com) da Dove (Unilever) teve bastante sucesso em gerar inicialmente a consciência e a participação. A companhia utilizou canais tradicionais (revistas, televisão, outdoors etc.) para gerar o conhecimento sobre o programa. Jovens adolescentes foram convidadas a participar no site CampaignForRealBeauty.com. Elas podiam baixar materiais, participar em oficinas on-line, responder um questionário on-line sobre autoestima e tornar-se membro.

Atualmente o site tem um link com a página no Facebook com mais de 72 mil fãs em dezembro de 2009. Isso facilita doações a um grupo de organizações sem fins lucrativos que fornecem programas de autoestima (chamado de "parceiros da autoestima"). Isso é feito fornecendo o código de barras de produtos adquiridos e encorajando os membros da comunidade a compartilharem suas histórias com os outros (adicionando a história ao "mural da beleza real"). O principal site para a marca e a campanha (dove.us) possui uma média mensal superior a meio milhão de visitantes únicos (ver compete.com).

Antes dos indivíduos poderem se envolver com a marca na comunidade social, eles precisam primeiro se tornar conscientes em relação à existência da comunidade, sobre o que ela fornece e sobre como ela pode apoiar os indivíduos de acordo com seus interesses e necessidades. A construção de uma conexão em mídia social com a marca leva tempo – os indivíduos precisam entender o que a comunidade fará com a conexão, uma vez que ela tenha sido realizada. O profissional de marketing lhes enviará spam com mensagens indesejadas ou cupons com códigos de descontos? Eles terão oportunidade de participar de eventos exclusivos ou receberão convites readaptados da mídia de massa?

A consciência em relação à comunidade pode vir de várias fontes. Geralmente, ela precisa ser apoiada por muitos mecanismos, tanto on-line quanto fora da internet. Ela pode vir através de uma mensagem ou convite de um amigo ou pode vir de um formador de opinião. Ela pode vir através da busca. Ela pode vir através da publicidade, on-line ou fora da internet, para que o indivíduo fique sabendo que a marca está sendo representada de alguma forma no ecossistema da mídia social. Pode ser um "chiclete" do Facebook ou Twitter no canto inferior de um anúncio impresso, ou em um comercial de televisão. Ao reconhecerem o logo no chiclete, os indivíduos podem fazer a conexão de que essa marca também possui uma conta no Facebook. Se o indivíduo ficar inclinado a participar, ele pode encontrar a página, ver a página e "gostar" da página, tornar-se um fã ou seguir um link para uma rede da marca e se juntar como membro.

A consciência em relação à marca não é medida apenas pelo número de visitantes únicos ao site. Entretanto, a medição do número mensal de visitantes únicos pode ser uma boa aproximação sobre aqueles indivíduos que estão conscientes e possuem o ímpeto de visitar o site para saber mais. Utilizando-se as ferramentas de medições disponíveis na Web pode ser relativamente fácil medir tanto a presença social da marca, quanto a presença em mídia social dos concorrentes. Utilizando nosso exemplo da Campanha para a Beleza Real, a tarefa da Unilever e da marca Dove seria converter seu meio milhão de visitantes únicos mensais em membros associados. Certamente o objetivo principal da Dove não é o de gerar associados e sim utilizar essa associação como trampolim para ampliar o envolvimento com a marca de forma que quando o membro adquira produtos dessa categoria, ele fique mais inclinado a comprar a marca Dove do que as marcas concorrentes.

Uma vez que o indivíduo se torne consciente em relação à presença on-line da marca, então o gestor pode começar a entender como a experiência na comunidade pode ser medida e administrada, além de gerar uma participação virtual adicional com a marca.

As próximas três dimensões do FEC possuem graus variados de valor dependendo do tipo de comunidade. Ler um blog exige somente a consciência em relação à marca, mas não a inscrição. Por outro lado, para conversar (ou seja, submeter um comentário), o indivíduo pode precisar se inscrever no blog fornecendo um endereço de e-mail ou algum outro método. Ou o indivíduo pode se inscrever no blog utilizando o leitor RSS.

Ou como no Facebook, o indivíduo precisa ser um membro da comunidade (inscrição na comunidade) e depois consumir o conteúdo da página de fãs (assumindo que ela seja pública). Nesse ponto, o usuário pode "se tornar um fã" e se inscrever diretamente na página. Dentro do Facebook, sem subscrever – isto é, tornar-se um fã – o conteúdo pode ser compartilhado, os comentários podem ser submetidos (conversas) e outras ações podem ser tomadas.

CHICLETES

Chicletes são pequenos logos da comunidade que podem ser encontrados em muitos sites e agora também na mídia de massa indicando a disponibilidade de uma página de fãs do Facebook ou de uma conta no Twitter.

Ícones por cortesia de Benjamin Reid/www.nouveller.com

CONSUMO

À medida que os visitantes entram nos sites de mídia social, eles buscam inicialmente consumir o conteúdo apresentado, independentemente de ele ser organizado e fornecido pelo profissional de marketing, ser gerado pelo usuário ou ser alguma mistura dos dois. O consumo desempenha uma parte muito grande no modelo de marketing social porque a maioria dos visitantes irá apenas consumir conteúdo. Nós esboçamos o modelo de envolvimento 90-9-1 como sendo que 90% dos visitantes de um site social consumirão conteúdo, 9% participarão algumas vezes e a maior parte do conteúdo gerado pelos usuários será produzido por 1% da comunidade.

Com o consumo desempenhando esse papel tão grande no FEC, cabe à organização do marketing produzir conteúdo que estimule conversas e conteúdo gerado por usuários. O conteúdo deve ser ajustado à audiência, mas a qualidade desse conteúdo continuará a dominar a discussão. A qualidade do conteúdo nem sempre implica em alto valor de produção, mas implica em conteúdo que adicione valor e que aprimore a experiência para o indivíduo. Portanto, a qualidade do conteúdo deve ser apresentada dentro do contexto da marca, da comunidade e da mídia sendo utilizada.

No impulso de consumir conteúdo quase continuamente, o indivíduo buscará muitas fontes. O primeiro valor que um visitante ou membro consegue receber de uma comunidade vem da simples leitura dos artigos (e comentários) ou por ver as fotos e vídeos (e comentários).

Os membros da comunidade podem avançar para o próximo nível de leitura selecionando e etiquetando (*tagging*) um artigo. A seleção pode ser feita por vários motivos, alguns de pequeno valor e outros de elevado valor. Por exemplo, ele pode ajudar o indivíduo a encontrar o artigo em uma data posterior para futura referência. Nesse ponto do funil de envolvimento, o leitor ainda tem que interagir formalmente com outros e ainda está recebendo apenas valor "unidirecional" do site.

Os profissionais de marketing podem utilizar esse comportamento consumista para potencialmente visar campanhas específicas de marketing para deslocar os consumidores de pequeno volume para consumidores de médio volume e depois, possivelmente, para consumidores que "conversam" e que "convidam". Os profissionais de marketing podem perguntar através de pesquisas que outros tipos de informação eles gostariam de ver na comunidade. Ou analisando o grupo de membros com baixo consumo, os profissionais de marketing poderiam tentar entender o que estaria faltando nas ofertas da comunidade para motivar os consumidores de baixo volume a se tornarem consumidores de volume médio.

A atividade de consumo de um membro pode então ser uma aproximação para o nível de envolvimento que um indivíduo tem com a marca. Para as comunidades que conseguem medir o nível de compras on-line ou de anúncios pagos, a correlação entre consumo (e participação) no site com compras ou com a taxa de cliques em anúncios pode facilmente ser determinada. Com essa correlação, o valor do marketing que pode gerar consumo marginal pode então ser diretamente determinado utilizando uma abordagem de medição da atribuição do último toque.

Para as marcas que são compradas fora da internet, os profissionais de marketing podem então pôr em campo uma pesquisa específica para determinar se o consumo e o envolvimento possuem correlação com o nível de lealdade à marca e com a compra. Dessa maneira, os profissionais de marketing conseguem determinar se um maior envolvimento na comunidade social gera mais compras fora da internet (nas lojas). Se os dois estiverem correlacionados, os profissionais de marketing podem então conceber estratégias e táticas criativas de mídia social para provocar mais consumo, sabendo que isso levará a mais compras fora da internet em algum ponto no futuro.

Em 2008, a Adobe® Systems Inc. lançou uma iniciativa de envolvimento em mídia social intitulada "Real or Fake?" ("Verdadeiro ou Falso?" – Figura 6.2).[2] Voltada aos estudantes universitários, ela rodou por um mês para promover toda a gama de produtos da Adobe Creative Suite®. Nesse mês, o jogo gerou 14 mil acionamentos com mais de 5 mil e 6 mil nas primeiras duas semanas, respectivamente. Durante esse tempo, a página do Facebook de Estudantes Adobe recebeu um adicional de 3 mil novos fãs e mais de 53 mil visualizações de páginas, em comparação a uma média de 5 mil visualizações por semana anteriormente à campanha. Na segunda semana, 4% dos jogadores compartilharam o game com amigos e 6% clicaram em *buy now* (comprar agora). Nesse caso, a agência e a equipe de marketing da Adobe conseguiram

FIGURA 6.2 "Verdadeiro ou falso?" da Adobe

aumentar significativamente o consumo na página do Facebook, o que também propiciou um elevado número de cliques para possível conversão. Eles conseguiram também entregar um bom número de convites para participar da emoção e diversão do jogo através do número de jogadores que compartilham o game.

Conversas

A mídia social gera conversas por natureza. Existe uma expectativa do indivíduo de que exista uma conversa que esteja aberta para eles com a empresa, a marca e outros membros da comunidade. É esse tipo de discussão que os indivíduos esperam ter com todas as marcas nos próximos anos.

Uma medição do maior envolvimento com a marca pode ser determinada pelo grau de conversas que o indivíduo participa. Se um indivíduo faz um comentário ou envia um novo post, isso é altamente indicativo de um maior envolvimento desse indivíduo. Outras medidas de envolvimento em conversas incluem Diggs, retweets, avaliações e classificações, e qualquer outro feedback fornecido pelo indivíduo para um conteúdo encontrado em uma comunidade social.

Os profissionais de marketing que entendiam as motivações necessárias para mover o indivíduo do "consumo" para a "conversa" conseguiam aumentar significativamente o valor de suas comunidades para seus membros e para suas marcas. Pelo fato de os indivíduos em uma comunidade buscarem bons conteúdos, independentemente de eles virem de outros indivíduos ou do profissional de marketing, o aumento da qualidade do conteúdo pode ajudar os participantes a rapidamente ganharem o máximo de valor da comunidade. Um cuidadoso perfil da base de usuários de sua comunidade pode ajudar o profissional de marketing a determinar quais participantes poderiam aprofundar seu envolvimento e, assim, propiciar valor para o restante da comunidade.

As conversas representam uma dimensão do funil em que o consumidor visivelmente e ativamente se envolve com outros. A conversa pode ser tão simples quanto enviar um post para outro membro, fazer um comentário em um arquivo de foto, áudio ou vídeo, submeter uma lista de favoritos no Digg (um site popular de favoritos compartilhados com outros usuários na internet), aplicar um *tag* (etiqueta) no Technorati ou lançar um novo tópico em um fórum de discussão. Isso representa uma evolução bastante significativa no envolvimento, independentemente de quando ocorra. Com tanta participação on-line em uma comunidade social sendo passiva – somente na forma de consumo – o advento de conversas é um sinal de que o profissional de marketing possa estar com o mix correto: o tópico é envolvente, a fonte do conteúdo tem credibilidade, o envolvimento é atraente e a tática para envolver estava dentro do escopo da capacidade e interesse do usuário.

Quando um membro se move para esse nível de envolvimento e começa a interagir e conversar, o leitor (e agora escritor) acredita que os outros receberão valor de sua ação. O ato de conversar indica que o leitor possui ainda mais confiança em sua participação na comunidade e que isso garante se expor dando uma opinião, e sinaliza terem permissão para estabelecer uma interação com outros. O membro não espera receber apenas valor através da apresentação de conteúdo, mas geralmente espera receber mais valor ou validação com o feedback de suas contribuições.

Existe uma correlação indireta entre o nível de conversa e o nível de consumo. Quanto melhor forem as conversas, mais valor será extraído pelo restante dos membros de sua participação e consumo dos materiais do site. Em alguns casos, especialmente no início da vida de uma comunidade, a marca precisa inserir ou alimentar valor para que a comunidade prospere. Quando a comunidade começa a prosperar, os profissionais de marketing podem reduzir seu nível de envolvimento e deixar que aqueles que conversam forneçam valor para a comunidade.

A correlação entre conversa e consumo pode também não ser linear. No início da vida de uma comunidade pode haver bastante conversa, mas poucos membros e comparativamente um pequeno consumo. Quando aumenta o número de mensagens e conversas, o consumo pode decolar. Essa aceleração do consumo pode vir pelo fato de se ter alcançado uma massa crítica no número de membros, nos materiais submetidos, na consciência em relação ao site e, finalmente, em sua capacidade de se tornar viral.

Em uma comunidade ou campanha de mídia social de sucesso, e conforme ilustrado na regra 90-9-1 (ver box no Capítulo 2), o nível de atividade de conversas e de convites normalmente deriva somente de uma pequena proporção do número total de membros. A A1 Steak Sauce, por exemplo, lançou um concurso de vídeo no YouTube, "Sing for Your Beef" ("Cante para Seu Bife"), em que os concorrentes teriam que postar vídeos e o vencedor teria direito a um prêmio em dinheiro. No concurso da A1 Steak Sauce no YouTube (www.youtube.com/A1, novembro de 2009), houve mais de 500 mil visualizações dos vídeos apresentados, mas somente mil vídeos inscritos.

Para atingir os objetivos de uma campanha com concurso, por exemplo, os profissionais de marketing precisam se certificar de que seja alcançada uma massa crítica para o número de inscrições, assim como gerar consciência em relação à campanha para propiciar maior número de visualizações quando os vídeos forem apresentados. Para aumentar as chances de sucesso da campanha de mídia social, é fundamental conseguir o máximo possível de participantes no concurso. No caso da A1 Steak Sauce, os profissionais precisaram fazer o marketing com dois objetivos distintos em mente: um de gerar mais participantes no concurso e outro de gerar a consciência em relação ao concurso e as visualizações dos vídeos.

Uma análise feita com base em concursos no YouTube (executada durante junho de 2009), determinou que havia uma correlação positiva entre o número de vídeos participantes e o número de visualizações. Havia também um coeficiente significativamente maior à medida que o número de vídeos participantes crescia de zero para aproximadamente 750. Porém, quanto mais vídeos participassem, ocorria uma típica diminuição na curva de retorno (Figura 6.3).

Com o Concurso do A1 nesse nível de visualizações (= consumo), e assumindo um alto nível de envolvimento com cada um dos que visualizaram, essa campanha pode agora ser comparada com o valor de uma campanha tradicional de televisão. A forma como isso pode ser feito é discutida no Capítulo 5.

As conversas também são fundamentais para impulsionar os resultados nos dispositivos de busca. À medida que cresce o conteúdo de uma comunidade social, e continua a mudar, os robôs do dispositivo de busca indexarão o site da comunidade e fornecerão classificações cada vez maiores. Essas classificações impulsionarão a consciência através dos resultados do dispositivo de busca com melhor ranking. O monitoramento do ranking do dispositivo de busca, utilizando termos-chave relacionados com a comunidade, fornecerá uma medição da qualidade da conversa. Ao designar apropriadamente a comunidade, os profissionais de marketing conseguem também influenciar os

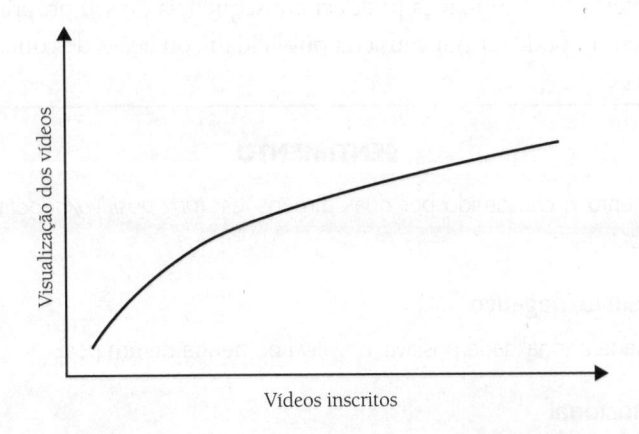

FIGURA 6.3 Retornos decrescentes na relação entre vídeos inscritos e número de visualizações

resultados desejados em seu favor. Por exemplo, se a huggiesbabynetwork.com determinou que consegue fazer melhor atraindo pessoas que buscam termos relacionados com a "gravidez" em comparação com "gestação", os títulos e as discussões (que são indexados pelos robôs dos dispositivos de busca) deveriam ser apresentados com o termo "gravidez", em contraposição a "gestação". Os profissionais de marketing deveriam então submeter conteúdo para discussão utilizando de preferência o termo "gravidez".

Uma segunda dimensão das conversas inclui o sentimento. Ele possui duas dimensões: tom positivo/negativo e tom emocional.

Tom Positivo/Negativo. O tom representa se o post é positivo, negativo ou neutro em relação à marca. O monitoramento dessa tendência pode ser bastante útil na determinação se algo pode estar se formando na blogosfera sobre a marca. Uma onda de posts negativos pode indicar níveis ruins de serviços, bugs no software ou outras anomalias operacionais. Ao monitorar o tom, as crises podem ser evitadas, ou pelo menos reduzidas, com base no tipo e velocidade da resposta. Como veremos, a 1-800-FLOWERS.COM melhorou com sucesso o tom em torno do feriado do Dia das Mães. A Comcast também conseguiu utilizar esse método para responder rapidamente a indivíduos que postam comentários negativos sobre os serviços.

O tom líquido é a tonalidade média de todos os posts ao longo de determinado período de tempo. O tom líquido também pode fornecer uma indicação de como uma mensagem de marketing está sendo recebida pelos consumidores. Se o tom começa a apresentar uma tendência para cima ou para baixo, o profissional de marketing pode começar a correlacionar a tendência com as mensagens sendo inseridas no mercado. A mudança pode ser consequência do seu próprio marketing ou operações, ou pode ser por causa da publicidade ou ações de concorrentes.

SENTIMENTO

O sentimento é constituído por duas dimensões: *tom positivo/negativo* e *tom emocional*.

Tom positivo/negativo
O tom mede a tonalidade positiva, negativa ou neutra de um post.

Tom emocional
O sentimento mede as emoções por trás das mensagens.

Tom Emocional. O tom emocional, por outro lado, mede os componentes emocionais contidos em um post. Ferramentas de medida, como a SM2 da Alterian, avaliam o tom emocional ao longo de algumas dimensões emocionais. São elas:[3]

Raiva	Tristeza	Social
Família	Amigo	Ansiedade
Vida	Corpo	Sexual
Ingerir alimentos	Realização	Lar
Dinheiro	Religiosa	Morte
Relacionadas com lazer		

A medição do tom pode então ajudar o profissional de marketing a determinar se as mensagens de marketing inseridas no mercado estão sendo interpretadas da forma desejada para melhorar a imagem da marca. Ao monitorar e rastrear as imagens da marca contra as imagens dos concorrentes, os profissionais de marketing conseguem então possivelmente ajustar a mensagem para se certificar que a imagem emocional desejada esteja sendo gerada entre os seus seguidores na mídia social.

Tanto o sentimento quanto o tom podem ser medidos, com sucesso ambíguo, ao se utilizar um processo automatizado. Muitas das ferramentas automatizadas somente são capazes de medir o sentimento com precisão durante 30% a 50% do tempo. Intervindo manualmente (com custos significativamente maiores), isso pode ser facilmente aumentado para cerca de 90%. Quando passarmos a desfrutar da Web 3.0, a medição automatizada do sentimento poderá ficar ainda melhor.

Um terceiro componente importante da mídia social e das conversas no FEC é a defesa da marca.

Defesa. A defesa é quando um indivíduo fala sobre a marca por estar tão satisfeito com sua experiência que se dispõe a contar aos outros sobre ela. Eles defenderão para seus amigos, conhecidos e contatos que a marca deve ser comprada. Os profissionais de marketing podem influenciar isso pedindo por referências (principalmente em B2B) e testemunhos que possam ser citados para amplificar o valor dessas mensagens de defesa.

A defesa também ocorre quando a mensagem é reencaminhada. A conversa é percebida como tendo tanto valor que o indivíduo adiciona valor a ela e encaminha para seus seguidores. O defensor pode adicionar um prefácio à mensagem ou pode apenas encaminhá-la sem um prefácio, adicionando o peso de sua reputação ao texto transmitido.

Por outro lado, se os consumidores têm uma experiência negativa, ou se a mensagem transmite expectativas que não poderão ser alcançadas pela experiência com a marca, então é possível que o marketing esteja transmitindo uma defesa negativa. Na internet, e agora na mídia social, é muito fácil que os clientes insatisfeitos expressem suas opiniões para amigos, conhecidos e o mundo em geral. Uma das preocupações primordiais da marca é que a lembrança na Web (ver a seguir) faça essas mensagens existirem e aparecerem nos resultados dos dispositivos de busca por um tempo bastante longo.

Inscrição

A inscrição é a permissão unidirecional por opção de um indivíduo ao indicar sua concordância em formalmente participar da comunidade. A inscrição e a associação podem ser grátis ou pagas pelo indivíduo. Dependendo do site, os indivíduos podem se juntar antes de avaliarem o conteúdo ou podem visitar o site e consumir o conteúdo, mas nunca se tornar um membro. Eles podem ser convidados a participar em um teste grátis de associação permitindo que o indivíduo tenha acesso parcial ou total ao conteúdo durante o período de teste.

Como já discutimos anteriormente, a senha única (*single sign-on*) é uma tendência crescente que torna muito fácil se inscrever em várias comunidades sem ter que entrar com muitas informações redundantes sobre o perfil.

Ao se inscrever em comunidades sociais (usadas aqui incluindo comunidades, blogs, fóruns de discussão e classificações/avaliações) eles podem preencher seus perfis. As inscrições possuem então três ou mais dimensões para um profissional de marketing medir seu sucesso de recrutamento:
- nível de associação
- preenchimento do perfil
- nível de visibilidade

Nível de associação

Nas comunidades sociais existem alguns tipos de associações:
- gratuita, sem obrigação de fornecer informações pessoais, além de, talvez, um endereço de e-mail.
- gratuita com opção de participação, em que o membro precisa entrar com algumas informações pessoais.
- serviços básicos gratuitos, em que a oferta inicial é grátis, como parte de um teste, e em seguida pago.
- somente pagos, em que o membro precisa começar pagando imediatamente.

Geralmente, os consumidores vão passando de um nível para o seguinte, à medida que colhem valor na comunidade e desejam participar em um nível maior.

Os profissionais gestores das marcas podem utilizar essa profundidade na associação como medida para determinar o sucesso de seu marketing. Tanto o marketing de mídia social quanto o tradicional pode gerar uma maior associação na comunidade. As comunidades que oferecem conteúdo exclusivo (por exemplo, Forrester para Consultoria em www.forrester.com, IToolbox.com para informações técnicas, o Official NASCAR Membership Club para a NASCAR no onmc.com), ou ofertas com valor adicionado (como acesso especial a produtos ou cupons) podem até cobrar pela associação.

Dependendo do tipo de comunidade, o número de membros e seu crescimento ou redução são medições relevantes para entender como as atividades de consciência em relação à marca estão gerando conversões (ou abandono). Com um monitoramento contínuo, os profissionais de marketing conseguem rastrear para ver se suas atividades de marketing para associação estão tendo sucesso. Os profissionais podem utilizar os grupos demográficos do perfil combinados com taxas de conversão ou abandono de associados para determinar se as atividades de marketing estão atraindo os grupos desejados.

Preenchimento do perfil

O perfil completo é uma medida relevante para ser avaliada pelos profissionais de marketing porque simboliza a confiança e valor que um membro recebe de sua inscrição na comunidade e o tamanho da confiança que eles depositam na marca da comunidade.

Para muitas comunidades sociais, os perfis podem ser criados durante o registro e podem ser completados ao longo do prazo de filiação. À medida que os membros aprendem a confiar mais no site e ganham mais valor, eles ficam mais inclinados a completar seus perfis.

Algumas vezes só é preciso algum encorajamento, como o termômetro do "grau de preenchimento" para fazer os membros completarem seus perfis. O LinkedIn e o Plaxo possuem medidas do grau de preenchimento para apoiar suas comunidades. Em outros casos, os profissionais de marketing podem fornecer incentivos para que sejam acrescidas informações aos perfis. Eles podem ser constituídos de pontos, nível de status ou incentivos monetários (como, por exemplo, cupons). Por último, os membros podem receber valor da comunidade através de um perfil totalmente preenchido para poder ser mais facilmente encontrado ou contatado pelos outros membros.

Dependendo das informações fornecidas para a comunidade através do perfil de membro, os profissionais de marketing podem utilizar essa informação para seletivamente segmentar ofertas específicas, construir modelos por semelhança para impulsionar a associação ou analisar o comportamento para minimizar a rotatividade, desenvolver retenção e gerar participação, cumprindo, dessa forma, sua promessa para os membros. Os profissionais podem então utilizar a completude do perfil como um grande indicador de desempenho para determina a eficácia de seu marketing nesse nível do FEC.

NÍVEL DE VISIBILIDADE DO PERFIL
Muitas vezes as comunidades permitem a limitação da divulgação de informações do perfil para outros membros da comunidade. Os níveis típicos incluem: totalmente público, parcialmente público e totalmente privativo. Em alguns países e em alguns grupos demográficos, certos níveis de privacidade são obrigatórios. Crianças abaixo de certas idades podem não tornar seus perfis públicos. Em algumas partes do mundo, a liderança religiosa do país impõe ainda outro conjunto de restrições que os profissionais de marketing on-line precisam respeitar e considerar em sua presença na mídia social. Todas essas situações podem afetar o nível de visibilidade permitida para um indivíduo ou seu perfil on-line.

O nível de visibilidade do perfil indica a confiança que o indivíduo possui com outros membros da comunidade e com a marca da comunidade. Ele também é indicativo do quão plenamente o indivíduo conseguirá participar da comunidade para colher os benefícios pelos quais ele se inscreveu.

O LinkedIn é um exemplo de construção em todos esses três níveis de inscrição. A associação gratuita permite acesso a quase todos os recursos dentro da comunidade. Os associados podem se juntar aos grupos, enviar mensagens para contatos e construir suas próprias comunidades. Entretanto, para tirar proveito do envio de um número maior de e-mails a prospects ou para se juntar a um número maior de grupos, os membros do LinkedIn são convidados a elevar seu nível para Business, Business Pro ou Pro, com preços variando de $25 a $500 mensais.[4]

Os membros também são lembrados da "completude" de seu perfil toda vez que visitam o site. O perfil do LinkedIn inclui:
- emprego atual
- emprego passado
- escolaridade
- recomendações
- conexões
- sites
- nome de usuário no Twitter

O Linkedin também libera a designação do grau de publicidade para seus perfis. Eles podem ser totalmente públicos, parcialmente públicos ou privativos.

O Facebook, por outro lado, permite que as marcas estabeleçam fãs dentro da comunidade maior do Facebook. As "páginas de fãs" vinculadas às marcas são públicas, indexadas pelos dispositivos de busca e podem utilizar modelos existentes. As páginas podem incluir vídeos, fotos e discussões, ou a marca pode criar e utilizar páginas customizadas para aprimorar a experiência do visitante na página de fãs. Para construir a consciência em relação à marca entre os membros do Facebook, essas marcas geralmente utilizam anúncios na rede interna, promoções como sorteios ou concursos, ou podem tentar construir a consciência somente através do gráfico social de seus membros.

No caso da marca Dove, a página de fãs no Facebook é uma extensão da "Campanha para a Beleza Real". Ela inclui vídeos da marca, assim como membros que postam seus próprios vídeos, fotos, discussões e outras atividades. Pelo fato dessa comunidade ser um subconjunto da comunidade maior do Facebook, a página no site vinculada à marca possui acesso limitado a certas informações.[5] As informações demográficas estão disponíveis e podem ser utilizadas pelos profissionais de marketing que visam segmentos semelhantes àqueles que são mais ativos e com maior probabilidade de obter valor do site. Neste momento com o Facebook, os profissionais de marketing possuem pouco controle sobre as informações de perfil recolhidas que podem vir a beneficiar uma comunidade vinculada à marca como a Huggiesbabynetwork.com.

Por outro lado, no caso raro de um membro reduzir a quantidade de informações em seu perfil, ou seu nível de visibilidade, o profissional de marketing deve imediatamente investigar o que provocou esse evento. A redução da completude do perfil pode ser um desencadeador para mensagens negativas dentro ou fora da comunidade. Pode ser também um indicador de futura rotatividade de membros. O monitoramento da completude dos perfis pode ajudar o profissional de marketing fornecendo os primeiros sinais de alerta sobre um possível desencanto com a comunidade.

VALOR DO TEMPO DE VIDA DA ASSOCIAÇÃO

Quando os consumidores se tornam membros em uma página de fãs no Facebook, isso gera valor para a marca de duas maneiras. No curto prazo é uma medida direta do sucesso do programa de marketing para gerar inscrições. Então, a atividade que ocorre após a adesão é resultado dessa ação de marketing. Existe um componente no longo prazo para esse valor, pois uma vez que um indivíduo se junte a uma comunidade, a probabilidade de ele cancelar a inscrição é relativamente pequena. Assim, todas as ações futuras de marketing podem se aproveitar das associações obtidas como parte das primeiras atividades de marketing. Com bom conteúdo criativo, o profissional de marketing pode manter ações com esses membros, para continuamente colher valor deles, ao longo da vida de sua associação.

Convite

O espaço da mídia social é parcialmente definido pela reputação dos indivíduos que participam no ecossistema. A reputação do indivíduo, vista pelos seus colegas dentro da comunidade social on-line, é o elemento de troca dentro da comunidade. Essa reputação é que pega o indivíduo e o empurra para o status de formador de opinião ou o relega às fileiras de usuário on-line, conhecido somente por sua comunidade em contato direto com ele. A reputação é extraída da percepção da comunidade em função dos tweets, posts, comentários ou contribuições acumuladas pelo indivíduo nas várias plataformas sociais que frequentam. Ela é desenvolvida ao longo do tempo e construída à medida que os outros consomem seu conteúdo, compartilhando-o dentro de suas comunidades.

Por exemplo, um comportamento que no longo prazo não aumenta a reputação é o fato de constantemente encaminhar tweets e posts de conteúdo desenvolvido e enviado por outros. Esse tipo de usuário não gera nenhum conteúdo novo, mas tenta construir sua reputação ao encaminhar o conteúdo desenvolvido e postado por outra pessoa. Esse comportamento será observado pelos outros e, embora possa produzir resultados em curto prazo, não produzirá um resultado que permita ao indivíduo encaminhar um convite a outras pessoas que venha a ser notado ou reconhecido.

O nível mais alto de envolvimento com um site ocorre quando um membro convida outros a participarem da comunidade tornando-se, assim, um defensor da marca (não remunerado). Junto com o convite pessoal para se tornar parte da comunidade, vem um nível de endosso e confiança para a comunidade e para a mensagem por trás dela. Esses membros confiam o suficiente na comunidade para lhe emprestar sua reputação, convidando pessoas que não são membros a se envolverem nas conversas e a se juntarem às atividades da comunidade.

Para comunidades vinculadas à marca, o indivíduo demonstra que se identificou firmemente com a marca, utiliza seus produtos e convida outros a fazerem o mesmo. Embora as regras recentes da FCC exijam que os blogueiros divulguem quaisquer posts pagos ou remunerações em espécie, os defensores

> **DEFENSORES *VERSUS* FORMADORES DE OPINIÃO**
>
> Embora esses dois termos possam ser usados como sinônimos, eles claramente possuem significados distintos. O defensor é alguém que ativamente promove uma causa ou marca específica. Eles podem não ter sucesso nisso e, portanto, podem não ser formadores de opinião.
> Os formadores de opinião, por sua vez, obtêm sucesso ao persuadir outras pessoas. Eles podem ser ou não defensores de determinada marca e, em alguns casos, podem na verdade influenciar outros a não se envolverem com a marca. No mundo ideal, os profissionais de marketing precisariam encontrar formadores de opinião que também sejam defensores.

convidarão seus amigos para se juntarem a uma comunidade porque eles se identificam com a promessa da marca: ela representou apelo suficiente para atraí-los e fazê-los emprestar suas reputações.

Os formadores de opinião são definidos como agindo nos seguintes níveis dentro do FEC: convite e conversas. Os formadores de opinião podem ser identificados como indivíduos em uma comunidade com elevado grau de conversa. Quando um profissional de marketing consegue identificar formadores de opinião que também fazem recomendações sobre a marca, esses passam a ser defensores.

Um programa de defensores (ou um programa de advogado ou herói) é constituído por pessoas que convidarão seus amigos a participarem da presença de sua marca na mídia social, que postarão fotos por si próprios, que fornecerão apoio entre colegas ao produto ou que criarão vídeos enaltecendo seu produto ou serviço. Se os convites não forem feitos em excesso, eles obterão confiança suficiente de seus colegas de forma que o convite não seja ignorado: eles podem não serem aceitos, mas não serão ignorados.

Em muitas comunidades vinculadas às marcas, o número de convites pode ser diretamente medido. No Facebook, e outras comunidades públicas de tendência majoritária, as métricas relativas ao número de convites não estão diretamente disponíveis; entretanto, quando existe essa medição em uma comunidade privativa, os profissionais de marketing conseguem determinar quais os perfis de membros que possuem elevada propensão a convidar amigos e desenvolver planos de marketing visando incentivá-los a fazê-lo. Modelos semelhantes podem ser utilizados para analisar o comportamento dos membros com o objetivo de encontrar outros com perfil similar e depois trabalhar com eles para possivelmente ampliar esse valioso resultado.

À medida que os profissionais de marketing entendem como suas ações estimulam a atividade do consumidor em cada um dos níveis dentro do FEC – percebendo as interdependências entre os diferentes níveis – eles conseguem determinar se as ações em um nível realizam os objetivos gerais da comunidade em contraposição às ações em outro nível dentro do funil. Como vimos no caso da regra 90-9-1, o número de convites em muitas comunidades é, em geral, relativamente pequeno. Por causa disso, o marketing pode não ser tão eficaz para gerar mais convites como é no caso de gerar mais consciência em relação à marca e inscrições, ou em gerar mais consumo e conversas. Com as métricas corretas, o sucesso relativo das ações de marketing ao longo de cada nível do FEC pode ser determinado para garantir que as táticas de marketing relacionadas com o crescimento da comunidade estejam alocadas apropriadamente e que o crescimento correto, no nível correto, esteja gerando o máximo de receitas, lucros, valor de marca e participação de mercado.

Em 2008, o Travel Channel lançou o game Kidnap!, no qual os usuários podiam sequestrar virtualmente seus amigos. As vítimas do sequestro eram mantidas em um esconderijo até que conseguissem responder perguntas sobre sua localização. Pistas eram oferecidas em uma planilha de códigos e truques com link no TravelChannel.com e aplicativos do Facebook. O aplicativo conseguiu angariar convites através do recurso sequestro, gerando rapidamente um elevado volume de tráfego. "Durante as primeiras seis semanas, o game registrou 225.521 usuários ativos mensais e 23.034 usuários ativos diários, com 1.711.300 requisições de sequestro."[6] O tráfego para o site TravelChannel.com também cresceu significativamente, aumentando mais de 28% durante o mesmo período de tempo em comparação com as seis semanas anteriores ao lançamento do jogo. Nesse caso, a Travel Channel conseguiu aumentar significativamente o tráfego na Web e a exposição através de um simples game concebido para aumentar os convites através de um aplicativo no Facebook.

Eis um exemplo de como uma companhia de software desenvolveu com elevado sucesso uma comunidade vinculada à marca, disponível a todos os usuários de sua empresa. Qualquer um com acesso à internet poderia participar da comunidade. Não havia exigências para a associação, sendo permitido o acesso a todos os conteúdos do site. O componente-chave dessa valiosa comunidade era o fornecimento de artigos relacionados com aplicativos e exemplos apresentados por especialistas da área, em uma ampla gama de setores. Os especialistas na área eram convidados (e pagos) a desenvolver trechos customizados ilustrando como o software da marca poderia ajudar os usuários da empresa a aplicá-lo em problemas específicos que poderiam ter. Centenas desses trechos foram apresentados e disponibilizados para *download*. Os visitantes podiam ir a todos os lugares dentro do site, fazer *download* dos trechos, comentá-los e/ou votar neles.

Pouco mais de um milhão de visitantes únicos entraram no site todo mês, com a maior proporção deles sendo de visitantes retornando. Assim, a consciência total em relação à marca poderia ser medida utilizando-se como aproximação o número total de visitantes únicos mensais. Os membros foram definidos como o número de visitantes em retorno ao site. Embora nesse caso não houvesse exigências para filiação, as ações de marketing que geraram um número maior ou menor de visitantes ao site foram um bom indicativo do tipo de visitantes proporcionados pelo marketing.

Para medir o consumo foram utilizadas duas métricas: tempo no site e contagem de *download* por mês. Isso foi ainda mais subdividido pelos segmentos verticais de cada setor econômico. As ações de marketing dirigidas para cada vertical eram medidas para determinar se essas ações geraram um correspondente aumento nos níveis de *download* nesse segmento.

Para medir as conversas, os níveis de comentários e votos eram contados por vertical. Uma aproximação para o número de convites foi medida pela função "encaminhar para um amigo", embora claramente esse não fosse um indicador preciso do nível de convites feitos.

Para validar a estrutura do funil, foi conduzida uma pesquisa com as pessoas saindo do site perguntando aos visitantes sobre seu nível de intenção de compra do software e a intenção de recomendá-lo para a equipe de TI, disponibilizando-o para a empresa. Com base nessa pesquisa foram medidos os valores relativos de cada uma das ações concernentes ao funil. A ação de menor valor foi o tempo no site, conforme determinado pelo nível de intenção de compra desses visitantes. As atividades de alto valor foram os *downloads*, e as de maior valor foram os visitantes que apresentaram comentários e votos.[7] Foi feito um estudo analítico para correlacionar a declarada intenção de compra e a intenção de recomendar para compra efetiva. Constatou-se que o método – classificar as atividades como de baixo, médio e alto valor – conseguia fazer previsões pela sua capacidade de modelar com precisão as compras do passado e prever respostas quanto às futuras atividades de marketing. Isso permitiu o cálculo dos fatores[8] do ROMI para cada uma das atividades de marketing e avaliar o que funcionou melhor ao menor custo para diretamente gerar atividades na Web e, assim, gerar indiretamente intenção de compra e, finalmente, compra e atualização do software.

Conclusão

O FEC mostrou sua utilidade em muitos outros casos, assim como por muitos setores de atividade econômica, ilustrando o nível de valor que a marca recebe com base no nível de envolvimento na comunidade. Dependendo da estrutura de sua comunidade, o funil de envolvimento pode variar. Como no exemplo do software, cada uma das atividades de alto valor pôde ser ligada ao sucesso do marketing em impulsionar valor para a comunidade e para a marca.

No passado, os sites incorporaram com frequência certos recursos para capturar métricas temporárias que pudessem ser utilizadas como aproximação das conversas. Isso foi especificamente importante para as marcas que só podiam realizar vendas fora da internet. Alguns desses recursos incluíam localizadores de lojas, páginas de subscrição de boletins informativos eletrônicos ou cupons eletrônicos. De forma semelhante, os profissionais de marketing de comunidades sociais precisam agora desenvolver sua funcionalidade dentro das comunidades para conseguirem fazer medições concretas com a finalidade de avaliar e gerenciar o sucesso de seu marketing por todos os níveis do funil de envolvimento. No estudo de caso foram medidos os *downloads* e os votos para diferenciar as atividades de baixo, médio e alto valor. No momento em que o profissional de marketing começa a medir, ele consegue determinar o que gera mais ou menos valor para sua comunidade e suas marcas, e tomar as medidas adequadas para escolher a combinação certa de atividades que impulsionem o valor global.

O FEC fornece um conjunto de métricas provisórias que podem ser facilmente ligadas ao sucesso do marketing. Agora que possuímos os principais resultados a serem medidos, podemos começar a trabalhar em como conectar essas medidas provisórias com maiores receitas, lucros, valor de marca e participação no mercado.

Os indivíduos podem ser consumidores ou formadores de opinião, consumidores e formadores de opinião, ou nenhum deles. O FEC fornece uma estrutura para conceber um padrão de interações gerenciáveis que se repetem e que possam gerar a consciência da marca, impulsionar a atividade na comunidade e encorajar os membros a convidarem outros para participar da experiência. Os profissionais de marketing podem utilizar essa concepção para desenvolver e medir programas que propiciem o mais alto valor para a marca e a comunidade.

Notas

1. http://www.recordholders.org/en/list/hulahoop.html, fevereiro de 2010.
2. Facebook Success Stories: How 21 Companies are using the social network to connect with customers. MarketingProfs LLC. 2009. http://www.marketwire.com/press-release/Traction-Corporation-925678.html, dezembro de 2009. O game ainda pode ser encontrado no endereço http://www.adobe.com/education/students/GroundswellAwards2009/. Veja se você consegue superar a taxa de 50% de sucesso dos autores.
3. http://blog.techrigy.com/sentiment-and-tone, dezembro de 2009.
4. Estrutura de preços de novembro de 2009.
5. Isso pode mudar à medida que o Facebook modificar suas políticas de privacidade.
6. Isso veio do documento MarketingProfs citado anteriormente.
7. O número de convites mensuráveis encaminhados pelos que responderam à pesquisa foi muito pequeno para que se possa fazer qualquer recomendação conclusiva.
8. Ver o Capítulo 8 para mais detalhes sobre fatores e modelos para o ROMI.

7

A área de concorrência – disputando a atenção

A dimensão da área de concorrência dentro do QEM representa os elementos concorrentes contra os quais o profissional de marketing precisa trabalhar para obter a consciência em relação à marca, o tempo e a atenção dos vários personagens. Cada personagem possui uma área de concorrência diferente, logo, o profissional de marketing precisa ter estratégia e medições claramente delineadas para eles.

PARTICIPAÇÃO NO ENDOSSO COMO ÁREA DE CONCORRÊNCIA PARA OS FORMADORES DE OPINIÃO

O importante para o sucesso de uma estratégia junto aos formadores de opinião é o grau de endosso – a participação no endosso – que o profissional de marketing possui com um específico formador de opinião ou com um conjunto de formadores de opinião. Embora o principal objetivo de uma campanha de marketing social seja impulsionar o envolvimento na comunidade pelo público-alvo, uma valiosa medição temporária de sucesso para os profissionais de marketing é rastrear a participação possuída no endosso de cada formador de opinião ou segmento de formadores de opinião. Pelo fato da frequência de posts, tamanho da audiência e qualidade dos posts do formador de opinião estarem fora do controle direto do profissional de marketing, uma medida fundamental de alto nível para avaliar o sucesso pode ser definida como a participação alcançada por esse profissional no total dos posts.

O endosso dos formadores de opinião é definido como o apoio público da marca que o formador de opinião exibe ao escrever sobre a marca endossada. Pelo fato de os formadores de opinião poderem também postar sobre muitos outros assuntos relacionados, os profissionais de marketing precisam medir seu relacionamento com os formadores de opinião com base em sua participação no endosso deles. As medições de endosso para os formadores de opinião podem ser subdivididas em participação nos posts em cada nível da hierarquia das conversas. Indicadores-chave de Desempenho (KPI – Key Performance Indicators) podem ser estabelecidos para atingir determinada participação nos posts em cada nível e de cada formador de opinião ou segmento de formadores de opinião.

Uma medição relacionada com isso poderia também incluir a percentagem de penetração – o número de formadores de opinião que escreveram sobre a marca – dentre os formadores de opinião que pertencem a certo segmento-alvo de formadores de opinião.

As Mommy Bloggers, por exemplo, representam um segmento-alvo ideal por causa de sua influência na categoria fralda de bebê. Pelo fato das Mommy Bloggers serem geralmente formadoras de opinião ativas em muitas categorias de consumidores, os profissionais de marketing de fraldas concorrem com profissionais de muitas outras categorias. Eles precisam oferecer um elevado valor para as Mommy Bloggers para que elas tratem no blog sobre a categoria fralda em vez de outras categorias de consumo.

Embora a Pampers concorra contra a Huggies pelo tempo em nível do personagem consumidor, quando se trata do personagem indivíduo, a Pampers acabará concorrendo com o canal TheFoodNetwork, com a Walmart (ver ElevenMoms, na página 107) ou qualquer um que sinta que a audiência dos formadores de opinião representa um segmento substancial de seu mercado. Por causa disso, uma Mommy Blogger só conseguirá endossar um conjunto limitado de marcas que disputem por sua atenção.

MOMMY BLOGGERS

Mommy Bloggers refere-se aos blogs produzidos por mães (e pais) que representam tópicos comuns na vida familiar. Os sites são tão populares entre outros pais que marcas como a Johnson & Johnson e Graco chegam a fazer propaganda neles.

MARCA COMO ÁREA DE CONCORRÊNCIA PARA CONSUMIDORES

Os profissionais de marketing precisam competir contra concorrentes diferentes em termos do personagem consumidor do QEM. Quando os consumidores tomam uma decisão de compra, eles o fazem com base na utilidade líquida percebida de cada uma das marcas e produtos oferecidos no canal de distribuição no momento da aquisição. A utilidade líquida é constituída pela soma de quatro dimensões principais:

1. a intenção de compra acumulada no funil de compra do consumidor.
2. o valor da marca, com base em uma função do valor dos atributos da marca multiplicado[1] pelas preferências de marca que um segmento de consumidores possui para aqueles atributos ao longo da categoria.
3. a utilidade[2] de mercado da oferta estipulada no ponto de contato.
4. o preço como inversamente proporcional à utilidade – com a exceção dos bens de luxo, quanto maior o preço líquido pago, menor a utilidade.

A marca pode propiciar uma utilidade maior, mas pode também ser vendida a um preço maior. Outra marca pode também fornecer uma elevada utilidade, mas seu preço ser menor. Pode ser então que a marca seja escolhida porque a utilidade líquida percebida em comparação com todas as marcas da categoria oferecidas para venda naquele momento é maior para a marca de menor preço do que para a marca de maior preço. Os concorrentes nesse nível do QEM são aqueles oferecendo produtos e serviços em uma categoria específica. Os profissionais de marketing competem exatamente como fizeram no passado, mas não estão mais concorrendo pelo tempo, como estão com os indivíduos em geral, ou pelo endosso, como estão em relação aos formadores de opinião.

ESTUDO DE CASO
DEMANDAS COMPETINDO PELO TEMPO – QUANTO DE ZOOLÓGICO VOCÊ CONSEGUE UTILIZAR?

Nessa época de internet e acesso móvel em tempo real para o trabalho, a família e a casa, o consumidor médio é inundado por mensagens e oportunidades de conversa. Como a marca pode romper tudo isso e fazer sua mensagem ser ouvida? E se essa mensagem não for sobre comprar algo, e sim sobre salvar o hábitat dos ursos polares e dos pandas?

O mundialmente famoso zoológico de San Diego e o parque de animais selvagens do zoológico de San Diego

Passam pelos portões dos vários parques que a Zoological Society of San Diego possui e dirige mais de 5 milhões de pessoas por ano. Adicionar a mídia social ao esforço de marketing é a próxima grande oportunidade para a empresa, e eles estão trabalhando bastante para torná-la uma realidade.

Ted Molter, diretor de Marketing Corporativo e seu gerente de Projeto On-line, Damian Lasseter, produziram um esforço de marketing integrado para a organização, incluindo mídia social, impressa, televisiva e digital. A presença na mídia social e on-line surgiu há aproximadamente 11 anos, com uma "câmera-panda" ao vivo instalada na área dos pandas no zoológico, Bai Yun e Gao Gao. A nascente presença on-line abriu a possibilidade das pessoas assistirem ao parto e desenvolvimento de cinco pandas que nasceram em cativeiro. Antes do surgimento da câmera-panda, um público impaciente ficaria sem ver os bebês panda por quase 6 meses. A câmera-panda resolveu o problema e o fez para uma audiência global.

Atualmente, a presença em mídia social do zoológico é de tamanho considerável, com participação ativa no Facebook, YouTube, Twitter e sites vinculados a marcas privadas que utilizam componentes de mídia social, como o Facebook Connect e o FourSquare em um aplicativo móvel customizado. Eles têm uma presença em blog bastante ativa, postando regularmente conteúdo de vários autores que geram uma ampla variedade de comentários e participação de visitantes. Um post recente sobre um dos pandas angariou mais de 188 comentários em menos de uma semana.

Facebook Connect e o Polar Bear Plunge

Como parte do esforço para entender mais sobre seus visitantes, o zoológico começou a utilizar o Facebook Connect para seu site privado Polar Bear Plunge, que

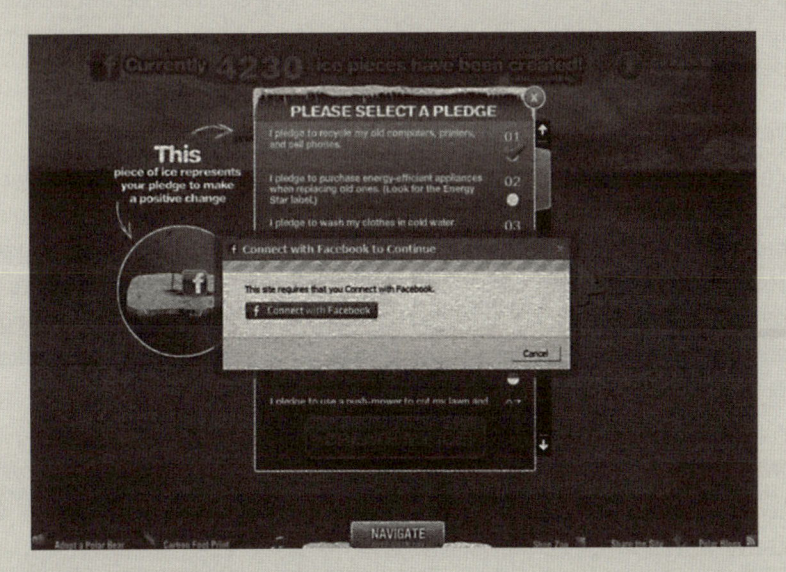

FIGURA 7.1 Tela do Polar Bear Plunge

permite aos visitantes entrarem com suas credenciais no Facebook. Os visitantes do site podem ter uma experiência bastante personalizada e ainda fazer uma promessa de ajudar a proteger o hábitat dos ursos polares. Os visitantes podem fazer um post no Facebook para seu muro prometendo apoio à proteção do hábitat do urso polar com apenas alguns cliques no mouse. Para Ted e Damien, o uso do Facebook Connect lhes fornece acesso às informações demográficas que não conseguiriam reunir de outra forma.

Outras métricas além da receita

O tráfego no site é gerado através de campanhas de conscientização que incluem fazer publicidade sobre os games do site em lugares como o Cartoon Network. Ted e Damien observaram que embora os visitantes viessem para o site e jogassem o game, eles frequentemente ficavam e aproveitavam mais do site (e algumas visitas se traduziam em compras de entradas). Porém, a venda de entradas é apenas um dos objetivos da campanha de marketing de responsabilidade de Ted e sua equipe – com as raízes da organização no setor de empresas sem fins lucrativos, eles também têm um compromisso de fornecer educação para o público e boa parte do que fazem é educar com sites divertidos e criativos que ajudam as pessoas a entenderem mais sobre a missão da Zoological Society, sobre os habitantes do zoológico e sobre o zoológico em si mesmo.

Se os visitantes realmente decidem compartilhar informações, Ted reconhece que isso vem do desejo de se conectar com amigos em torno de um tópico e o zoológico tem o compromisso de ajudar a facilitar esse processo e de tornar a experiência agradável.

Questões sobre área de concorrência – o tempo

Com todos os elementos que competem pelo tempo do público-alvo, o zoológico reconhece que expandir o envolvimento entre a marca e o consumidor terá que ser algo mais do que apenas aumentar o número de visitantes. Ted e sua equipe percebem que podem fazer a diferença e influenciar o comportamento do consumidor, tornando a visita aos sites de marketing social uma experiência divertida e educacional, o que é bastante importante se você considerar todos os outros fatores que competem pela atenção do consumidor.

Fonte: Entrevista com Ted Molter, diretor de Marketing, e Damian Lasseter, gerente do Projeto On-line do mundialmente famoso zoológico de San Diego, realizada em 29 de março de 2010. Publicada com permissão. Todos os direitos reservados.

TEMPO COMO ÁREA DE CONCORRÊNCIA

Existem dois elementos que os indivíduos precisam trocar na busca pela felicidade: tempo e dinheiro. Se você tiver dinheiro suficiente (capital), poderá essencialmente criar mais tempo para seus empreendimentos ao contratar outras pessoas que trocarão o tempo delas pelo seu dinheiro. Isso não é de nenhuma forma inovador ou fantástico, mas destaca que o único bem insubstituível que todos os profissionais de marketing e esforços de marketing tentam obter do indivíduo é seu **tempo**.

Os indivíduos possuem um excesso de atividades às quais devem alocar seu tempo. Steve Rubel afirma que existe uma "crise de atenção"[3] que os indivíduos enfrentam. Um segundo de tempo gasto em atividades não relacionadas com a marca é um segundo que poderia ter sido gasto no envolvimento com a marca. Quando se trata do tempo, os profissionais de marketing precisam competir contra outras opções on-line, para não mencionar outras atividades atraentes fora da internet.

Fazendo parte de sua estratégia, os profissionais de marketing experientes tentarão aumentar o envolvimento para o tempo e atenção limitados dos indivíduos. Na mídia social, onde o indivíduo pode facilmente se mover de uma atividade para outra, a estratégia do profissional de marketing deve apelar ao desejo do indivíduo de gastar tempo valioso envolvido com as ofertas de mídia social desse profissional em vez de alguma outra atividade. Como vimos em muitos dos estudos de caso, para medir o sucesso na conquista do tempo, os profissionais de marketing podem utilizar o tempo no site como bom indicador. Isso pode ser comparado com outras atividades concorrentes populares para determinar se o profissional de marketing está melhorando o valor relativo de suas ofertas na mídia social.

CONCLUSÃO

Quando os profissionais de marketing organizam seus planos de marketing social, eles devem sempre saber quem são seus concorrentes em cada um dos níveis do QEM. Com essa estrutura em três camadas, os profissionais conseguem agora desenvolver estratégias eficazes para garantir que sua atividade de mídia social tenha elevado valor em comparação com cada camada de concorrência. Seja na mídia social ou na tradicional, os profissionais de marketing devem levar em conta agora que não estão competindo apenas em nível de marca. Eles ainda competem em dois novos níveis dentro do QEM, onde também precisam ter êxito.

Notas

1. Essa é uma simplificação da fórmula do valor da marca.
2. A utilidade de mercado representa o valor emocional de um negócio ofertado no canal de varejo, no momento da compra. Para mais informações ver *Marketing Calculator*.
3. Entrevista em podcast e transcrição postada no endereço http://www.SocialMarketingConversations.com e incluída nos estudos de caso do Capítulo 10.

8

A imagem da marca

A IMAGEM DA MARCA PELO QEM

A imagem da marca percebida pelos personagens do QEM está envolvida em praticamente todas as dimensões que constituem o QEM. O formador de opinião, o indivíduo e o consumidor terão cada um deles percepções diferentes da marca influenciando suas decisões relativas a ela.

IMAGENS DA MARCA

Os profissionais de marketing gastam uma significativa quantidade de tempo, capacidade intelectual e investimento definindo, refinando e protegendo suas imagens de marca para gerar o maior valor percebido em seu público-alvo. A imagem da marca representa a imagem emocional que um consumidor retém em sua mente sobre a marca. A imagem da marca é constituída por um conjunto de atributos emocionais que descrevem as emoções associadas à marca na mente do consumidor. As imagens da marca podem incluir atributos como: "... essa marca representa um bom valor para o dinheiro", "... essa marca é amiga do meio ambiente" ou "... essa é a marca saudável". Os atributos da marca são emocionais e impulsionados pela propaganda ou experiência física com a marca. Para indivíduos ativos em mídia social, isso também inclui a experiência virtual com a marca. Os atributos da marca podem também representar as percepções que um consumidor possa ter sobre os atributos físicos da marca. Por exemplo, o atributo da marca "... essa marca tem baixo teor de gordura" é diferente do atributo físico "... essa marca contém 1% de gordura".

Toda propaganda, independentemente da fonte da mensagem – tradicional ou mídia social – terá algum impacto na imagem da marca e na percepção dos consumidores sobre os atributos considerados importantes na categoria.

À medida que os consumidores recebem mais mensagens persuasivas a respeito de certo atributo, esse atributo associado àquela marca será fortalecido. Mensagens negativas enfraquecerão o atributo.

Pontuação por associação

A imagem da marca é normalmente medida através de pontuações por associação (ver box a seguir) em que se pergunta aos entrevistados se eles associam cada um dos atributos definidos para a categoria com marca específica. Se muitos consumidores associam um atributo específico com a marca, esse atributo tem uma alta pontuação por associação. Os estudos de imagem da marca e de monitoramento da marca medem as pontuações de atributos associados para as principais marcas de uma categoria. As pontuações por associação podem ser fortalecidas com base nas mensagens de uso criativo da marca e na contínua exibição da publicidade. As pontuações por associação podem também cair se os atributos da marca não forem reforçados pela publicidade, consumo físico ou envolvimento virtual. Se o consumidor não recebe mais mensagens sobre a marca ou não se envolve (ou usa) a marca, a imagem da marca começa a decair. Menos consumidores associarão esses atributos com a marca e menos consumidores escolherão a marca. As pontuações por associação irão diminuir.

A imagem da marca normalmente leva um longo período para decair. Isso é bom para as marcas existentes, mas representa um desafio para as marcas novas. Para as marcas existentes, isso significa que será necessária menos publicidade para manter suas pontuações por associação. Por outro lado, é difícil fazer importantes mudanças na posição de determinada marca em relação às pontuações por associação das marcas concorrentes. Isso exigiria muito mais publicidade ou muito mais uso. Para as marcas novas, isso significa que os profissionais de marketing devem inserir uma grande quantidade de publicidade no mercado, ou tornar mais fácil experimentar a marca (por exemplo, amostras, testes grátis ou cupons com elevados valores de desconto) para poder construir rapidamente a imagem da marca nas mentes dos consumidores. Sem nenhum desses efeitos, a imagem da marca não crescerá rapidamente entre os consumidores e os profissionais de marketing terão dificuldades para atingir massa crítica na participação de mercado. Sem essa participação, o varejista pode então não estar tão disposto a levar a marca e ela corre o risco de fracassar.

No caso da mídia tradicional, a marca tem pleno controle das mensagens inseridas no mercado e, portanto, possui uma razoável expectativa sobre a imagem da marca resultante que será desenvolvida na mente do consumidor

> **DEFINIÇÃO DE PONTUAÇÃO POR ASSOCIAÇÃO**
>
> A pontuação por associação representa a pontuação que um atributo emocional de uma categoria específica atinge quando se vai a campo com uma pesquisa de imagem da marca. Se for feita uma pesquisa com mil entrevistados, cada um deles associará um atributo específico com a marca. Por exemplo, o atributo "essa marca respeita o meio ambiente" poderia receber 725 entrevistados associando a marca com ele. Portanto, a marca possui uma pontuação por associação com esse atributo de 72,5 (72,5% dos entrevistados).

pela publicidade e pelo esforço de marketing. Com o advento da mídia social, a marca não tem mais o pleno controle das mensagens recebidas sobre ela. Se certos segmentos consumidores recebem a maior parte das mensagens pela mídia social, eles poderão manter em suas mentes uma imagem da marca significativamente diferente quando comparado com aqueles consumidores que somente recebem mensagens de fontes tradicionais unidirecionais. Entretanto, a imagem da marca recebida por consumidores ativos e não ativos em mídia social, pelo uso e experiência com a marca, será a mesma em ambos os grupos. O resultado líquido dessas mensagens da marca e experiências com a marca fornecerá uma imagem da marca que é diferente entre os dois grupos. Os profissionais de marketing precisam agora determinar se as diferenças de imagem entre os dois grupos justificam qualquer necessidade de mudanças de mensagens para trazer os consumidores ativos em mídia social mais perto das percepções da imagem dos consumidores não ativos na mídia social.

A mídia social é também mais envolvente do que a mídia tradicional e pode se espalhar mais rápido. Por causa disso, os profissionais de marketing de marca podem ver uma imagem geral da marca diferente imediatamente após o lançamento da imagem que se desenvolve quando a mídia tradicional começa a se estabelecer. Isso possui enormes implicações para os profissionais de marketing quando lançam suas comunicações tanto na mídia social quanto na mídia tradicional.

Preferências de marca

As imagens da marca, medidas pelos estudos de monitoramento da marca ou outra pesquisa de mercado, representa somente um componente do valor da marca. O valor da marca é determinado pelas preferências dos consumidores para cada um dos atributos da marca. Embora seja mais complexo do que isso, pode se considerar que o valor da marca seja a soma das preferências de marca multiplicadas pelas pontuações por associação. Isso fornece então um peso relativo que o consumidor possui para a marca em relação às demais. Por exemplo, um segmento consumidor mais jovem pode preferir o atributo "... isso é a marca de luxo" do que o atributo "... essa marca representa um bom valor para o dinheiro". Avaliando cada preferência de marca contra as pontuações por associação relativas às marcas, pode ser feito então um cálculo do valor da marca para um consumidor ou segmento de consumidores.

A compreensão das preferências relativas da marca para um segmento específico é fundamental para o desenvolvimento dos tipos de mensagens corretas a serem inseridas no mercado pelo profissional de marketing. Se o segmento ativo em mídia social possui preferências relativas diferentes do segmento não ativo, as mensagens e as conversas na mídia social precisam ser diferentes daquelas na mídia tradicional, para extrair vantagens dos dois canais diferentes visando fornecer o maior valor de marca para ambos os segmentos.

Assumindo que todo o restante permaneça constante, aqueles produtos com maior valor de marca conseguem geralmente vender por um preço maior do que aqueles que possuem um menor valor de marca.

As preferências de marca e as pontuações por associação normalmente diferem para os distintos personagens no funil de envolvimento na comunidade. Aquilo que pode ser importante para um formador de opinião pode não ser tão importante para um indivíduo ou consumidor.

ESTUDO DE CASO
SEGMENTAÇÃO DO PÚBLICO EM TORNO DE UM TÓPICO
Joan Koerber-Walker – CorePurpose

Joan Koerber-Walker é CEO da CorePurpose e possui experiência na aplicação prática da mídia social em empresas pequenas a médias e seu uso na divulgação de marca em nível pessoal e empresarial.

A CorePurpose foi fundada em 2002 para dar apoio às organizações com os recursos que necessitam para tornar seus esforços mais bem-sucedidos. Joan trabalha com organizações médias e grandes em todo o mundo. Sua jornada na mídia social tem sido a de questionar o tempo que for necessário – desde o seu início com um único blog, uma conta no Twitter e um perfil no LinkedIn, ela tem encontrado maneiras positivas de se conectar com clientes e prospects e construir um negócio sólido a partir disso utilizando uma variedade de IDs no Twitter e múltiplos locais para o conteúdo do blog.

Há muito tempo, Joan aceitou o desafio de desenvolver seu próprio conteúdo para sua presença na mídia social e isso a fez organizar o blog #BeOriginal (superando o desafio de desenvolver conteúdo significativo para uma ampla presença social). O alcance global é um dos principais motivos para a CorePurpose utilizar a mídia social: poder alcançar e se conectar com outros líderes do pensamento, independentemente de sua localização. Para a CorePurpose, a mídia social foi uma expansão da liderança no pensamento, visibilidade e programas de publicidade que ela já possuía em andamento para apoiar sua presença no mundo como líder empresarial, escritora e palestrante.

Joan cita como a mídia social em termos de tática de propaganda institucional está rapidamente emergindo e como a CorePurpose fez a transição de sua publicidade tradicional para um modelo de marketing social on-line e o expandiu para incluir uma campanha "boca a boca" em longo prazo. Os vários Indicadores-chave de Desempenho (KPIs) que eles monitoram são bastante simples e diretos:

- Onde o recurso foi acessado?
- Onde foi feita a conexão que estava diretamente relacionada com sua presença na mídia social?
- Conseguiram um cliente que veio da rede social?
- Conseguiram encontrar uma informação para o cliente ou projeto de pesquisa obtida pela presença na mídia social?

A CorePurpose também considera o número de visitas recebidas por um post no blog e quantos comentários foram feitos pelos visitantes. Desses indicadores eles conseguem sentir o que as pessoas estão procurando em termos do conteúdo on-line fornecido por eles.

Independentemente da facilidade com que a presença social possa ser criada, Joan sugere que você ainda precisa enfrentar muitas das mesmas questões que são postas ao se utilizar a mídia tradicional, ou seja:

- Qual é o meu público?
- O que eles estão procurando?
- Onde vou acessá-los?
- Como interagirei?

A CorePurpose é uma pequena empresa com uma grande visão e capacidade executiva. A mídia social tem gerado muitos envolvimentos com clientes e ela mantém um perfil bastante ativo no LinkedIn, Facebook e Twitter.

Fonte: Entrevista com Joan Koerber-Walker, CEO da CorePurpose, realizada em 15 de dezembro de 2009. Publicada com permissão. Todos os direitos reservados.

Os formadores de opinião e a marca

Os formadores de opinião apresentam maior probabilidade de endossar a marca que, a seu ver, possui um elevado valor. Os formadores de opinião são mais propensos a escrever palavras positivas sobre a Coca-Cola – uma empresa que concorre em termos de valor de marca – do que sobre uma loja com marca própria que concorre em preço, mas que pode ter um baixo valor de marca. Os posts de Guy Kawasaki sobre o *test drive* do Audi R8, por exemplo, devem ter tido um tom diferente dos posts que ele escreveria se tivesse sido solicitado a testar um veículo menos luxuoso. O mais provável é que nem o teria testado, a menos que tivesse sido algum tipo de paródia.

Os consumidores e a marca

Quando os profissionais de marketing disputam pela atenção nas mentes dos consumidores, eles promovem suas marcas com várias mensagens que acreditam poder gerar as maiores pontuações por associação e valor de marca no conjunto dos consumidores visados. Antes do surgimento do marketing social os atributos desejados eram definidos bem antes da campanha. A equipe de publicidade e criação desenvolvia mensagens e conceitos criativos para promover os atributos desejados. A mídia social mudou esse modelo de forma que os atributos que o profissional de marketing possa desejar precisam agora ser comentados e tornados visíveis pela comunidade. Isso pode fazer os consumidores ativos em mídia social terem uma perspectiva diferente sobre as mensagens inseridas no mercado pelo profissional de marketing.

Pode acontecer também que o conjunto de atributos venha a ser diferente para aqueles consumidores na mídia social em relação ao conjunto de atributos para os consumidores que não são ativos na mídia social. Os atributos e preferências na mídia social podem ser afetados pelas conversas e comentários fornecidos pelos indivíduos que não são consumidores daquela categoria. Como exemplificamos no caso da campanha Unilever Dove Greenpeace Onslaught(er), um grupo de indivíduos e formadores de opinião conseguiu raptar as conversas e levá-las para uma direção completamente nova. Isso ilustra como os indivíduos e formadores de opinião que talvez não sejam consumidores possuem preferências diferentes associadas aos atributos que podem não fazer parte do conjunto de atributos desejados nos quais os profissionais de marketing querem concorrer. Nesse caso, o novo atributo inserido na categoria pode ser: "... essa marca destrói a floresta tropical."

Alguns especialistas dizem que através da mídia social os profissionais de marketing perderam o controle de suas marcas – nós discordamos. Eles podem ter perdido um elemento ou grau de controle, mas o profissional de marketing e a equipe de criação ainda podem exercer considerável influência sobre a mensagem objeto de conversas no ecossistema da mídia social. Em algumas categorias, essa influência ainda pode ser grande; em outras, ela pode ser pequena. Analisando pelo ângulo oposto, se o profissional de marketing não possui nenhum controle – como afirmam alguns especialistas de mídia social – então por que algum desses profissionais desperdiçaria valiosos recursos de marketing envolvendo-se na mídia social?

Os indivíduos e a marca

A imagem da marca também é importante para os indivíduos que não são consumidores ou formadores de opinião. Pelo fato da mídia social atingir uma ampla faixa de indivíduos ativos na mídia social, o valor de uma atividade na mídia social é maior para a marca ao ter todos os indivíduos (não consumidores, consumidores, não formadores de opinião e formadores de opinião) participando dessa atividade. A participação de um indivíduo em uma experiência com a marca é parcialmente induzida pela imagem da marca, junto com outros valores que um indivíduo pode receber quando utiliza um site de mídia social.

Monitorando pontuações de atributos na mídia social

A captura de pontuações de atributos é tradicionalmente feita através de um processo de pesquisa quantitativa, recrutando participantes pelo telefone ou por e-mail. A pesquisa em si pode ser feita através de um site ou entrevistando individualmente pelo telefone. Quando se trata de presença na mídia social, pesquisas semelhantes conseguem capturar as percepções dos participantes utilizando questionários na saída do site ou algum outro mecanismo on-line incitando o visitante a participar da pesquisa. Dessa maneira, o profissional de marketing consegue determinar a imagem da marca de modo contínuo, baseando-se nesses visitantes que participam da pesquisa on-line. Isso tem sido utilizado com grande sucesso pelos autores, e pode ajudar o profissional a obter uma melhor compreensão sobre as percepções dos indivíduos que participam de seus sites na mídia social em relação à marca. À medida que esses valores de imagem de marca mudam com o tempo, essas mudanças podem ser correlacionadas com as atividades de marketing ou outros fatores externos.

Dessa forma, os profissionais de marketing podem monitorar com frequência o que impulsiona as percepções do consumidor na mídia social, em sua categoria.

Conclusão

A imagem da marca influencia todos os participantes na mídia social. Normalmente, a imagem da marca está associada aos consumidores de determinada categoria, mas por existirem agora muitos outros não consumidores que não participam de uma atividade na mídia social que pode fornecer valor para a marca, o profissional de marketing precisa determinar como essas diferenças afetam cada um desses grupos, sejam eles ativos na mídia social ou não.

A imagem de marca é constituída por atributos de marca e preferências que podem diferir para cada um desses segmentos. A compreensão dessas diferenças e do impacto que o marketing pode exercer sobre elas, ajudará o profissional de marketing a ter mais sucesso ao abordar formadores de opinião, indivíduos e consumidores.

9

Buscar e ser encontrado na mídia social

SENDO VISÍVEL NA MÍDIA SOCIAL

Um plano de marketing social bem estabelecido deve levar em consideração a experiência completa para os formadores de opinião, consumidores e indivíduos, incluindo a busca. Dos bilhões de páginas da Web existentes hoje, uma das grandes tarefas on-line do profissional de marketing refere-se a quando os indivíduos buscam termos relacionados com a marca. Quando um consumidor tem a intenção de comprar e existe um computador disponível, o primeiro lugar que irão acessar é o dispositivo de busca. Além de seu valor inerente para um consumidor, a mídia social também provoca um elevado impacto nos resultados das buscas.

A geração de conteúdo que possa provocar links – isto é, conteúdo com alto valor e que provavelmente receberá links de outros sites – afetará a página com lista de rankings dos dispositivos de busca. Por causa da elevada atividade e uso do conteúdo de alto valor que possa ser "linkado", a mídia social pode ter um forte impacto nos resultados do dispositivo de busca e na página de rankings. Outros métodos para aumentar o ranking incluem o marketing no dispositivo de busca e a menção na mídia tradicional da presença na mídia social, tal como o uso de "chicletes", discutido no Capítulo 6. Por causa da forte conexão entre mídia social e busca, esta deve ser incluída na discussão do ROI de mídia social.

MÍDIA SOCIAL E BUSCA

As atividades de mídia social que ocorrem na Web em relação a determinada marca aumentam devido a muitos fatores. À medida que os consumidores e outras partes interessadas discutem a marca, eles escrevem comentários positivos e negativos que se acumulam com o tempo e passam a existir por um período bastante longo, se não para sempre. Esses comentários formam uma persistente nuvem de referências à marca. Tanto a publicidade tradicional quanto o marketing social pertencem a um conjunto de fatores que podem produzir uma maior atividade na mídia social.

Se não for feita mais publicidade, esses efeitos na busca e na mídia social também decaem com o tempo.

Os resultados da busca fornecem uma forte "ligação" entre o impacto que a mídia social pode propiciar e a resposta na mídia tradicional. A busca é o lugar em que os consumidores irão primeiro quando tiverem questões sobre a marca, produto ou serviço. Um estudo com relatos de 50 consumidores ilustra o poder da busca. Ao serem perguntados "o que é browser?", o estudo mostrou que as pessoas igualam um browser com o dispositivo de busca que utilizam – somente 8% dos entrevistados no estudo conseguiram fazer a distinção entre o browser e o dispositivo de busca.[1]

Isso sugere que a busca se tornou tão equivalente à experiência on-line que os usuários não sofisticados não fazem mais a distinção entre a internet e as ferramentas utilizadas para encontrar conteúdo nela. Combine esse achado com o fato de o termo mais buscado ser "Facebook" e você terá uma noção bastante razoável sobre aonde as coisas estão se dirigindo.

Quando se trata de busca, existem dois aspectos a serem considerados pelos profissionais de marketing:

1. O ranking do site no resultado de busca "orgânica".
2. Os anúncios que aparecem junto com os resultados orgânicos.

O processo mais abrangente para melhorar o resultado para um site durante a busca é chamado de otimização para buscas (SEO – Search Engine Organization), enquanto a presença de uma publicidade que aparece no resultado da busca

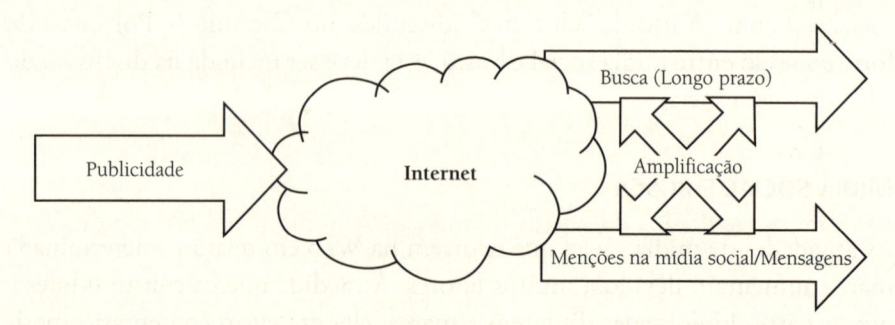

FIGURA 9.1 O efeito da publicidade na internet

é chamada de marketing de otimização em busca (SEM – Search Egine Marketing). A Figura 9.1 mostra a amplificação dos efeitos da otimização do dispositivo de busca sobre menções na mídia social e nas mensagens e o efeito das menções na mídia social e nas mensagens nos resultados orgânicos do dispositivo de busca. Cada um retroalimenta o outro para gerar resultados acelerados para a marca em ambas as áreas da busca tradicional e da mídia social.

Busca Orgânica

O aparecimento de uma lista como resultado de uma busca orgânica se deve a inúmeros fatores, expressos em algoritmos que os dispositivos de busca empregam assim que a tecla "enter" é pressionada pelos usuários. Alguns desses fatores incluem: atividade frequente, links de entrada (para os sites), links de saída (os links do site vão para onde?), e as conexões entre o conteúdo do site, as manchetes e muitos outros fatores.

BUSCA LEGÍTIMA E ILEGÍTIMA

Existe uma ampla variedade de formas de obter uma classificação orgânica elevada e elas se distribuem por três grandes categorias: "chapéu preto", "chapéu branco" e "chapéu cinza". As táticas de chapéu preto procuram descobrir as falhas dos algoritmos e depois empregar procedimentos que deturpam a posição relativa de uma página no ranking. As táticas de chapéu branco são aquelas que procuram seguir as regras estabelecidas para as ligações efetivas de um site com outro e o conteúdo do usuário. As táticas de chapéu cinza empregam características de ambos.

A mídia social incorpora uma capacidade "natural" de conseguir um elevado ranking orgânico. Em virtude de um conteúdo bom e pertinente ser postado regularmente, os links serão criados pelos visitantes e cada vez mais visitantes se ligarão ao conteúdo, com mais frequência através dos vários sites de mídia social. *Voila!* Uma boa colocação no ranking do dispositivo de busca!

Por causa dos algoritmos empregados pelos dispositivos de busca para classificar e indexar um site específico, a mídia social pode ter um forte impacto sobre os resultados de buscas de marcas. A mídia social faz isso de várias maneiras:
- Através das classificações dos sites de mídia social fornecendo links cruzados com sites vinculados às marcas. Quando os sites de mídia social fornecem links cruzados com sites tradicionais, esses links de entrada aumentam

a pontuação que um site tradicional específico atinge. Se um site for mencionado em muitos blogs diferentes, cada um deles aumenta o ranking do site tradicional. Se esses sites tiverem tráfego elevado, isso se acrescenta às classificações dos dispositivos de busca.
- Por causa do elevado volume de tráfego gerado por um site de mídia social, isso pontua mais alto nos dispositivos de busca do que os sites com pequeno volume de tráfego.
- Pelo fato dos sites de mídia social serem escritos com a voz do consumidor, eles utilizam palavras diferentes das dos sites tradicionais escritos pelo marketing e, portanto, fornecem um conjunto mais amplo de termos que podem classificar melhor do que os sites tradicionais voltados ao marketing.
- Pelo fato de o conteúdo ser frequentemente adicionado, isso também aumenta o ranking.

Tendo em vista que a mídia social consegue melhorar as classificações dos sites tradicionais, a mídia social estabelece uma forte sinergia com os sites tradicionais. Essa sinergia é muitas vezes ignorada na ocasião da determinação do valor de uma campanha na mídia social.

As classificações maiores no ranking aumentam o número de visitantes para um site vinculado à marca e pode aumentar a profundidade da visita de um usuário ao site. Ambos são medidas importantes para avaliar a resposta gerada pela busca orgânica. Os resultados de busca para páginas da mídia social representam uma medição fundamental para o sucesso de uma presença na mídia social. Dependendo do tipo de presença na mídia social, eles podem ser facilmente rastreados e calculados.

Anúncios pagos nas páginas de busca

Quando o consumidor recebe o resultado de sua busca, normalmente o dispositivo de busca inclui propagandas ao longo da página de resultados: são anúncios cuidadosamente selecionados que complementam os termos utilizados pelos consumidores com um taxa de cliques relativos (CTR – Click-Trough Rate) de aproximadamente 4,5% do total de cliques, de acordo com o ComScore.

Esses anúncios, chamados de marketing de otimização em busca (SEM), ou busca paga, quando vinculados a termos de busca adequados, podem oferecer às empresas outra maneira de abordar os consumidores e torná-los conscientes em relação às suas marcas, suas presenças na mídia social e os componentes específicos do valor de suas presenças na mídia social.

MARKETING SOCIAL E O IMPACTO NO SEM

Melhorar o resultado de uma campanha de otimização para buscas (SEO – Search Engine Optimization) pode ser uma dimensão do marketing social devido à ligação que a presença na mídia social propicia. Porém, o impacto do marketing social sobre o SEM é tênue. Um estudo no final de 2009 constatou que o CTR poderia aumentar 11,8% "quando os usuários eram expostos à mídia social influente e à busca paga em torno da marca".[2] Isso significa que a presença social pode melhorar o sucesso de outras formas de mídia on-line, possivelmente mais que dobrando o CTR.

Vamos comparar duas campanhas de marketing diferentes. A primeira campanha é o simples patrocínio de um evento com nenhum componente específico de mídia social. Nesse caso, o evento ocorre, as impressões sobre a marca são obtidas e o valor da marca aumenta pelo número de impressões e a associação com o evento promovido.

No mesmo caso, se for adicionado um componente de mídia social, o evento promovido pode gerar tráfego e inscrições para uma comunidade da marca. Ela pode consistir de uma página no Facebook, uma conta no Twitter ou uma comunidade vinculada à marca. Quando esses membros visitam a comunidade, eles se tornam conscientes em relação à comunidade, podem se inscrever e podem consumir e conversar na comunidade. À medida que os indivíduos se inscrevem na comunidade e optam pela adesão, aumenta enormemente a extensão de seu envolvimento com a marca. Os profissionais de marketing podem se aproveitar disso ao adicionar valor para a comunidade através de atividades adicionais e oportunidades para o envolvimento. Eles podem agora alcançar esses indivíduos de modo mais segmentado, propiciando para eles valor adicional através do envolvimento com a comunidade. O período de envolvimento pode durar muito mais do que as impressões sobre a marca com o simples patrocínio de um evento. Esse envolvimento pode nunca decair. Se a comunidade for bastante valiosa, ela poderá crescer através de convites a novos associados. Isso é especialmente verdadeiro na mídia social porque é bastante fácil se inscrever em uma comunidade. Uma vez tendo se associado é preciso muito envolvimento negativo para que o indivíduo decida se desligar. Assim, durante todo o período de participação na comunidade de mídia social, o profissional de marketing consegue continuar a colher benefícios da consciência original, associação e outros valores gerados pela comunidade. O valor da adesão à mídia social pode ser visto em termos de valor do cliente ou associação por toda a vida.

A "MEMÓRIA" DA WEB

A internet adiciona algumas novas nuanças ao valor da publicidade (especialmente no longo prazo) por causa de sua persistência em armazenar informações relacionadas com a Web sobre a marca (artigos, links cruzados e outras menções da marca). O conteúdo postado na Web possui um tempo de vida indefinido. A vida útil é finita, mas quando termina a campanha existe um valor residual desse conteúdo antigo e links vinculados.

Como discutimos, quando uma página de fã foi "adotada", o desligamento da página pode ocorrer muito tempo depois no futuro, se é que chega a ocorrer. Portanto, a base de associados que um profissional de marketing consegue trazer para seus sites de mídia social vinculados à marca possui um valor no longo prazo que geralmente é ignorado ao se avaliar os resultados no curto prazo de uma atividade de marketing social.

ARQUIVAMENTO E ARMAZENAMENTO DE PÁGINAS NA WEB

Imagine que uma campanha global comece a desacelerar, com o valor inicial sendo realizado e depois caminhando para o encerramento. Por todas as medidas o esforço foi um sucesso: mais produtos foram vendidos; a comunidade de formadores de opinião postou inúmeros artigos sobre a marca e a campanha; indivíduos aceitaram receber mensagens sobre a marca e foi feita uma forte conexão com a comunidade. Agora que a campanha terminou, o conteúdo pode ser retirado ou deixado em disponibilidade para ser arquivado em algum dos serviços de arquivo on-line.

O Internet Archive (http://www.archive.org) está construindo uma biblioteca digital de sites e outros artefatos culturais na forma digital. Da mesma forma que uma biblioteca de livros, ela fornece livre acesso aos pesquisadores, historiadores, acadêmicos e o público em geral. Parte da iniciativa é uma função a que eles se referem como "Máquina do Tempo", em que os visitantes podem navegar por 150 bilhões de páginas da Web arquivadas desde 1996 até alguns meses atrás. Versões das presenças dos autores deste livro na Web podiam ser vistas remontando a dezembro de 2005, fornecendo às vezes uma dolorosa lembrança do quanto não sabíamos na época sobre a presença on-line.

A obrigação com relação à comunidade e aos formadores de opinião também pesa após a campanha. Espera-se que os links criados pela comunidade sejam válidos e úteis após o fato – indefinidamente. Se a equipe da marca altera o endereço de um concurso por qualquer motivo, isso pode ser visto como desleal e pode afetar negativamente a marca. O custo de deixar o conteúdo e os links é irrisório, mas o valor para a comunidade social é suficientemente elevado para garantir que a saída planejada de uma campanha inclua uma intenção de atualizar as páginas da campanha para indicar que o esforço foi concluído, mas não a ponto de modificar substancialmente o conteúdo das páginas.

Conclusão

A mídia social e a busca – sendo SEM ou SEO – estão intimamente interligadas. Uma maior atividade na mídia social gera melhores resultados na busca. Melhores resultados na busca geram mais tráfego na mídia social. Considerando tudo isso, tanto a mídia social quanto a busca precisam ser medidas para determinar seu verdadeiro impacto na composição geral do marketing.

Os profissionais de marketing devem também se certificar de que ao construir e concluir campanhas de marketing, eles não deixem de levar em consideração os efeitos que podem ter sobre suas marcas. Manter e arquivar antigas versões da presença na internet e na mídia social pode continuar a fornecer valor por um longo tempo.

Notas
1. Vídeo no YouTube; "What is a browser"; http://www.youtube.com/watch?v=04MwTvtyrUQ.
2. Chris Copeland, *The Influenced Social Media Search and the Interplay of Consideration and Consumption* (GroupM Search, outubro de 2009).

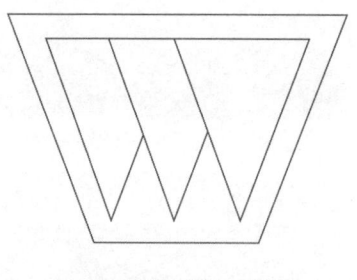

PARTE III
APLICAÇÕES PRÁTICAS DO ROI EM MÍDIA SOCIAL

10

Colocando valores para o "r" e o "i" do ROI em mídia social

POR QUE ROI?

Existem várias dimensões do ROI. Algumas vezes precisamos olhar para trás para determinar como foi o desempenho de nosso marketing. Algumas vezes precisamos olhar para a frente para determinar qual poderia ser o ROI estimado ou planejado para o futuro. Ambos os cálculos são importantes para as organizações em geral e para o marketing em especial. Embora o marketing esteja normalmente mais interessado em alocar recursos de forma adequada em face das incertezas do futuro, ele também precisa olhar pelo espelho retrovisor para ver como foi o desempenho e como poderia melhorar.

Embora o passado não seja sempre um indicador perfeito para o futuro, ele ajuda a entender o que funcionou anteriormente e como colher ideias para melhorar no futuro. Em segundo lugar, é importante saber quais foram os resultados do marketing no passado para conseguir sobreviver ao processo orçamentário e de tomada de decisão interna. Infelizmente, muitos profissionais de marketing geralmente se concentram nas medições erradas ao tentar justificar seus orçamentos e resultados. Mas sem uma ligação forte e rápida com a alma da empresa – receitas e lucros –, os olhos dos demais executivos se perdem no vazio e os orçamentos de marketing acabam sendo cortados ao fim da discussão. Os profissionais de marketing precisam mostrar e provar sua ligação com receitas e lucros ou perderão controle sobre seu destino ao discutir o orçamento.

COLOCAR O MARKETING NO CAMINHO CRÍTICO PARA O SUCESSO DA EMPRESA

Com números concretos, sólidos estudos analíticos e fontes válidas de dados, os profissionais de marketing podem vencer a batalha do orçamento e saírem de lá mais do que ilesos. Eles podem vencer a batalha, mostrar os números e ganhar seu bônus. Eles finalmente irão se tornar um componente fundamental do sucesso da empresa e o fato de estar no caminho crítico para o sucesso corporativo fará com que seja muito mais difícil cortar um orçamento de marketing. Independentemente de quaisquer argumentos colocados por outros departamentos para defender seus próprios orçamentos, todas as companhias querem aumentar receitas e lucros gerados por um marketing bem-sucedido. Isso é o que gera bônus para os executivos e é isso que o CEO e os acionistas buscam.

ROI DE MARKETING PARA CURTO E LONGO PRAZO

Os profissionais de marketing precisam trabalhar para o sucesso tanto em curto prazo quanto em longo prazo. No curto prazo eles precisam ajudar a companhia a atingir os números para esta semana, este mês e este trimestre. Em longo prazo, devem colocar a companhia em uma posição para que ela possa atingir os números no próximo trimestre e no próximo ano. Isso só pode ser feito com um fundamento válido de ROI de marketing – não há outro método.

O ROI de marketing se aplica ao orçamento de marketing como um todo. Tanto na mídia tradicional quanto na mídia social, o marketing precisa tomar decisões com base no ROI estimado para o futuro e mostrar qual foi o ROI de seus esforços no passado. Neste livro falamos especificamente sobre o ROI de marketing naquilo que ele se refere ao marketing social. Neste capítulo discutiremos qual a melhor maneira de calcular esses números, de forma que sejam defensáveis e que permitam a ação com base neles.

RECEITA, LUCRO, MARCA E PARTICIPAÇÃO

Ao tomar decisões para o curto e longo prazo, os profissionais de marketing devem negociar investimentos que geram receita de vendas e lucros agora em comparação com receita de vendas e lucros no futuro. O ROI, calculado pela determinação da soma dos lucros esperados de investimentos específicos, deve ser uma estimativa razoável do sucesso esperado de um esforço em marketing social com base nas projeções dos profissionais de marketing para o futuro no curto e longo prazo. Outro método se baseia no valor presente líquido, embora poucas empresas disponham do rigor financeiro para executar esses cálculos com mais precisão do que apenas estimar os lucros futuros. Dependendo da disponibilidade de dados, pode ser feita a estimativa de um pseudo-ROI baseada em muitas variáveis fundamentais como o custo líquido por dólar marginal de receitas ao longo de certo período no futuro, o custo líquido para conquistar uma nova liderança ou uma nova conta, o custo para ganhar mais um milhão de dólares em ativos investidos, um voto adicional ou o custo para aumentar os atributos da imagem de marca em 1%.

A preparação da empresa para o futuro pode ser medida compreendendo o posicionamento da marca (sua imagem, o nível de consciência e intenção de compra) e sua participação no mercado (como a empresa está em relação aos outros concorrentes na categoria). Estas medidas são mais indicativas dos fluxos de receitas e lucros esperados no futuro. Ao olhar para o futuro, nunca há certeza: a concorrência pode aumentar ou dividir pela metade sua publicidade; podem lançar um novo produto ou interromper suas operações; os parceiros nos canais de distribuição podem aumentar sua presença ou diminuí-la; e podem surgir outros fatores externos que afetam a categoria (ou não). Em um mundo idealizado, os profissionais de marketing saberiam exatamente o impacto que esses fatores poderiam ter sobre o volume de vendas. Conhecendo esses efeitos, eles poderiam então pesar os riscos de possíveis cenários e assumir um caminho com base em suas expectativas de um futuro que tenha a maior probabilidade de gerar os maiores retornos – receita e lucro – e no pior caso, que ainda gerassem bons retornos. Tendo isso em mente, o investimento no futuro pode ser medido por representantes do posicionamento da marca, que são "valor de marca" e "participação de mercado". Em paralelo, os profissionais de marketing precisam então fazer uma determinação de quais ações apoiam o objetivo de atingir os números agora e de otimizar o posicionamento da empresa para o futuro em termos de marca e participação.

OTIMIZAÇÃO: APROXIMAÇÕES ATRAVÉS DE MELHORIA CONTÍNUA

Este capítulo discutirá como avaliar os números para que o esforço de marketing possa ser otimizado com base em números financeiros claros. Os profissionais de marketing precisam pesar o custo da análise, e dos dados, contra a possível melhora nos resultados futuros de seu pensamento criativo. Ao olhar para o futuro não existe um ideal único. Os profissionais só podem desenvolver planos de aproximação, ficando cada vez mais perto. Por causa disso, os profissionais de marketing precisam sempre estar em busca de dados e análises melhores, com o objetivo de continuamente melhorar os resultados e reduzir riscos. Isso tem amplas implicações para a companhia em termos de receitas e lucros, e para os profissionais de marketing em termos de carreira e bônus.

A otimização tem que ser pensada como a melhor de todas as opções imaginadas. Os profissionais de marketing nunca conseguirão analisar e estimar os resultados de **todos** os possíveis cenários para encontrar uma única solução ideal. Eles só podem analisar e otimizar um conjunto de cenários que conseguem pensar e que têm tempo para avaliar. Isso significa que pode existir uma opção melhor logo ali adiante, mas se eles não olharem em torno, nunca a encontrarão. Entretanto, ao utilizarem a estrutura correta, eles poderão tomar decisões significativamente melhores para se aproximar daquele ideal, e o quadro de envolvimento na mídia é exatamente aquela estrutura para otimizar o marketing social.

Considerando tudo isso, a discussão a seguir descreve uma estrutura para capturar e calcular o ROI para o marketing social no passado e estimar o ROI para o futuro.

ESTUDO DE CASO
ROI EM MARKETING SOCIAL: UM PONTO FOCAL PARA O SETOR DE SERVIÇOS FINANCEIROS

As empresas de serviços financeiros precisam projetar uma imagem de estabilidade, honestidade, confiança e um senso de responsabilidade para lidar adequadamente com o dinheiro de clientes e empresas. A eficácia em mídia social é alcançada através de um estilo de comunicação de *laissez-faire*, franqueza e transparência. Os bancos precisam ser adeptos a todas estas três para colher retorno de seus limitados investimentos em mídia social.

First Tennessee Bank

O First Tennessee Bank (FTB) é um dos 50 maiores bancos dos Estados Unidos (o First Horizon National é sua holding), com uma história que remonta a 1864. O FTB é o banco líder no Tennessee e tem o compromisso de manter o contato (e ouvir) com seus clientes.

Dan Marks, como diretor de Marketing do FTB, está se movendo para onde é provável que nenhum outro banco ou instituição financeira já tenha ido antes. Quando Dan percebeu que 11% ou mais de sua base de clientes já estava envolvida em mídia social, ele decidiu que o banco precisava encontrar maneiras de se conectar com eles on-line.

Dan cita como maiores obstáculos para o uso de mídia social em serviços financeiros, os seguintes:

1. *imagem conservadora* – o banco é tipicamente bastante conservador, de forma que poderá ser difícil adotar qualquer ação que possa parecer arriscada.
2. *proteção e segurança* – "O First Tennessee leva muito a sério a proteção e segurança de seus clientes, de forma que qualquer área ou canal precisa de uma reflexão cuidadosa para avaliar os riscos para proteger os clientes."

O FTB é bastante sensível a esses desafios e bastante cuidadoso para avaliar quais riscos estão assumindo, mas estão dando passos medidos. Dan compartilha as medições básicas que utilizam para ajudar a focar seus recursos e medir ativamente o ROI em seu marketing social. À medida que determinam aquilo que funciona e ou não, Dan prevê que farão investimentos maiores nas táticas com melhor desempenho. Dan diz que agora estão olhando como (ou se) uma campanha de anúncios no Facebook poderia aumentar e melhorar a quantidade de cliques para o marketing na internet.

O FTB também já viu algum cruzamento entre a mídia tradicional e a social. Em um esforço de mídia tradicional eles utilizaram testemunhos espontâneos on-line para construir argumentos que aprovam a marca em anúncios impressos. Os consumidores eram convidados a participar das conversas on-line e os resultados destas conversas alimentavam o esforço na mídia tradicional. Do ponto de vista de Dan, o marketing social não é considerado um canal separado da mídia tradicional – eles influenciam e se complementam entre si.

As táticas operacionais que Dan e sua equipe procuram se focar incluem uma abordagem que reconhece a diferença em ter o conceito no longo prazo "vamos planejar isso para sempre" e uma abordagem mais ágil e ligeira que permite a experimentação e o teste para ver o que funciona. Dan e sua equipe reconhecem que embora o pensamento de um possível fracasso seja um fator por trás de sua abordagem experimental, ela se adapta melhor à organização e ao setor de serviços financeiros em geral (segundo ele).

Dan conta o exemplo de uma de suas abordagens experimentais que não funcionou: "o teste que não teve sucesso foi uma campanha B2B no LinkedIn, na qual aprendemos que como a maioria dos usuários provavelmente está no site para busca de emprego, eles não estão necessariamente com a mente voltada para compras." Assim, o FTB interrompeu a campanha. Eles aprenderam também que se os consumidores sentem uma propaganda ou campanha de marketing ostensiva em um ambiente social, isso afetará a capacidade do profissional de marketing de adotar mais profundamente os elementos de mídia social com esse segmento-alvo. A lição é deixar o consumidor vir de sua própria maneira e no seu próprio tempo.

De acordo com Dan, a publicidade com mídia social é um ponto de alavancagem de determinada marca. Se o produto for bom, as pessoas irão querer saber sobre isso; se o produto for ruim, as pessoas irão querer saber sobre isso. As falhas dos produtos e os erros operacionais da organização serão descobertos e comentados, e as organizações precisam receber esses comentários e utilizá-los para melhorar a experiência do cliente com sua marca. Não é mais possível conseguir se esconder das conversas que ocorrem na mídia social.

Fonte: Entrevista com Dan Marks, diretor de Marketing do First Tennessee Bank, realizada em 23 de abril de 2010. Publicada com permissão. Todos os direitos reservados.

Introdução ao ROI

Um processo eficaz de ROI deve se concentrar em capturar e avaliar todos os custos relevantes dos investimentos. Os profissionais de marketing e os executivos da empresa precisam se certificar de que as métricas se conectem fortemente com o ROI financeiro, ao contrário de algumas métricas mais frágeis. Desenvolver um modelo de ROI em marketing social é relativamente simples e direto. Um modelo válido de ROI tem o poder de demonstrar quantitativamente os benefícios tangíveis de sua atividade de marketing. Um modelo válido mostrará uma correlação direta entre receitas e as atividades de marketing sendo adotadas, e ajudará a organização a alocar mais eficazmente seus recursos, fornecendo uma vantagem competitiva.

A validade de qualquer modelo não vem de uma fórmula complexa, e sim do trabalho preparatório e da gestão de partes interessadas que precisa ocorrer antes dos cálculos e análises reais. Antes de desenvolver um modelo de ROI, uma organização geralmente conduz oficinas e sessões de planejamento para definir os principais fatores geradores de sucesso nos seus negócios em geral e no programa de marketing em especial. Estas oficinas ajudam a apoiar conceitos-chave atribuindo valores para esses fatores de forma a certificar-se da existência de um amplo consenso sobre as metodologias centrais e a estrutura de análise. Com a natureza individual de uma presença em mídia social para a marca, torna-se essencial estabelecer claramente os objetivos da empresa e os benefícios dos negócios que serão medidos e monitorados. Dessa maneira, poderão ser atribuídas responsabilidades para que a equipe possa agir de acordo com o plano e fornecer relatórios periódicos (a intervalos apropriados) dos indicadores-chave de desempenho (KPIs) que foram combinados.

Tendo sido identificados os objetivos da empresa e os benefícios esperados com o marketing social, o próximo passo será o de desenvolver o plano de investimentos necessários para realizar esses benefícios ao longo do período ajustado. Por causa da natureza única do marketing social, boa parte dos custos ocorre normalmente de antemão, enquanto os retornos são esperados para algum ponto no futuro. Para muitas organizações, uma proporção significativa dos custos ocorre pelo fato de o pessoal possuir agora obrigações adicionais no marketing social, além de suas outras funções. Um aspecto importante para o sucesso do marketing social e para a aceitação das análises de ROI associadas é

> *Os planos não são nada; o planejamento é tudo.*
> General Dwight D. Eisenhower.[1]

que as partes interessadas do marketing, P&D, finanças, RH e outros grupos dentro da organização precisam entender plenamente esses investimentos em marketing social e seu impacto esperado nas receitas, lucros, valor da marca e participação de mercado.

A equação do ROI em si mesma não é difícil de calcular. O cálculo para o ROI (em porcentagem) é o seguinte:

$$ROI \text{ em marketing} = \left(\left(\frac{\text{Receita adicional} \times \text{Margem de contribuição \%}}{\text{Custo do marketing}}\right) - 100\right) \times 100\%$$

Mas muitos profissionais de marketing não precisam calcular todo o ROI para seus propósitos internos. O ROI é necessário para se falar com executivos de fora do marketing. Internamente, os profissionais podem utilizar uma equação mais simples baseada no ROMI (Returno on Marketing Investment– retorno sobre o investimento de marketing). Ele é calculado conforme a fórmula a seguir e representa um índice simples que pode ser utilizado para comparar investimentos entre diferentes canais de mídia:

$$ROMI = \frac{\text{Receita adicional}}{\text{Custo do marketing}}$$

Outro cálculo que pode ser utilizado pelos profissionais de marketing é o índice de margem ROMI, que utiliza a margem adicional no lugar da receita adicional utilizada no ROMI:

$$mROMI = ROMI \times \text{Margem de contribuição \%}$$

DEFINIÇÃO DE ROMI E MROMI

ROMI = a receita adicional gerada por uma atividade específica de marketing, dividida pelo custo dessa atividade.

mROMI (margem ROMI) = a margem de contribuição adicional gerada por uma atividade específica de marketing, dividida pelo custo dessa atividade.

O LADO "I" DA EQUAÇÃO DO ROI

Os investimentos em marketing social são incorridos de diversas maneiras e precisam ser avaliados em relação a como a atividade de marketing social foi concebida. Porém, é preciso ter cuidado para se certificar de que os verdadeiros

custos de marketing – com o objetivo de gerar receitas adicionais – estejam separados das outras funções, como serviço ao cliente, operação, pesquisa de mercado ou desenvolvimento de produto. Esses custos são:
- campanhas isoladas que produzem resultados específicos.
- campanhas permanentes sem término previsto.
- campanhas complementares para apoiar campanhas na mídia tradicional.

O *WOMMA Metrics Best Practices Guidebook*[2] estabelece uma lista de fontes de custos elementares:
- tecnologia e taxas de hospedagem
- propaganda
- custos do programa de investimentos
- custos de criação e desenvolvimento
- custos tangíveis do produto
- execução
- programas de lealdade
- custos de pessoal

Para assegurar que a abrangência seja completa, os custos devem ser considerados ao longo de quatro dimensões:

1. ***Definição e preparação da infraestrutura*** – todos os custos iniciais de definição da presença social da empresa. Eles incluem os custos internos e de agência externa, por exemplo:
- escrever um conjunto formal de diretrizes para a mídia social.
- obter a aprovação dos quadros superiores.
- investir na infraestrutura de tecnologia.
- investir em design criativo para o cliente que acessa os sites.

Muitos desses custos são relativamente baixos. A página de fãs do Facebook e a conta no Twitter são grátis, mas para que pareçam profissionais e que incorporem a imagem da marca, faz sentido aplicar algum esforço em design criativo. Todos esses custos são abrangidos por essa dimensão e os custos de pessoal associados a esses esforços são geralmente desconsiderados ou ignorados. Esses custos estão mais ligados ao investimento inicial em uma presença da companhia na mídia social; quando a presença social já é uma realidade, esses custos diminuem rapidamente. Esses custos também devem ser aplicados em todos os investimentos futuros em mídia social e não devem ser aplicados somente na primeira atividade de marketing social.

2. **Custos contínuos** – os custos contínuos são aqueles que são exigidos para manter uma base e presença em andamento na mídia social. Eles podem incluir taxas de hospedagem, mas também poderiam ser uma plataforma ou serviço de comunidade e o pessoal relacionado com isso. Não basta ter uma presença on-line em mídia social se não houver alguém da empresa monitorando a atividade e, quando apropriado, contribuindo com conteúdo, envolvendo-se com consumidores, indivíduos e formadores de opinião, e fornecendo apoio administrativo quando necessário, em uma base contínua. Normalmente, somente as empresas maiores adquirem equipamento dedicado e, portanto, precisam se preocupar com despesas de capital e depreciação, enquanto outros utilizam serviços em nuvem, pagando apenas por aquilo que usam. Os profissionais de marketing geralmente requerem ajuda da equipe de finanças para determinar de forma apropriada e completa esses custos (incluindo despesas gerais e custos fixos).

   Como mencionamos, os custos contínuos devem também incluir a função de "escutar" que é **exigida** na mídia social. São necessários indivíduos, software e fluxo de trabalho para a realização dessa nova função de ouvir em tempo hábil e de forma precisa. Os custos da função de "escutar" precisam ser alocados naqueles departamentos designados a se envolver e resolver os assuntos identificados por ela. Por exemplo, se 55% das menções referem-se a assuntos de serviço ao cliente, 55% dos custos de escutar devem ser alocados no serviço ao cliente.

   O custo das ferramentas de medição também deve ser incluído como parte dos custos contínuos. Se elas são utilizadas somente para uma campanha específica, então precisam ser parcialmente alocadas nessa campanha para garantir que todos os custos sejam monitorados e alocados com precisão. Muitas ferramentas de medição são livres de cobrança, embora as organizações maiores estejam investindo pesadamente em ferramentas como a Radian6 e a Alterian, que oferecem aplicativos na Web fornecendo apoio contínuo para escuta, tom e tendência de sentimento dos dados e informações estatísticas para o cálculo preciso do ROI.

3. **Campanha** – em termos de campanha, precisam ser incluídos todos os custos associados ao início, concepção, produção, execução e conclusão de campanhas que possuem início e fim bem estabelecidos. Isso inclui qualquer infraestrutura de tecnologia, concepção e criação específicas de RP ou agencias de propaganda para colocar e rodar a campanha. Eles precisam incluir os custos de produção e inserção na mídia tradicional que são utilizados para impulsionar a consciência em relação à presença social dentro do público-alvo, e quaisquer custos associados ao recrutamento e

envolvimento de formadores de opinião. Devem ser tomados cuidados para manter os custos relacionados com a campanha separados de outros custos contínuos de marketing social. Para as empresas menores eles podem ser alocados com base no nível de esforço empregado em uma campanha específica de mídia social em relação a outras campanhas na mídia tradicional ou social.

4. **Fatores de risco** – com a mídia social, os indivíduos e os formadores de opinião possuem fácil acesso ao megafone "virtual" e pode haver alguma chance de sentimento negativo ou campanha na mídia social visando a marca no ecossistema social. Dunkin' Donuts, Nestlé e Unilever Dove sentiram o impacto da mídia social negativa. A campanha Unilever's Dove Onslaught foi conduzida pelo Greenpeace que afirmava que o uso do óleo de palma estava provocando perdas de florestas tropicais na Indonésia e na Malásia. As empresas precisam agora alocar algum nível de custos implícitos associados com o risco potencial de mídia social negativa. O custo geral de uma campanha negativa na mídia social pode ser bastante alto, principalmente se a companhia não responder adequadamente. Só agora os profissionais de marketing começam a aprender como responder melhor e pode haver um custo em termos de perda de receita de vendas e redução do valor da marca em longo prazo.

Com esses tipos de custos adequadamente definidos e alocados, e com o apoio do departamento de finanças, o profissional de marketing pode agora medir e calcular com precisão o lado do "investimento" na equação de ROI. Esses custos podem ser utilizados para determinar o ROI de campanhas passadas ou podem ser utilizados para estimar mais precisamente o custo de futuras campanhas com base em custos reais que não são facilmente contestáveis.

Em alguns casos, a gestão ou o tempo de supervisão pelo marketing também podem precisar ser contabilizados, principalmente para a porção de tempo que os quadros superiores gastam com a administração do pessoal envolvido no esforço de marketing social. Se houver uma grande quantidade de supervisão aplicada em uma campanha na mídia social, então isso representa um custo de oportunidade que também deve ser determinado e alocado na campanha.

O CUSTO DE UM BLOG DO CEO

Qual é o custo de um blog corporativo do CEO? Se o CEO passa um tempo escrevendo e administrando um blog, o custo deveria ser calculado com base no salário-hora aplicado ou como um custo de oportunidade com base no salário por hora? Se for cobrado somente o salário do CEO, então qual número seria apropriado para aqueles que recebem salário anual igual a zero ou a um dólar? Se o CEO estivesse aplicando o tempo para fazer alguma outra coisa, ele estaria desenvolvendo valor para a empresa. Esse valor de oportunidade tem um custo e é esse custo que deve ser aplicado no lado do "investimento" na equação do ROI. Nesse cálculo, o blog do CEO é bastante oneroso em termos dos custos de oportunidade que isso representa. Isso também é verdadeiro para qualquer executivo sênior da companhia que escreva um blog ou participe de uma atividade de marketing social. Se o custo de oportunidade do CEO exceder seu salário por hora, então os custos associados aos seus esforços na mídia social devem ser os custos de oportunidade associados ao seu valor para a companhia.

ESTUDO DE CASO
ESTRATIFICANDO A RESPOSTA PARA DETERMINAR A EFICÁCIA

1800Flowers.com

A 1800Flowers.com começou de uma maneira única, com suas raízes crescendo a partir da vocação em tempo parcial de seu fundador, Jim McCann, à medida que ele carregava sobre os ombros a responsabilidade como gerente noturno de uma casa de amparo a meninos. Para ganhar dinheiro, Jim começou a trabalhar durante o dia em uma floricultura. Ele era bom nisso e em quatro anos construiu sua própria cadeia de 14 floriculturas na área metropolitana de Nova York.

Em 1986 ele adquiriu o número de telefone "1800Flowers" (+1(800)356-9377) e construiu um negócio nacional com base em um conhecimento profundo dos consumidores. A marca foi construída sobre uma reputação de confiança e confiabilidade no fornecimento de um produto perecível que chegava na hora certa e no local correto, e que era facilmente encomendado.

Lewis Goldman, vice-presidente sênior de Marketing para a empresa, descreve esse relacionamento especial que possuíam com seus clientes dizendo: "Nosso trabalho era basicamente de permitir se expressar e se conectar com pessoas importantes em nossas vidas e embora ninguém fosse obrigado a enviar flores, eles as enviavam porque se importavam com aquela pessoa." Em 1992, a companhia se expandiu para além do canal varejista normal, entrando na internet e, em 1995, construiu o site 1800Flowers.com vendendo diretamente para os consumidores e através de alguns serviços on-line como a America On-line, MSN e Yahoo!.

Para comprar na 1800Flowers os clientes podem "ligar, clicar ou vir". A 1800Flowers continuou a buscar por novas formas inovadoras de se conectar com os consumidores e agora também podem ser encontrados em algumas comunidades de mídia social incluindo o Facebook, MySpace e Twitter; eles chegaram a ter uma presença virtual no Second Life oferecendo flores virtuais em sua loja virtual. Eles também oferecem um aplicativo para SmartPhones, incluindo o iPhone, Android e Blackberry.

"Tina"

A 1800Flowers visa a sua consumidora modelo, "Tina", em uma estratégia de mídia integrada por várias plataformas. Lewis nos conta que "Tina aprecia dar tanto quanto receber; ela gosta de chegar até seus amigos e familiares presenteando flores, chocolate ou cookies. Tina gosta de dar apenas 'porque' consegue a mesma carga de emoção das pessoas que recebem, fazendo feliz o dia de alguém ao oferecer presentes. Tina é uma grande usuária do Facebook e quer manter essa conexão mesmo se estão geograficamente distantes de onde ela vive. Ela quer animar um amigo que está tendo um péssimo dia, felicitar outro porque ele recebeu uma promoção, assim como em ocasiões normais de aniversários e dia das mães".

Spot-A-Mom (Localize uma Mãe)

Em 2009, a 1800Flowers.com lançou uma campanha em torno do dia das mães chamada de Spot-A-Mom. O objetivo era promover o presentear com flores as mães, sogras ou mesmo irmãs que recentemente possam ter se tornado mamães. A campanha foi concebida para tornar fácil presentear no dia das mães de forma que "nenhuma mãe fosse deixada para trás". A campanha começou identificando e alcançando as influentes Mommy Bloggers seis semanas antes do dia das mães. Foram definidos diferentes tipos de mães incluindo a "mãe de um animal de estimação", a "nova mamãe" e a "mãe das mães". Pelo componente social da campanha eles tocaram mais de 6 milhões de seguidores diferentes antes de lançar outras atividades de marketing tradicional da empresa e, no processo, geraram vendas muito mais cedo do que no passado.

À medida que a campanha progredia, eles mediram a resposta ao longo de três tipos de medidas:

Vendas – como uma empresa de e-commerce, a medição mais importante é a receita direta gerada, medida principalmente através da atribuição de último toque (ver a seguir) pelo uso de códigos de promoção. Embora isso fornecesse uma boa indicação da resposta por fonte, sempre existe alguma "quebra", que é quando as compras são feitas sem um código de promoção, mas que provavelmente foram devidas a uma das Mommy Bloggers ou outro esforço on-line.

Tráfego – o tráfego através dos esforços interativos, de busca e de afiliação geralmente podem ser diretamente medidos através de páginas específicas de destino e códigos de promoção, mas sempre existe um nível de tráfego sem atribuição. Esse "tráfego inexplorado" aumentou, representando visitantes vindo diretamente e espontaneamente para o site, sem uma clara identificação da fonte.

Participação nas discussões – a 1800Flowers.com monitorou o volume de discussão e, durante a campanha, a participação nas discussões aumentou, representando uma resposta real para sua campanha na mídia social. Durante a campanha, a 1800Flowers.com designou agentes de serviço ao cliente para avaliar e estar disponível para responder às perguntas sobre serviços que aparecessem nos canais de mídia social. Esse monitoramento da campanha foi um êxito porque permitiu que rapidamente respondessem a problemas de entrega e ao sentimento negativo assim que ele surgia.

Após o Dia das Mães, a 1800Flowers.com conseguiu atingir 67% de sentimento **positivo** contra 75% de sentimento **negativo** em relação ao seu principal concorrente. O resultado é que a campanha foi um sucesso em várias frentes, incluindo enormes ganhos de curto e longo prazo em termos de maior lealdade e retenção. Através de sua capacidade de resposta no serviço ao cliente, eles conseguiram aumentar o relacionamento com os clientes existentes resolvendo rapidamente os problemas e transformando uma experiência potencialmente negativa com sua resultante mensagem social negativa em um problema resolvido e um sentimento positivo na mídia social.

Através de suas atividades on-line de marketing social, a 1800Flowers.com consegue construir envolvimento com clientes e melhorar a lealdade e a retenção.

Fonte: Entrevista com Lewis Goldman, vice-presidente sênior de Marketing da 1800Flowers.com, realizada em 3 de fevereiro de 2010. Publicada com permissão. Todos os direitos reservados.

Uma vez que tenha determinado que tipo de custos considerará, você precisa pensar sobre o caso da coleta de dados, da frequência e intervalo dos dados, a conveniência e o formato. Depois considere em qual intervalo de tempo você capturará os custos: ele precisa estar em linha com o período dos retornos. Finalmente, pense um pouco sobre os custos de encerramento ou eliminação.

Medindo o "r" do ROI

O QEM fornece as ferramentas necessárias para determinar o valor do marketing social para impulsionar receitas, lucros, valor de marca e participação de mercado. Os aumentos positivos em qualquer um dos três funis dos personagens fornecem medições baseadas no quadro que podem ser utilizadas para determinar seus valores no curto e longo prazo para a marca. Entretanto, eles precisam ser avaliados de forma que representem aumentos reais em valores financeiros. Existem muitos métodos que podem ser utilizados, e alguns são mencionados aqui com uma curta descrição de como se aplicam ao marketing social.

Para a medição dos retornos é fundamental compreender o grau de sofisticação que pode ser aplicado. Em muitos casos pode ser que utilizando uma abordagem menos precisa ou menos sofisticada seja suficiente para tomar as decisões corretas. À medida que crescem os recursos, poderá ser investido mais em dados e medições para melhorar a precisão e tomar decisões ainda melhores.

Como discutimos, o ROI de marketing possui três propósitos: tomar melhores decisões de alocação de investimentos em marketing; diagnosticar e melhorar a resposta de um canal específico de marketing; e comunicar resultados para o restante da empresa. Seguem quatro métodos para atingir esses propósitos:

1. ***Atribuição de último toque (LTA – Last-Touch Attribution)*** – a LTA assume uma ligação direta com a última atividade que gerou receita ou valor para a marca como se tivesse sido o único fator a impulsionar a ação. Não existiriam outros valores anteriores, simultâneos ou de longo prazo de qualquer outra fonte. Assim, por exemplo, se os cliques (CTR) foram medidos para aqueles originários do Facebook para uma página de conversão de geração de receita, o LTA fornecerá uma resposta dizendo que todas as receitas devem ser atribuídas ao Facebook, e que essas conversões não podem ser atribuídas a nenhuma outra atividade de marketing. Entretanto, se houvesse uma campanha de publicidade na televisão sendo veiculada simultaneamente com estas conversões, e a taxa de conversão fosse o dobro quando a campanha na televisão estivesse sendo exibida em comparação a quando não estivesse, isso provavelmente seria considerado um uso e uma resposta incorretos do LTA. Por outro lado, se for assumido que o impacto de qualquer outro marketing é relativamente pequeno, então o LTA poderia fornecer uma resposta razoável. Os profissionais de marketing devem sempre testar para garantir que não estejam violando aquelas suposições.

O LTA também pode ser utilizado para valores temporários. Por exemplo, se certo nível de publicidade gera novos fãs no Facebook e se ao longo de um ano todos os novos fãs que visitam a página no Facebook representam em média uma receita adicional de $1 mil por ano por fã, então os custos de publicidade necessários para gerar um único novo fã no Facebook pode ser aplicado contra os $1 mil por ano de receita adicional, embora a página de fãs do Facebook não gere diretamente $1 mil de receita. Em vez disso, ele gerou a contagem adicional de fãs medidos em uma base temporária. De forma semelhante, se forem necessários $5 mil de propaganda on-line para gerar 1% de intenção de compra adicional e, em média, 1% a mais de intenção de compra se correlaciona com $45 mil em receitas, então os $5 mil de investimento em propaganda podem ser aplicados contra os $45 mil adicionais na equação do ROI.

2. **Modelo de mix de marketing (MMM)** – o MMM pode ser utilizado para determinar os efeitos marginais de cada atividade de marketing diante de muitas mudanças ocorrendo simultaneamente. Por exemplo, se durante o ano há mudanças de preços do produto, propaganda na televisão, publicidade impressa, mudanças no clima e publicidade de concorrentes, então o MMM consegue determinar o impacto de cada um desses elementos na receita adicional. No caso da publicidade impressa e na televisão, podem ser determinados a elasticidade do preço e fatores ROMI, e o mesmo método pode ser utilizado para o marketing social. Se a adesão ao Facebook cresce devido à mídia tradicional, SEO e marketing social, o MMM pode ser utilizado para determinar o custo adicional de cada membro devido a cada tipo de marketing. Entretanto, o MMM não inclui o valor do marketing no longo prazo. Ele normalmente não inclui o valor do cliente (isto é, o valor das receitas em longo prazo de um cliente em contraposição à primeira aquisição feita por esse cliente) e o valor da marca (isto é, a consciência adicional em relação à marca, intenção de compra e imagem) que resultam da publicidade e do marketing.

3. **Modelo de previsão** – o modelo de previsão utiliza o comportamento do passado, as características demográficas e outras informações sobre os clientes atuais e prospects para determinar os segmentos ideais a serem visados para reduzir a rotatividade ou aumentar o envolvimento. Por exemplo, o F150online utilizou uma versão simples disso para determinar quais membros não estavam se envolvendo com seu site. Então eles enviaram e-mails e outras mensagens para influenciá-los a se tornarem mais ativos. De forma semelhante, os profissionais de marketing podem utilizar os modelos de previsão visando determinar os comportamentos com maior propensão de

levar a um maior envolvimento com a comunidade e depois determinar quais atividades de marketing conseguem aumentar esse comportamento ou, para membros que comecem a diminuir o envolvimento, determinar quais ações de marketing conseguem aumentar a propensão de o membro se envolver mais e, assim, gerar mais valor para a comunidade e para a marca.

4. ***Modelo baseado no agente (ABM – Agent-Based Modellling)*** – o ABM utiliza um método fundamentado na intenção de compra, escolha e outros fatores para levar em conta o impacto cumulativo da propaganda sobre a consciência em relação à marca e as compras; o impacto do valor do cliente e o impacto das preferências e atributos da marca sobre a escolha. A junção de todos esses fatores permite que o profissional de marketing faça um cálculo mais realístico do verdadeiro impacto no curto e longo prazo de uma atividade de marketing. O ABM consegue decompor o impacto de cada atividade de mídia sobre a compra final, seja da mídia tradicional ou da mídia social. Dessa maneira, o impacto de 1 milhão de visualizações no YouTube pode agora ser comparado com o impacto de 1.000 GRPs[3] da televisão para determinar o ROI relativo de cada um. Essa técnica tem sido utilizada para determinar o impacto de formadores de opinião em uma categoria e consegue demonstrar o valor no longo prazo de ações de forma que elas possam ser avaliadas por seu impacto na receita de curto prazo assim como no longo prazo.

Existem muitos outros métodos para calcular o valor da resposta do marketing social como definido pelo QEM. Ao empregar um ou mais desses métodos, seja medindo o valor pelo LTA, seja utilizando uma técnica sofisticada de modelos como o MMM ou ABM, o profissional de marketing tem condições de tomar melhores decisões com base no ROI.

Todas essas técnicas podem ser utilizadas para determinar o impacto das ações de marketing sobre medições financeiras temporárias ou finais. Porém, antes delas serem aplicadas, precisam ser claramente determinados os objetivos e as limitações. Ao utilizá-las para determinar o impacto sobre valores temporários, também podem ser definidos valiosos KPIs que podem agora ser monitorados e que são importantes para o sucesso das atividades de marketing e, em última instância, da empresa.

Planilhas de marketing

As métricas também podem ser utilizadas para gerenciar a empresa. Com o QEM sendo aplicado adequadamente para suas marcas e empresa, os KPIs podem agora ser facilmente definidos, permitindo o estabelecimento de segmentos-alvo. Tendo implantado os KPIs, eles podem ser monitorados e rastreados em bases regulares para determinar se as ações de marketing estão conduzindo-os para atingir e superar os níveis visados. Na mídia social em relação ao QEM, esses KPIs podem incluir:

- contagem de fãs no Facebook para sua marca e seus concorrentes.
- comentários semanais no Facebook.
- sentimento positivo *versus* negativo.
- menções diárias no Twitter.
- o número de menções de sua marca e a dos concorrentes por seus principais formadores de opinião.

Com esses KPIs implantados, o marketing possui agora uma arma tática que pode ajudar na tomada de decisões mais oportunas. Aquelas companhias que implementam esses KPIs no QEM conseguem rastreá-los em bases regulares e conseguem responder a eles. Elas serão mais ágeis e conseguirão colher recompensas sobre aqueles concorrentes que não viram o valor das medições sofisticadas, KPIs e planilhas sobre a resposta em tempo real.

O ROI DE MARKETING APLICADO

Imagine que uma atividade de marketing que custe $10 mil tenha gerado 2 mil fãs no Facebook. Ao longo dos 12 meses seguintes, um em cada dez desses fãs adquiriu uma média de $1.500 em produtos com uma margem de lucro de 33,3%. Com esses números, chegamos a um total de investimento de $10 mil e um total de receita gerada pelos novos clientes ao longo dos 12 meses seguintes (assumindo que não houve nenhum outro custo de marketing aplicado a esses clientes) de 2.000 × 10% × $1.500 = $300.000. O lucro total gerado foi de $300.000 × 33,3% = $100.000. Com isso chega-se a um fator ROMI de 30, um fator mROMI de 10 e um ROI de 900%.

A próxima pergunta seria se o investimento de $100 mil poderia gerar 10 vezes mais esse resultado. Existem muitos fatores que entram em jogo nessa estimativa: o tamanho do mercado disponível, retornos decrescentes e a capacidade do departamento de marketing de ampliar em 10 vezes o investimento anteriormente previsto.

Dependendo do tipo de negócio, os objetivos e cálculos dos retornos da equação do ROI irão diferir. Eis alguns exemplos:

1. ***Gerar consciência em relação à marca*** – (medida no funil de compra do consumidor) para a marca de bens de consumo. Um aumento na

consciência em relação à marca pode levar rapidamente a mais receitas. Isso pode ser expresso como a quantidade de receita atribuída a cada ponto percentual de aumento da consciência em relação à marca.

2. **Gerar prospects** – para profissionais de marketing B2B, os prospects de certa qualidade gerados pelo marketing representam um bom indicador do sucesso de uma campanha específica. Se 30% de todos os prospects de elevada qualidade gerados se converterem em clientes, o retorno pode ser facilmente calculado. No QEM, os prospects de alta qualidade são aqueles que possuem algum interesse em comprar o produto. Assim, os prospects que representam a intenção de compra no funil de compra do consumidor poderiam ser medidos como o número de prospects de alta qualidade gerados em um dado período. Também é importante a forma como esses prospects fluem através do funil de compra do consumidor desde a consciência em relação à marca até entrar no conjunto de considerações (isto é, fazer parte do processo de licitação, tornando-se um dos concorrentes finais no processo de compra). A velocidade com que um prospect se move no funil de compra do consumidor também pode ser um bom indicador do sucesso do marketing.

3. **Envolver o formador de opinião para a marca de consumo** – os formadores de opinião podem enviar mensagens de valor para a marca a seus seguidores. Estas mensagens possuem certo impacto em termos de tornar esses seguidores conscientes em relação à marca, e depois fazendo com que se interessem pela compra. O impacto de um formador de opinião sobre a marca pode então ser medido com base no número de indivíduos que visitam o site (ou página de destino específica para o formador de opinião) imediatamente após um post falando sobre a marca. Além disso, a qualidade destas visitas pode ser um indicador de maior intenção de compra. Se o tempo dos visitantes no site for maior do que os outros, mais páginas serão vistas ou mais atividades de elevado valor serão executadas por esses visitantes; assim, esse formador de opinião gerou mais valor do que outras atividades de marketing equivalentes. Adicionalmente, uma segunda medição poderia ser a de quantos desses visitantes iniciais retornaram ao site dentro de certo período. Com exceção do Facebook, muitas destas medições podem ser obtidas utilizando algumas das ferramentas de medições disponíveis atualmente. Pelo fato de muitas destas medições para as páginas do Facebook não poderem ser obtidas com estas ferramentas, o Facebook Insights pode fornecer uma aproximação para a intenção e valor de compra adicional.

Conclusão: o ROI do ROI

O investimento em medir o ROI de marketing no que se relaciona com a mídia social também deve gerar um ROI. O ROI do investimento precisa ser alto o suficiente para justificar a inclusão do custo de aquisição de dados, da infraestrutura, da análise e da internalização dos resultados. Se não for, o investimento em ROI de marketing precisa ser redimensionado para garantir que ele forneça um valor significativo para a organização. Os profissionais de marketing não devem usar as ferramentas mais sofisticadas, exigindo a obtenção de dados onerosos, para tomar decisões simples. O custo do investimento em ROI precisa estar em linha com o possível benefício em receitas e lucros, tanto no curto quanto no longo prazo.

Antes de o investimento ser feito, o custo e possíveis retornos devem ser determinados e estimados para cada ano dali em diante. Uma vez tendo decidido investir no ROI e nas análises de marketing, pode-se esperar que os resultados se repitam em cada ano subsequente. Normalmente, o primeiro modelo adotado por qualquer organização pode ter algumas enormes implicações em termos de realocação dos investimentos de marketing. Da próxima vez que o modelo é repetido, os ganhos das realocações podem ser analisados e determinados, com os ganhos podendo ser repetidos no futuro. À medida que o processo do ROI avança, novas questões são colocadas exigindo novos dados, e o investimento pode aumentar ainda mais os ganhos pela sua capacidade de melhorar a composição geral do marketing. O próprio ROI de marketing pode ser continuamente aperfeiçoado, gerando permanentemente melhorias na eficácia do marketing.

À medida que a mídia social se tornar um componente cada vez maior do mix de marketing, os profissionais precisarão se certificar de que os investimentos em marketing social sejam feitos corretamente, e continuem sendo feitos corretamente, para poder obter os extraordinários retornos dessa mídia em comparação com as demais. Entretanto, os retornos acima da média que os primeiros adeptos estão obtendo não é sustentável: quanto mais profissionais de marketing investirem na mídia social, a concorrência por um limitado conjunto de sites de mídia social naturalmente levará a retornos decrescentes. Os profissionais concorrerão com custos cada vez maiores para os mesmos formadores de opinião, sites de mídia social e visualizações. Conhecer os retornos esperados sobre esses investimentos será fundamental para ajudar o profissional de marketing a tomar a melhor decisão possível em relação a essa nova mídia.

Notas

1. http://www.brainyquote.com/quotes/quotes/d/dwightdei149111.html.
2. WOMMA Metrics Best Practices Guidebook, fornecido pela WOMMA Measurement and Research Council, novembro de 2009. Artigo de Neal Beam, "ROI of Word of Mouth", págs. 37 a 41. (http://dmabenchmarkshub.wikispaces.com/file/view/WOMMA+Measurement+Toolkit.pdf, outubro de 2010).
3. GRP = *gross rating points* (pontos de audiência bruta).

11

Processo em oito etapas para medir a estratégia de marketing social e o ROI

CONSTRUINDO UMA CULTURA DE MEDIÇÕES EM MÍDIA SOCIAL

Sem um guia simples, definir e executar um processo para o desenvolvimento de medições e do ROI em marketing social pode ser um desafio para muitas organizações. O objetivo deste livro é ajudar as organizações a estabelecerem uma base e um processo definido a partir do qual possam aperfeiçoar o ROI para o marketing social e muitos outros esforços em marketing tradicional. Para as organizações que já possuem uma forte cultura de medições e de ROI, esse processo se constitui em simples ajustes na sua infraestrutura atual para acomodar os conceitos apresentados nos capítulos anteriores.

Se não houver a cultura de medições no marketing da organização, então poderá ser difícil desenvolver apenas uma cultura de medições para a mídia social. Se não houver a cultura de avaliar o ROI no marketing da organização, então a iniciativa de primeiro desenvolver a cultura e a estratégia para medições de marketing pode ter um grande retorno. Pode ser que após ler este livro, a equipe de marketing queira utilizar as medições e o ROI de marketing social em um programa piloto para compreender e depois desenvolver esses conceitos para o restante das atividades de marketing.

Embora a mídia social ofereça muitas opções de medições, a escolha das corretas é fundamental para a construção com sucesso de estratégia, infraestrutura e campanha de marketing social. O objetivo das medições e do ROI de marketing social é o desenvolvimento de ligações entre as atividades de marketing social e a resposta em termos de receita, lucro, valor de marca e participação de mercado. Seja utilizando medições temporárias, seja por meio de resultados financeiros diretos, os profissionais de marketing precisam trabalhar para identificar as medições corretas e continuar a testá-las e refiná-las pelo seu impacto na geração de receitas e lucros. A seguir é apresentado um processo de desenvolvimento de campanha de marketing social, do qual as medições fazem parte.

INFRAESTRUTURA DE MEDIÇÕES EM MARKETING SOCIAL

A construção com sucesso de uma infraestrutura em marketing social nas organizações exige atividades e mudanças organizacionais em quatro dimensões principais: infraestrutura da empresa e do marketing; canal de mídia social; campanha; e medições permanentes e veiculação de mensagens.

INFRAESTRUTURA DA EMPRESA E DO MARKETING

No que tange à empresa, existem medições fundamentais para todas as atividades no marketing. Medições, infraestrutura e cultura corretas devem ser aplicadas por todas as mídias, marcas e canais. Os padrões de medição e desempenho da empresa precisam ser estabelecidos por toda a companhia e para cada unidade de negócio para assegurar uma linguagem comum entre os profissionais de marketing. Esses padrões propiciam a capacidade de transformar medições de nível inferior em medições de nível superior e a capacidade de desenvolver comparações dentro da organização. Existem muitos livros e trabalhos escritos sobre medição de desempenho de marketing (MPM – Marketing Performance Measurement), gestão de recursos de marketing (MRM – Marketing Resource Management), gestão de investimento de marketing (MIM – Marketing Investment Management) e retorno sobre o investimento de marketing (ROMI). Uma vez que esses conceitos tenham sido compreendidos, implementados e adotados, eles podem facilmente ser modificados e ampliados para incorporar os conceitos de medições e ROI em marketing social. Um estudo de Laura Patterson,[1] presidente da VisionEdge, descreve seis melhores práticas para construir uma infraestrutura de dados analíticos em termos corporativos:

1. Criar um sistema de medida de desempenho com base em dados e análise.
2. Ligar o marketing aos resultados dos negócios.
3. Adotar uma estrutura de medições.
4. Melhorar a competência de medição.
5. Adicionar competências, sistemas e ferramentas corretos.
6. Monitorar e registrar o progresso.

Os profissionais de marketing das empresas se esforçam para gerar o maior lucro para a companhia com o menor risco, para o curto e longo prazo. O uso melhor de dados e informações permite que a empresa tome decisões significativamente melhores baseadas em fatos e reduza o risco associado a estas decisões. O investimento em dados melhores fornece retorno em termos de como o marketing pode apoiar os objetivos da empresa e se tornar um componente fundamental do sucesso corporativo. Com a organização do marketing claramente voltada para a análise, ele consegue facilmente investir em canais de mídia novos e experimentais para poder determinar como implementá-los em benefício da empresa.

Para conduzir medições e ROI, a companhia requer uma cultura de responsabilização e de contabilidade em marketing. Isso inclui a capacidade e a infraestrutura para rastrear custos, resultados provisórios e o sucesso. As áreas principais para se investir incluem técnicas de modelos tais como rastreamento de respostas diretas (*direct response tracking*), modelo de mix de marketing, modelo de previsão, modelo por semelhança, modelo com base no agente e projeto experimental. Com qualquer um ou todos eles implantados, a companhia consegue gerar ganhos significativos no desempenho do marketing e na lucratividade geral.

No que tange ao marketing social, os profissionais de marketing devem investir em ferramentas que possam ser usadas pela organização para monitorar e responder às conversas que acontecem no universo da mídia social. Ferramentas como Radian6 e Alterian SM2 implementadas em nível corporativo fornecem aplicativos completos de processamento do fluxo de informações na mídia social para impulsionar melhor processamento de vendas para prospects, serviço ao cliente e operações de suporte, assim como modelos de resposta de marketing.

Da mesma maneira que o departamento de RP deve se preparar para possíveis eventos negativos, também os profissionais de marketing precisam se preparar para possíveis eventos negativos que venham a gerar conversas prejudiciais na blogosfera da mídia social. Os investimentos em medidas que permitam se preparar para esses casos conseguem fornecer enormes retornos se e quando a crise ocorre. Muitas empresas já cometeram muitos erros em seus esforços para responder o boca a boca on-line negativo. O fato de estar devidamente preparado pode diminuir os efeitos prejudiciais e possivelmente gerar retornos positivos quando a crise terminar.

CANAL DE MÍDIA SOCIAL

Da mesma forma que as medições e análises dos canais de mídia tradicional variam por canal de mídia, também as medições e análises de cada canal de marketing social deve diferir. Seja no YouTube, no Twitter, no Facebook, no LinkedIn ou em um blog da empresa, as medições e análises requerem uma abordagem diferenciada para produzir os melhores resultados para a marca. Isso é especialmente verdadeiro quando se for medir e traduzir resultados para esses canais dentro da infraestrutura de medição e rastreamento da empresa.

Como vimos anteriormente, os investimentos em marketing social podem ser subdivididos em permanentes, esforços contínuos e campanhas isoladas. Por exemplo, um blog da empresa pode ser um canal de informações contínuas sendo inseridas no mercado. De forma semelhante, um canal Twitter pode ser utilizado para fornecer determinado conjunto de mensagens para determinado público-alvo em base permanente. Nesse caso, esses dois canais de mídia fornecem permanentemente conversas valiosas para a marca. Por outro lado, como vimos com o BlendTec e a Heineken, podem ser veiculadas campanhas isoladas no YouTube ou Facebook e os resultados para cada uma delas ser medido e analisado; assim, a próxima campanha já pode ser desenvolvida e executada aplicando-se esses insights.

Por último, para muitas marcas existe geralmente um volume básico de conversas ocorrendo em qualquer canal de mídia social. Quando uma campanha é executada, em mídia tradicional ou social, o volume de conversa geral pode aumentar, mas quando a campanha é concluída, a conversa diminui novamente até o volume básico. Assim, é importante diferenciar em cada canal de mídia as conversas específicas de uma campanha das conversas básicas, para garantir que, quando uma ação de marketing for executada, somente as conversas adicionais de cada campanha sejam adequadamente atribuídas a ela.

CAMPANHA

Em termos de campanha, os profissionais de marketing precisam saber como integrar suas táticas de marketing social dentro de seu esforço geral de marketing. As campanhas de marketing social podem ser componentes de uma campanha de marketing integrado maior ou um evento isolado. Campanhas não integradas podem desenvolver valor por conta própria. Embora as campanhas de marketing social geralmente não pareçam ser onerosas em comparação a outras mídias tradicionais, elas ainda precisam ser medidas e monitoradas com base em dados válidos e análises. Muitas das técnicas de modelo mencionadas conseguem fornecer valiosos insights a partir dos dados colhidos, ajudando os profissionais de marketing a tomarem melhores decisões táticas e estratégicas no intuito de fazer alocações mais adequadas com base no sucesso relativo de cada canal de mídia.

MEDIÇÕES PERMANENTES E VEICULAÇÃO DE MENSAGENS

Em contraste com muitos tipos de mídia tradicional, a mídia social propicia tanto atividades específicas da campanha quanto atividades permanentes. Normalmente, uma campanha em mídia tradicional possui início e fim bem determinados. São feitos os planos de veiculação na mídia (a periodicidade e sequência das inserções na mídia) e as compras de mídia são executadas de acordo com eles. No caso do marketing social, quando ele é executado, a comunicação não termina necessariamente. As conversas persistem indefinidamente: armazenadas em vários servidores e indexadas por dispositivos de busca para recuperação futura. Além disso, são realizadas atividades permanentes: um blog, uma página de fãs no Facebook ou uma comunidade social vinculada à marca continuarão tendo vida mesmo após o fim da campanha.

Uma campanha de marketing social pode incluir uma base de associados que persistem e conversam bem após o final de uma campanha ou evento. No caso da GAB para a marca Heinecken na Malásia, embora cada evento Green Room fornecesse valor para os membros recrutados durante a atividade, cada um dos eventos também fornecia valor para os membros de eventos Green Room anteriores e propiciava uma base para o próximo. As medições devem ser concebidas para levar esse efeito em conta para compreender plenamente o valor futuro de qualquer atividade de marketing.

PROCESSO EM OITO ETAPAS PARA MEDIR A ESTRATÉGIA E O ROI EM MARKETING SOCIAL

Os principais passos no desenvolvimento de um plano bem-sucedido de medição e de ROI em marketing social dependem do tipo de organização, do ambiente atual de medições e do nível de investimento disponível para ser feito em medições. O investimento em medições – e uma infraestrutura e cultura para utilizar essas medições para tomar melhores decisões estratégicas e táticas de marketing – fornece um claro retorno, mas isso não significa que esse investimento pode ser muito alto. Como discutido anteriormente, o investimento no cálculo do ROI precisa apresentar um ROI suficientemente elevado, proporcional aos riscos de se implementar o investimento em ferramentas, treinamento e infraestrutura. Se não, o investimento precisa ser redimensionado para fornecer o ROI requisitado em comparação com qualquer outro investimento feito na companhia. Para muitas organizações, esse investimento é feito de forma melhor através de uma abordagem gradual, em fases: investindo inicialmente em certas conquistas fáceis e depois expandindo a partir desse ponto.

Considerações semelhantes precisam ser feitas para o marketing social. Feitas essas considerações, e justificados os investimentos, um profissional de marketing pode seguir o processo em oito etapas delineado a seguir para compreender o que é necessário no desenvolvimento de uma infraestrutura de medição e análise para calcular o ROI em marketing social, aperfeiçoar a estratégia de marketing social e saber quais táticas geram melhores receitas, lucros, valor de marca e participação de mercado.

1. Desenvolver a estratégia e estabelecer metas

Muitos profissionais de marketing poderão ter definições diferentes para a estratégia. Em uma visão mais ampla, é definir aonde ir e como chegar lá; e como chegar lá diante da concorrência e outros fatores exógenos:
- **Estabelecer metas e objetivos da empresa** – uma vez que as metas e objetivos da empresa estejam estabelecidos, o marketing precisa colocar em prática os planos para cumprir a sua parte no intuito de atingir esses objetivos ao menor custo e risco. Eles incluem os objetivos no curto e longo prazo sobre quais o marketing tem influência. Em termos de curto prazo, o marketing precisa ajudar a empresa a alcançar os números desta semana, deste mês e deste trimestre. Para o longo prazo, o marketing também deve preparar a empresa para atingir os números do próximo trimestre e do próximo ano.
- **Ouvir e pesquisar mercado** – na mídia tradicional, a pesquisa de mercado é feita para entender o comportamento e as atitudes do consumidor com o objetivo de apoiar o desenvolvimento de mensagens, necessidades e segmentos que o marketing abordar ao menor custo e risco. Estudos de usos e costumes, grupos de discussão, estudos de rastreamento de marca e muitas outras ferramentas de pesquisa constituem a lista de ferramentas disponíveis de pesquisa de mercado para colher valiosas informações sobre consumidores, concorrentes, a categoria e o canal de distribuição. Para a mídia social é semelhante. Além das ferramentas tradicionais, a pesquisa de mercado na mídia social pode ser feita ouvindo as conversas em seu ecossistema sobre a marca, a categoria e outras tendências relacionadas. Existem muitas ferramentas para reunir informações no espaço da mídia social. Elas podem ser utilizadas para entender o que está sendo dito e como utilizar essa informação para construir e refinar uma estratégia de marketing em mídia social.
- **Estabelecer meta em marketing social** – o estabelecimento de meta para uma campanha de mídia social precisa combinar os objetivos da empresa,

da campanha (para campanhas de marketing integrado) e do canal de mídia social, com claros objetivos definidos para cada nível do funil de envolvimento na comunidade. Os objetivos mais amplos podem incluir a construção da marca, a geração de compras ou retenção, ou então melhorar o serviço e reduzir o boca a boca negativo. Os objetivos ao longo do funil de envolvimento na comunidade podem incluir o aumento da adesão à comunidade, do consumo, das conversas ou dos convites. Objetivos adicionais podem incluir a otimização do marketing de busca, impulsionar a imagem da marca ou outro valor definido para a marca.

- **Desenvolver medidas e medições objetivas** – para determinar a eficácia de qualquer atividade de marketing, os profissionais de marketing podem se avaliar de várias maneiras. Eles podem ter como meta crescer ao longo de cada dimensão para gerar uma contínua melhora na eficácia do marketing em geral. Existem cinco níveis discutidos no livro *Marketing Calculator*, cada um deles com requisitos de coleta de dados e análises:
- Rastreadores de atividade – implemente uma estrutura de coleta de dados.
- Medições de campanha – utilize os dados disponíveis para medir a eficácia de cada campanha com base na atribuição de último toque.
- Modelos do mix de marketing – meça ao longo de todo o mix de marketing para determinar qual canal de marketing é mais (ou menos) eficaz.
- Análises do consumidor – aplique todos os dados de marketing e consumo na categoria para gerar resultados ideais em curto e longo prazo.
- Otimização da marca – olhe para o ROMI por marca para tomar decisões estratégicas fundamentadas quanto à viabilidade e caráter de marcas específicas, cada uma delas competindo por recursos e financiamento da empresa.

Os profissionais de marketing social podem implementar alguns ou todos os métodos para determinar a eficácia de cada canal de mídia, mídia social ou mídia social em comparação com a mídia tradicional, para alocar recursos que gerem mais efetivamente receita, lucro, valor de marca e participação de mercado.

2. Identificar o público-alvo

Como vimos no QEM, o público-alvo é constituído de três personagens principais: formadores de opinião, indivíduos e consumidores.

- **Identificar o público consumidor** – a ação de definir e identificar o público-alvo consumidor é fundamental para a implementação de uma campanha de mídia, com ou sem componentes da mídia social. Os estudos de caso mostram como alguns profissionais de marketing utilizaram a mídia social para segmentar o canal e a mensagem. Da mesma forma que com a mídia tradicional, a mensagem precisa fornecer um benefício claro para o consumidor visado para que ele se envolva positivamente com a mensagem e a converta em consciência em relação à marca, preferência e intenção de compra.

- **Definir a imagem da marca** – os atributos da marca, e as preferências para esses atributos, determinam como os formadores de opinião, indivíduos e consumidores podem extrair valor da marca. Por exemplo, a marca com baixo valor na mente do formador de opinião muito provavelmente não será endossada por ele. De forma similar, marcas com baixo valor nas mentes dos consumidores não serão compradas. Se escreverem sobre elas, poderão acabar escrevendo somente de forma depreciativa. As marcas com elevado valor muito provavelmente não sofrerão tanto boca a boca negativo quanto as de baixo valor, no caso de ocorrência de algum incidente no serviço.
- **Desenvolver e comunicar a proposta de valor para o público consumidor e os indivíduos** – a proposta de valor da atividade de mídia social do profissional de marketing precisa ser mais valiosa para o indivíduo do que ele gastar seu precioso tempo em outro lugar dentro do espaço da mídia social. O profissional de marketing não está competindo por uma quota da carteira e sim por uma quota de tempo.
- **Identificar os concorrentes** – o público-alvo no espaço da mídia social possui uma área de concorrência diferente daquela da loja onde o produto do profissional de marketing poderá ser encontrado. Ao concorrerem no espaço da mídia social, os profissionais precisam oferecer valor suficiente para que o consumidor-alvo e os indivíduos se disponham a investir seu valioso tempo. Isso é diferente do objetivo no espaço físico onde o profissional de marketing compete por compras contra concorrentes da categoria de produto. O indivíduos podem gastar seu tempo em jogos, assistir vídeos no YouTube, fazer comentários nas páginas de amigos do Facebook ou nas páginas de fãs das marcas. A área de concorrência é agora muito mais ampla do que aquilo que pode ser encontrado na loja física.
- **Alinhar o canal de mídia apropriado para o público** – dependendo de seu público-alvo, eles podem utilizar ferramentas diferentes no espaço da mídia social. Os que tomam decisões B2B serão mais provavelmente encontrados em grupos de discussão no LinkedIn, enquanto os amantes de música possivelmente estarão no MySpace. As campanhas precisam segmentar o público e descobrir onde passam mais tempo e os tipos de

comportamentos que podem exibir em cada um dos diferentes canais de mídia social. Parte da concepção da campanha é selecionar o canal de mídia mais provável para transmitir a mensagem desejada para o público desejado, no momento e no lugar corretos, ao menor custo e risco.

- **Identificar os formadores de opinião visados** – uma das principais vantagens da mídia social é a capacidade de utilizar os formadores de opinião dentro da comunidade que possam encaminhar a mensagem e amplificar seu alcance. Eles também adicionarão credibilidade à mensagem se encontrarem o nível correto de valor nela. Com os formadores de opinião, os profissionais de marketing social não devem apenas desenvolver mensagens fornecendo benefícios para o consumidor, e sim mensagens que o formador de opinião considere valiosas e que encaminhe para seus seguidores.
- **Desenvolver e comunicar a proposta de valor para formadores de opinião** – os profissionais de marketing devem se certificar que sua oferta aos formadores de opinião visados seja competitiva e valiosa. A oferta aos formadores de opinião será comparada com outras ofertas como essa que eles recebem. Ela também precisa ter um valor alto o suficiente para não "queimar" (ver o box a seguir) ou diminuir a reputação do formador de opinião.
- **Identificar concorrentes em termos de formadores de opinião** – muitos outros profissionais de marketing de marca querem alcançar os formadores de opinião. Estes são visados por muitas categorias e marcas, e o profissional de marketing deve determinar que outras marcas da categoria e de fora da categoria estão buscando os mesmos formadores de opinião.

A "QUEIMA" DO FORMADOR DE OPINIÃO

Ao lidar com formadores de opinião, os profissionais de marketing da marca fariam bem em avaliar se estes ficariam ou não "queimados" devido ao fato de promover em excesso o patrocínio de marcas. Se o formador de opinião enviar demais mensagens, cupons ou outras promoções para seus seguidores, ele poderá rapidamente perder credibilidade com seu público, fazendo cair seu nível de influência e persuasão.

Se estiverem oferecendo promoções demais, precisarão receber cada vez mais valor pela participação em sua campanha e o preço da participação deles em seus programas subirá. Embora tenham que divulgar certos relacionamentos com a marca, conforme as regras do FCC, a compensação poderá ser na forma de mais amostras valiosas ou outros atrativos para ganhar o apoio do formador de opinião em seu programa.

3. Desenvolver a mensagem da campanha e monitorar o conteúdo das conversas

A concepção da campanha precisa dar apoio ao plano de marketing no intuito de atingir os objetivos gerais da empresa. O conteúdo é o componente mais importante para impulsionar conversas dentro do público-alvo: o conteúdo é o rei do marketing social.

- **Ouvir** – tendo definido o público-alvo, ouvir é o próximo passo mais importante para entender o que está ocorrendo com os formadores de opinião, indivíduos e consumidores. A compreensão dos tipos de mensagem de interesse desses grupos estabelecerá as bases para a concepção dos tipos de mensagens corretas quando de fato começar o envolvimento na campanha.
- **Desenvolver o conteúdo da mensagem** – embora os profissionais de marketing não necessariamente tenham total controle sobre as conversas, eles geralmente exercem o controle sobre a fase inicial das conversas. A BlendTec iniciou suas conversas ao postar vídeos criativos no YouTube. Embora este livro não seja sobre como desenvolver essas mensagens, o acesso imediato a conteúdo valioso, envolvente e convincente é o que torna a mídia social tão importante para os profissionais de marketing. O rastreamento e monitoramento de como as conversas se desenrolam a partir da inserção de uma mensagem inicial no ecossistema da mídia social é fundamental para que se possa colher o máximo de valor de uma atividade de mídia social.
- **Conceber e monitorar as conversas** – pelo fato de a conversa na mídia social ser interativa e em duas vias, o conceito de concepção da mensagem de campanha precisa ser estabelecido de uma forma bastante diferente do da mídia tradicional unidirecional. Na mídia social, os profissionais de marketing possuem somente um nível parcial de controle sobre o conteúdo das conversas e assim, precisam estar prontos a entrar nas conversas para recolocá-las nos trilhos, ou para deixá-las ir aonde os participantes das conversas quiserem levá-las. Em ambos os casos, os profissionais de marketing devem monitorar como as conversas se desenrolam para que, se possível, possam trabalhar para movê-las na direção desejada.
- **Segmentar as mensagens e as conversas** – as mensagens na mídia social podem ser direcionadas com o uso de táticas e canais específicos que as coloquem diante de determinados públicos. Os canais podem ser segmentados de forma a que contas específicas consigam ter público-alvo específico recebendo tipos específicos de mensagens e gerando conversas em torno

de tópicos específicos. Podem ser facilmente estabelecidas múltiplas contas no Twitter e várias páginas de fãs no Facebook para que sejam fornecidas mensagens diversas direcionadas para cada um dos seguidores dessas contas. O conteúdo de uma conversa no Facebook ou de uma página de fã é diferente do conteúdo encontrado ou concebido no fluxo de mensagens do Twitter. Os profissionais devem considerar o tipo de conversa que querem mediar em um canal de mídia social específico.

Pelo fato de a concepção das conversas e o público-alvo estarem intimamente ligados, e pelo fato de os indivíduos terem certo grau de controle sobre onde e como querem interagir com sua marca, esses indivíduos podem participar um dia de uma conversa em um canal e depois se mudar para outra conversa em outro canal. Monitorar as conversas em um canal de mídia social é fundamental para garantir que o público-alvo esteja recebendo as mensagens planejadas.

4. Executar as táticas de campanha de marketing social

Tendo especificado o conteúdo da campanha e o público-alvo, a campanha precisa ser executada taticamente e as mensagens fornecidas com o intuito de gerar valor e conversas. Os passos a seguir representam elementos-chave para a execução bem– sucedida de uma campanha de marketing.

- **Integrada ou isolada** – muitas atividades de mídia social começam de forma isolada e não integrada. Elas são iniciadas por equipes da área de marketing social (no pior dos casos, em um "silo") da empresa, que também não estão integradas com outras equipes de marketing de mídia tradicional. Isso possui vantagens e desvantagens. Permite que as campanhas de marketing social possam ser facilmente iniciadas sem precisar atravessar com dificuldades por todas as questões organizacionais associadas a uma nova atividade de marketing. Permite que a campanha inicie bastante rapidamente para conquistar posição junto a um entusiasta interno de marketing de mídia social. Tendo iniciado e com o sucesso tornando-se visível, os outros grupos começarão a notar e a atividade poderá migrar para um lugar mais integrado no processo normal de marketing. A desvantagem é que as campanhas de marketing social não conseguem colher os benefícios de estarem integrados em um esforço global de marketing, perdendo as sinergias. Na poderosa mídia tradicional faltam menções aos sites de mídia social da marca, tais como fazer simples referências aos links ou mostrar os ícones do Facebook ou Twitter, impedindo que haja uma conscientização em relação às atividades de mídia social.

- **Produção ou experiência** – após ter sido estabelecida a estratégia de mídia social, mas antes que a organização possa estar totalmente pronta para investir pesadamente em mídia social, os profissionais de marketing podem veicular campanhas experimentais para testar como o canal de mídia social pode ser usado para apoiar a marca, aprendendo rapidamente com os sucessos e fracassos.
- *Call-to-action* – os chamados para a ação (seja explicitamente através de uma oferta ou implicitamente pela inclusão de um link) são com frequência componentes fundamentais para uma campanha de mídia social. Muitas campanhas de mídia social fazem explicitamente chamados para a ação. No Twitter eles vêm através de links resumidos que possuem alto grau de atração. No Facebook, eles podem incluir a oferta de cupons ou convites para um concurso. Em um blog, ou outros lugares, eles podem incluir *downloads*, podcasts, vídeos ou cupons e códigos de promoção.
- **Orçamento** – todo empenho em uma campanha deve ter algum nível de investimento esperado. Nele podem estar incluídos custos externos com uma agência, custo de impressão, custos internos de pessoal designado ao projeto. Os elementos do custo são discutidos em detalhes no Capítulo 10. Assim que uma atividade de campanha de marketing social tenha iniciado, seus custos reais precisam ser rastreados para garantir que estejam em linha com as projeções.
- **Campanhas de sustentação ou de curto prazo** – para campanhas de sustentação de longo prazo devem ser identificados recursos dedicados a manter a atividade na mídia social. Esses recursos podem ser aplicados para estabelecer, manter e mediar uma página de fãs no Facebook ou quadros personalizados na página, uma conta no Twitter ou um blog. Quando for dada a partida em uma campanha, deve ser definida uma programação de atividades para que se continue fornecendo ao público conteúdos de alta qualidade visando manter o envolvimento entre a comunidade e a marca. As campanhas de curto prazo podem ser compostas por eventos isolados, como festivais de música ou cerveja, ou podem representar o componente de marketing social de uma campanha de marketing integrado.
- **Atenuação do risco** – em comparação com a mídia social, a escolha de um canal e conceito de campanha na mídia tradicional possui pouco risco associado. Como vimos no estudo de caso sobre a campanha de marketing social da ofensiva da Dove e a campanha de protesto para proteção do óleo de palma/florestas tropicais, os profissionais de marketing precisam agora considerar como parte de seu planejamento de campanha de mídia social, uma análise "e se" do que poderia dar errado e desenvolver planos de contingência de como lidar com qualquer eventualidade negativa.

5. Definir, monitorar e avaliar as medições provisórias e de sucesso; Escolha da metodologia analítica

O QEM é o conceito fundamental subjacente para a medição dos aspectos corretos em marketing social e de como suas ações de marketing geram valor para a marca. Se não houver qualquer experiência anterior em marketing social com a marca, um bom ponto de partida para identificar como uma campanha semelhante poderia se comportar no futuro seria compreender como marcas similares e campanhas similares desempenharam no passado. Isso poderia ser usado como padrão de comparação para o sucesso da campanha à medida que ela se desenrola.

O desenvolvimento das medições também deve seguir o processo SMART:[2] elas devem ser **e**specíficas, **m**ensuráveis, **a**lcançáveis, **r**elevantes e baseadas no **t**empo. Isso ajuda a manter a quantidade, escopo e aplicabilidade das medições a um mínimo e garante que a organização esteja seguindo medições que sejam de valor e que consigam ajudar a equipe de marketing a tomar melhores decisões táticas e estratégicas.

- **Definir medições provisórias** – o acompanhamento de medições provisórias baseadas no QEM capacita o profissional de marketing a determinar o sucesso ao longo da atividade e, quando necessário, tomar as devidas ações de correção para aumentar a probabilidade de sucesso da campanha como um todo. O QEM fornece medições provisórias para cada um dos principais personagens: formadores de opinião, indivíduos e consumidores. Muitas vezes, ajustes menores em uma campanha, ou na concepção de um plano de envolvimento da comunidade social, podem ajudar a fornecer medições que de outra forma não estariam disponíveis durante a execução de uma campanha de marketing social. Ao conceber essas medições do envolvimento ou da campanha, os profissionais de marketing conseguem monitorar melhor o sucesso da campanha e intervir quando os resultados não atingem seus objetivos ou investir mais quando os resultados excedem os objetivos e existem oportunidades para ampliar o esforço. Algumas dessas concepções de medições podem incluir o uso de redutores de links (tais como o bit.ly) que conseguem fornecer estatísticas precisas ou códigos de promoção que podem ser rastreados especificamente para um canal de mídia social.
- **Definir medições do sucesso** – existem muitos tipos de medições que podem ser utilizados para medir o sucesso com base no QEM; eles podem incluir taxa de cliques (CTR), aumento da intenção de compra ou da consciência em relação à marca e receita adicional ou margens percentuais.

Na ocasião do planejamento de uma campanha é bastante útil calcular um fator esperado para o retorno do investimento no marketing, também conhecido como taxa de ROMI orçada ou planejada. O ROMI representa a receita adicional gerada para cada dólar de marketing investido.[3] Se a taxa de ROMI planejada não estiver acima de uma taxa de atratividade mínima para o risco esperado do programa, então ele deve ser reavaliado e diagnosticado para garantir que o investimento não esteja muito elevado, que as receitas (e margens) esperadas não estejam muito baixas ou que algo mais no projeto precise ser alterado para fornecer resultados melhores.

Além disso, a medição do sucesso deve ser tal que possa ser medida em bases precisas e oportunas, ajudando a equipe de marketing a tomar decisões melhores.

- **Escolher metodologia analítica** – à medida que a infraestrutura de medições vai ficando mais sofisticada, os analistas de marketing social conseguem avançar, deixando de medir somente a resposta direta para medir também a resposta indireta e então, medir o valor da marca em longo prazo com base no QEM. Os efeitos diretos podem ser medidos através de simples taxas de clique (CTR) ou de conversão para sites ou resgates de códigos de promoções para vendas on-line e fora da internet com base na atribuição de último toque. Para muitos setores, a conexão direta não pode ser medida, mas somente estimada ou deduzida ao utilizar outros métodos. Para determinar os efeitos diretos que uma campanha específica possa ter nos resultados de curto prazo, também podem ser utilizados o projeto experimental ou o rastreamento de códigos de promoção. Os efeitos indiretos podem ser calculados com o uso de modelos de mix de marketing com base em análises de regressão estatística e outros métodos. Por exemplo, a medição de atividades de marketing social que geram vendas de sabão em uma loja é geralmente feita com a utilização de modelos de mix de marketing. Embora a resposta direta possa ser medida por cupons e resgate de códigos de promoção, os modelos geram resultados mais precisos. Eles são mais precisos porque incluem componentes que faltam ao se medir somente os efeitos diretos com base na atribuição de último toque. As sinergias, os efeitos de halo e de canibalização,* por exemplo, não são contados ao se utilizar a atribuição de último toque. Em algumas circunstâncias, esses métodos estatísticos também apresentarão dificuldades para medir

---

* *Nota do Tradutor*: Efeito de halo é quando os consumidores compram determinado produto por causa de uma experiência favorável com outro produto do mesmo fabricante. A canibalização é o efeito oposto.

resultados de marketing social. Comparado com a mídia tradicional, o impacto da mídia social pode ser bem pequeno e pode se perder no "ruído". Isso mudará quanto mais investimentos de marketing forem alocados em mídia social. Nesse meio tempo, outros métodos precisam ser empregados para medir o impacto das atividades de marketing de mídia social. Provavelmente, o método analítico também exigirá outras fontes que incluam não apenas os dados internos, tais como volumes de vendas e estatísticas na Web, como também alguns dados externos, do tipo dos administrados por associações como a Nielsen, IRI e outras fontes, ou dados públicos, como as condições ambientais e outros fatores exógenos.

- **Determinar efeitos em longo prazo** – a medição de efeitos no longo prazo da mídia social requer a compreensão dos principais componentes do valor da marca em longo prazo. As dimensões do valor em longo prazo incluem:
  - valor do cliente
  - valor da marca
  - atributo da marca
  - valor da preferência

Conforme descrito no Capítulo 2, na mídia social também deve ser incluído o valor em longo prazo do marketing social, tais como os resultados dos dispositivos de busca e o maior envolvimento propiciado pela mídia social para a marca em relação aos consumidores visados. O modelo com base no agente é uma ótima ferramenta para determinar os efeitos combinados das campanhas de marketing social em curto e longo prazo.

6. MONITORAR E ADMINISTRAR A EXECUÇÃO DAS CAMPANHAS DE MARKETING SOCIAL

As campanhas de marketing social assumem vida própria. Como as empresas abrem mão do controle parcial da mensagem da marca em favor de conversas interativas em duas vias com a comunidade, uma campanha de marketing social pode não se desdobrar exatamente como planejado. Os profissionais de marketing devem monitorar cuidadosamente a campanha à medida que ela se desenrola para ter certeza de que todos os riscos sejam administrados de acordo com as metas do planejamento.

- **Monitorar medições temporárias de curto prazo** – pelo fato de as conversas estarem sendo mediadas com envolvimento apenas periódico dos profissionais de marketing, elas tendem a se mover para direções diferentes das pretendidas. Os profissionais podem não encontrar a força de tração como originalmente planejado para atingir os objetivos da campanha. Se, por exemplo, as conversas começam a diminuir prematuramente, o profissional de marketing pode precisar intervir para retomar o impulso. Ao contrário do método "dispare e esqueça" (*fire-and-forget*) associado às campanhas de marketing tradicional, agora os profissionais de marketing social podem e devem monitorar ativamente as medições da campanha e intervir onde, e quando, necessário.

- **Mover o processo de tomada de decisão no marketing social para a borda da organização** – por causa da natureza interativa e de alta velocidade da mídia social, a hierarquia da área de marketing precisa agora ser invertida de cabeça para baixo. No passado eram necessários muitos níveis de aprovação para conceber e fazer mudanças nas campanhas. Para acelerar esse processo e remover os gargalos foram desenvolvidos fluxos de trabalho envolvendo o jurídico, as normas, as agências e a administração do marketing. Ainda assim era um processo, e mesmo em um ambiente com fluxo de trabalho de marketing altamente automatizado, era preciso de tempo para sair do início do projeto até sua conclusão.

  Com a mídia social, o profissional de marketing precisa agora mover a confiança para mais perto da borda da organização, talvez até chegando àqueles da linha de frente que fazem a interface com os indivíduos e manejam as conversas na comunidade. Como vimos no caso da Pitney Bowes, o uso de uma "governança mais solta" é um componente que integra a função de marketing de mídia social.

- **Plano de monitoramento *versus* realidade** – ao executar uma campanha, surgem diferentes oportunidades que podem ser aproveitadas para melhorar os resultados. Se um canal estiver fornecendo resultados melhores devido a influências externas ou não planejadas, então os recursos poderiam ser rapidamente deslocados para melhorar e ampliar a resposta nesse canal.

- **Responder a comentários negativos** – na mídia social podem ocorrer facilmente e de forma inesperada comentários negativos e respostas a uma campanha. Os profissionais de marketing de mídia social precisam estar preparados para responder com base em um curso de ação específico. Os comentários negativos podem ser classificados de várias maneiras diferentes e cada uma delas necessita um plano específico de resposta. Alguns comentários não requerem resposta, outros podem ser encaminhados para o serviço ao cliente e outros ainda podem ser encaminhados para a equipe de RP ou de Relações com o Investidor. Para que se tenha sucesso, seria fundamental conseguir responder rapidamente quando necessário ou apropriado, para atenuar os efeitos prejudiciais de um boca a boca negativo.

- **Envolver-se com base no estágio de vida da comunidade** – à medida que uma comunidade cresce e vai sendo construída, as dinâmicas mudam. A Forrester Consulting ilustra isso em seu "Life Process of a Successful Community" (Processo de vida de uma comunidade bem-sucedida), no qual mostra os três estágios de uma comunidade: concepção, adolescência e maturidade (Figura 11.1).

O nível e o tom da mediação do profissional de marketing precisam evoluir em linha com essas mudanças na dinâmica para garantir que a comunidade continue a prosperar e que o envolvimento com a marca continue a crescer.

7. MEDIR E MONITORAR OS CUSTOS REAIS, CALCULANDO O ROI

Muitos profissionais de marketing acreditam que seja impossível calcular o ROI em marketing social por não haver investimento; eles veem isso como apenas a dedicação de algumas horas de um indivíduo que trabalha no departamento de marketing para responder tweets ou monitorar alertas. Eles raciocinam que não houve investimentos para compra de mídia, resgate de cupons ou marketing direto e que, portanto, esse investimento é zero.

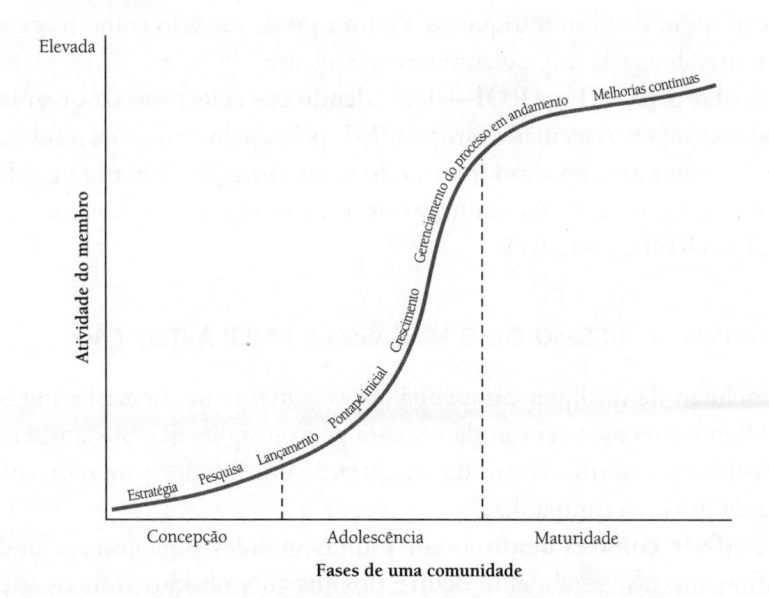

FIGURA 11.1 Processo de vida de uma comunidade bem-sucedida

(*Fonte:* Online Community Best Practices, Forrester Research Inc., 13 de fevereiro de 2008, http://www.forrester.com/rb/Research/online_community_best_practices/q/id/44795/t/2).

Na realidade, como acontece em qualquer campanha de trabalho intensivo, é esse investimento nas pessoas (e no equipamento que utilizam) que deve ser medido e avaliado para calcular o nível total de investimentos em uma atividade específica de marketing social. A maneira mais fácil para determinar o nível de investimento em pessoal é perguntar: "O que é preciso para duplicar o esforço que está sendo feito atualmente?" São algumas horas a mais, são mais pessoas? Qualquer que seja o custo adicional para dobrar o esforço, um dos dados principais é o nível de investimento e esse valor em dólares representa o principal componente do "I" dentro da equação do ROI. O Capítulo 10 descreve cada um desses elementos de custo associados ao marketing social.

Para garantir que todos os custos sejam identificados e adequadamente aplicados na determinação do sucesso relativo de um canal ou campanha de marketing social comparado com outras campanhas ou canais de mídia, é importante trabalhar com o diretor ou departamento de finanças, obtendo os dados e configurando o acompanhamento preciso e atribuição de custos para a campanha de marketing social apropriada.

- **Calcular os custos do investimento** – a equipe de finanças pode ajudar com esses custos e confirma que eles estejam sendo identificados e alocados para atividade de marketing ou campanha correta.
- **Calcular o valor dos retornos** – isso pode ser feito diretamente utilizando a atribuição de último toque ou algum tipo de modelo como os de previsão, mix de marketing ou com base no agente.
- **Calcular o ROMI ou ROI** – dependendo das exigências da organização, pode ser sensato calcular o fator ROMI, principalmente se os resultados se destinarem para consumo interno do departamento de marketing. Entretanto, se for necessário comunicar os resultados para o restante da organização, o ROI é preferível.

8. Analisar o sucesso ou o fracasso e fazer a iteração

Na conclusão de qualquer campanha, especialmente na de marketing social, os resultados precisam ser estudados para gerar insights que possam ser compartilhados com outros dentro da organização e utilizados para o desenvolvimento da próxima campanha.

- **Transferir conhecimento** – em muitas grandes organizações onde há muitas marcas, geralmente ocorre dos insights obtidos com os sucessos e (especialmente) fracassos de diferentes campanhas de mídia social não serem compartilhados com todas as marcas. Os profissionais de marketing precisam estabelecer uma base de conhecimento das várias campanhas

e acompanhar seus resultados para que todas as outras marcas consigam aprender com essas atividades do passado. Pelo fato de a mídia social evoluir tão rapidamente, os insights sobre o que funcionou ontem podem ser aproveitados para garantir que a campanha de amanhã tenha a maior probabilidade de sucesso.
- **Assumir riscos** – embora nenhum profissional queira ter fracassos em sua carreira, com a nova mídia pode ser impossível evitá-los. Os profissionais de marketing devem ser julgados com base em um conjunto de atividades. O importante é que o marketing, ao utilizar marketing social, aprenda rapidamente com esses erros para gerar sucesso no futuro. Na nova mídia, os profissionais de marketing devem pensar da mesma maneira que os capitalistas de risco: investir em 10 empreendimentos esperando que um seja totalmente bem-sucedido, três atinjam o ponto de equilíbrio e que o restante malogre. Os profissionais precisam fazer seu dever de casa, mas devem se dispor a assumir riscos e estar em uma organização que permita assumir riscos e aprender com os fracassos para conseguir esse único grande sucesso que compense por todo o resto.

Conclusão

Estas oito etapas foram definidas para ajudar os profissionais de marketing a melhorarem a execução e gerenciamento das campanhas de marketing social. Elas fornecem instruções em termos de campanha e mídia, mas também tocam nas exigências de infraestrutura para a organização do marketing como um todo. Dependendo da sofisticação de sua estrutura de marketing, essas exigências de infraestrutura incluem:

- planejamento de marketing em nível corporativo, de campanha e de canal de mídia.
- um ambiente que assume riscos.
- gestão do conhecimento.
- desenvolvimento de estratégia para os formadores de opinião e o público-alvo.
- planejamento de resposta para o boca a boca negativo.
- acompanhamento de custos internos (pessoal) e externos (mídia).
- estabelecer orientações sobre o marketing social para a linha de frente da organização.
- monitorar a execução da campanha.
- monitorar resultados temporários e financeiros (volume de vendas, receitas e lucros).

Ao adotar essa cultura e processo, os profissionais de marketing estarão à frente da concorrência, desenvolvendo campanhas de marketing social extremamente bem-sucedidas e gerando excelentes resultados para suas empresas.

Notas

1. Laura Patterson, *Winning with MPM: 6 Best Practices to Improve Marketing Effectiveness* (Vision Edge Marketing, 2010).
2. Fonte: *5 Social Media Marketing Best Practices for B2B*, www.toolbox.com.
3. Para mais informações, veja em Guy R. Powell, *Return on Marketing Investment: Demand More From Your Marketing and Sales Investments* (RPI Press, 2002) e *Marketing Calculator*.

12

Fornecedores de ferramentas para medições de mídia social

AVALIAÇÃO DAS FERRAMENTAS DE MEDIÇÃO E COMO PESQUISAR RECURSOS DE FERRAMENTAS

Todo esforço para determinar o ROI precisa de alguma tática ou tecnologia para reunir os dados brutos e processá-los em algum tipo de informações e estatísticas úteis. A mídia social possui vários desenvolvedores, produtores de ferramentas e fornecedores em seu próprio espaço. A natureza informatizada da atividade de mídia social torna o processo mais mensurável que seus primos equivalentes da mídia tradicional e mais eficaz em termos de custo do que um serviço de clipagem manual. Ao mesmo tempo, essa abundância de dados torna difícil selecionar os dados valiosos dos demais para obter ideias aplicáveis: com o volume de dados, seria como tentar tomar uma bebida usando uma mangueira de incêndio.

Neste capítulo fornecemos um sistema para analisar as ferramentas de medições de forma que os profissionais de marketing consigam fazer uma seleção prudente da ferramenta que lhes propicie as melhores estatísticas para seus esforços de marketing e lhes forneça uma base para uma estratégia eficaz em relação ao ROI. Nós concordamos que as ferramentas em si, os fornecedores e os produtores irão se expandir, contratar e mudar à medida que o mercado continue a evoluir, portanto, não tentaremos publicar uma lista completa e sim cobrir alguns dos conceitos e táticas que se encaixem em nosso sistema de medições.

MONITORAR *VERSUS* MEDIR *VERSUS* INFLUENCIAR

Muitas das ferramentas mencionadas são para monitoramento e não necessariamente para medições. A principal diferença entre as duas é que as ferramentas de monitoramento não fornecem necessariamente estatísticas resumidas.

Ao contrário de ferramentas para simples monitoramento, estamos definindo ferramentas de medições que forneçam:

1. uma estatística sumária, como, por exemplo, os posts por semana.
2. algum tipo de análise, como determinar o sentimento positivo ou negativo, ou algum tipo de classificação em relação ao nível de influência que possuem (por exemplo, Klout.com).

Muitas das ferramentas de medições também fornecem acesso a suas estatísticas e análises pela disponibilidade de interface entre aplicativo e programa[1] (API – Application Program Interface): as APIs fornecem uma valiosa ferramenta para acessar estatísticas fundamentais que geralmente não estão disponíveis de qualquer outra forma, mas há dificuldades:

- Se a API está disponível, ela pode ser bem documentada ou não. Ela pode estar sujeita a frequentes atualizações, ou o fornecedor da ferramenta pode não possuir os recursos necessários para produzir, gerenciar e trabalhar com um desenvolvedor.
- As melhorias das características de grandes comunidades e plataformas sociais precisam estar refletidas na API. À medida que essas características mudem, a API também precisa mudar para incorporar o novo conjunto de recursos.
- O fornecedor de ferramentas de medições precisa ter sucesso e não correr o risco de sair dos negócios. Podem existir muitos aplicativos interessantes hoje, mas que podem não sobreviver por diversos motivos.

UM SISTEMA PARA AVALIAR FERRAMENTAS

A seguir, apresentamos o sistema e o analisamos em detalhe. Além disso, mostramos como aplicar um conjunto de ferramentas em um cenário de pequeno a médio, utilizando algumas das ferramentas gratuitas que já existem e uma visão geral de duas ferramentas populares: Radian6 e Alterian SM2.

Esse esquema deve servir de referência para ajudá-lo a desenvolver uma avaliação das ferramentas no espaço do monitoramento, medição e gerenciamento, para seu próprio uso:

- tipo de ferramenta.
    - monitoramento, medição, influência ou apoio.
- capacidade de escuta.

- em tempo real ou voltados para o "fluxo de mensagens", busca de referências passadas em arquivos de dados armazenados, analíticos, análises de tom ou sentimento.
- tipo de plataforma.
  - blogs, microblogs, redes sociais – qualidade, quantidade de dados, on-line e fora da internet.
- possibilidade de ampliar a escala.
  - único usuário ou funcionalidade voltada para uma equipe.
- medições fornecidas.
  - estatísticas resumidas.
  - série histórica dos dados.
  - análises.
  - planilha.

O ROI em mídia social da página de fã do Facebook apontará para muitas outras listas. O propósito dessa informação é fornecer um sistema para compreender as características da avaliação e como encaixar dentro do QEM.

Os profissionais de marketing, fornecedores de plataforma de escuta e comunidades sociais poderão utilizar esse sistema para dar apoio às conversas em torno deles. Com ofertas melhoradas, os profissionais de marketing conseguirão avaliar iniciativas de marketing em múltiplos canais para determinar onde e como investir melhor seus orçamentos de marketing.

PREÇO DE FERRAMENTAS

Existem muitos serviços gratuitos que contribuem para um esforço inicial de medições e monitoramento e muitos deles fornecem um caminho para uma versão paga mais consistente e sofisticada – isso é muitas vezes chamado de modelo "gratuito" ("*free-mium*") de licenciamento. Outras ferramentas possuem somente testes por tempo limitado e não permitem o uso após esse período sem a cobrança de uma taxa. Se uma ferramenta específica será incorporada em sua infraestrutura de medições de marketing, poderá ser melhor pagar por ela em vez de utilizar a versão gratuita para garantir o suporte às suas necessidades de medição e monitoramento.

AVALIAÇÃO DE CARACTERÍSTICAS DAS FERRAMENTAS
TIPO DE FERRAMENTA

O tipo de ferramenta exigida pode ser influenciado por vários fatores. Nós sugerimos agrupá-los em uma das quatro categorias funcionais:

- monitoramento
- medição
- influência
- apoio

Uma ferramenta de monitoramento fornece, no mínimo, meios de encontrar e apresentar dados de uma ou mais plataformas sociais, enquanto as ferramentas de medição aplicarão alguma avaliação dos dados colhidos para você. A avaliação pode ser bastante simples, tal como contar o número de menções, ou se sofisticar ao ponto de apresentar uma leitura sobre o tom ou sentimento dos posts que encontra. Da mesma forma, existem ferramentas especializadas que conseguem fornecer algum tipo de ranking ou classificação de um participante em relação à capacidade dele de influenciar ou atingir outros no ecossistema da mídia social. Um produto de "apoio" não necessariamente agrega ou reduz valor dos dados reunidos, mas pode ser útil agregando conteúdo, facilitando a publicação ou atendendo a alguma outra função de gestão do conteúdo.

Capacidade de escuta

Diferentes pacotes e ferramentas para monitoramento de mídia social "escutam" de maneiras distintas. A escuta também está sendo aperfeiçoada pelo uso de dispositivos semânticos para se ter uma noção do sentimento ou do tom.

Em geral, os aspectos da escuta caem em três áreas:
- **Valor do tempo (em tempo real ou com atraso)** – algumas ferramentas de escuta conseguem fornecer um monitoramento das conversas em andamento sobre assuntos importantes para sua marca quase em tempo real. Outras recorrem a buscas periódicas em intervalos de tempo definidos.
- **Ocorrência (transmissão ao vivo ou dados que podem ser procurados no passado)** – muitas ferramentas fornecem uma transmissão ao vivo de dados, conseguindo identificar menções quando e onde elas ocorrem. Muitas ferramentas gratuitas não armazenam os dados, assim não há possibilidade de um processamento posterior. Se o esforço de monitoramento não for mantido dia e noite, pode-se perder a capacidade de interagir e se envolver com o público.
- **Interpretação (análises e informações ou somente dados brutos)** – as próprias comunidades sociais estão começando a fornecer algumas interpretações e estatísticas para seus usuários. O YouTube e as páginas de fãs do Facebook fornecem estatísticas consistentes para os membros ou assinantes. Isso normalmente não é uma análise de tom ou sentimento, mas uma maior apresentação dos dados com formato significativo pode ser perdida.

A MEDIÇÃO DO TOM E DO SENTIMENTO

Na avaliação do tom e do sentimento é que encontramos ferramentas que oferecem valor significativo ao pegarem milhares de menções (milhões no caso de marcas mundiais) e as processarem de alguma maneira para ajudar os profissionais de marketing a entenderem os volumes de dados que estão sendo reunidos. Algumas ferramentas de tom e sentimento ampliam a coleta de dados automatizada utilizando a avaliação humana.

Para grandes marcas pode ser impossível processar manualmente cada uma das menções. Nesse caso, uma "primeira" análise automatizada pode ajudar o profissional de marketing a separar as menções entre aquelas que exigem processamento adicional e as que não exigem. Quando os fornecedores de ferramentas de plataforma de escuta oferecem uma "primeira" análise dos dados brutos e fornecem alguma análise baseada nas informações coletadas, o trabalho de gerenciar e monitorar uma presença na mídia social pode ser simplificado e racionalizado. Essa é uma área que certamente crescerá quando os dispositivos de processamento semântico e aspectos da inteligência artificial forem aplicados na escuta de mídia social.

Algumas ferramentas fornecem também a capacidade de "educar" a ferramenta de escuta e de construir uma biblioteca de frases para aperfeiçoar sua precisão em classificar uma mensagem como possuindo tom positivo, negativo ou neutro. O desafio é fazer isso com elevada precisão sem a intervenção humana. No momento, sem a intervenção humana, as funções de processamento semântico fornecem uma precisão de algo em torno de apenas 50%. Com uma abordagem híbrida isso pode chegar a 90%. Devido às nuanças dos vários dialetos em cada idioma, o uso de jargões e o contínuo surgimento de novas gírias, talvez nunca seja possível atingir uma precisão de 100%. Porém, há vários serviços também disponíveis atualmente que dão suporte à avaliação de tom e sentimento com a intervenção humana. Para grandes marcas globais, esses fornecedores têm a tarefa de tentar ampliar com sucesso um processo humano intensivo para englobar a explosiva adoção global de não uma ou duas, e sim de centenas de plataformas sociais.

A crescente necessidade de uma função de escuta dentro da empresa significa que as organizações desenvolveram cargos de escuta de mídia social com equipes em tempo integral dentro de suas áreas de marketing para aproveitar o valor que pode ser extraído das conversas de mídia social.

TIPO DE PLATAFORMA

Existem muitos lugares dentro do ecossistema da mídia social em que um post ou uma menção pode ocorrer: muitos profissionais de marketing consideram o "monitoramento da mídia social" como apenas olhar as mensagens no Twitter. Na verdade, o Twitter é apenas uma das muitas plataformas que você precisa monitorar e a América do Norte apenas uma das localizações geográficas.

No ecossistema social, onde existem bilhões de blogs, dezenas de milhares de redes sociais e centenas de serviços de microblogs em todo o mundo, a primeira prioridade é identificar a plataforma onde está seu público e conseguir monitorá-las. Uma função de monitoramento deve incluir no mínimo: Facebook, Twitter e Google Blog Search. Desse ponto de partida básico você pode expandir para outros serviços e plataformas sociais.

Possibilidade de ampliar a escala

Na verdade não é uma tarefa muito difícil abrir um programa no computador e construir uma estrutura de monitoramento com tela única e sistema único para rastrear as mensagens do Twitter, Facebook e LinkedIn como a que já montamos. Adicione a isso um agregador RSS e alguns feeds de dados e você tem um posto de escuta bastante capacitado para um pequeno negócio ou uma única pessoa.

Já para uma empresa é bastante diferente a tarefa de colocar uma equipe de pessoas trabalhando juntas para fornecer o primeiro atendimento de serviço ao cliente, gerenciar prospects ou um marketing integrado de envolvimento e a presença na publicidade. Ela também adiciona uma dimensão bem diferente ao esforço de tentar incluir uma presença segmentada na mídia social e de capturar e processar um fluxo global de todas as menções e conversas relevantes.

Algumas dessas ferramentas possuem recursos de classe empresarial compostos pelos itens que apoiam a equipe envolvida na conversa: escutar, analisar, delegar e gerenciar. Os recursos empresariais incluem o apoio e a integração do fluxo de trabalho em torno do monitoramento dos sites de mídia social e/ou a integração com as plataformas de CRM. A integração do fluxo de trabalho inclui o encaminhamento de posts para que sejam respondidos pelos indivíduos corretos, independentemente do departamento a que pertencem ou a função que possuem.

Medições fornecidas

As ferramentas também têm sido avaliadas com base no que fornecem. Algumas proporcionam boas funções de escuta e de encaminhamento, mas não fornecem séries históricas de dados. Algumas estão construídas em torno de análises e outras possuem planilhas que permitem respostas rápidas dos gestores a eventos e tendências, aumentando ou diminuindo os recursos atribuídos.

EXEMPLOS UTILIZANDO O SISTEMA DE ANÁLISE DA FERRAMENTA DO ROI EM MIDIA SOCIAL

Mostramos em seguida uma amostra de análises de algumas ferramentas fundamentais de escuta e monitoramento. Uma apresenta uma opção simples de baixo custo com a qual um indivíduo ou um negócio de porte pequeno a médio poderia começar. As outras colocam no sistema de avaliação as ferramentas que são populares nas empresas (Radian6 e Alterian SM2):
- Gratuito para o modelo SMB.*
    - SocialMention.com
    - Google Alerts
    - Twitter Search
- Radian6.
- Alterian SM2

Existem muitos outros que também merecem menção, mas nós limitamos o escopo neste livro para estabelecer a estrutura e depois publicar continuamente os resultados em nossa comunidade da página de fãs do Facebook.

No apêndice fornecemos amostras de análises de algumas ferramentas de medição de mídia social.

SUMÁRIO DA AVALIAÇÃO DE FERRAMENTAS

As ferramentas para monitorar, gerenciar e apoiar uma presença na mídia social estão crescendo em número, capacidade e investimento. Os profissionais de marketing da nova área de marketing social em tempo integral o ano todo precisam casar essas ferramentas com a execução de suas estratégias e táticas em relação à marca. As ferramentas continuarão a evoluir, aperfeiçoar-se e mesclar ao longo dos próximos anos – os profissionais devem esperar o surgimento de ferramentas mais capazes e consistentes. Tendo identificado os critérios de avaliação, os profissionais de marketing podem agora avaliar o tipo, capacidade de escuta, a plataforma e a escala da ferramenta requerida.

---

* *Nota do Tradutor:* SMB (server message block) é um aplicativo de rede aplicado principalmente para o acesso de arquivos compartilhados, impressoras e comunicações dentro da rede.

Entrevistas com fornecedores

Como parte de nosso trabalho de entender as ferramentas e tecnologias existentes, conduzimos várias entrevistas com um grupo selecionado de fornecedores de ferramentas, especificamente a Radian6, Alterian, Twitalizer e Klout. Cada uma das conversas foi gravada e produzida como podcasts e estes foram transcritos e postados para nossa página de fãs no Facebook (Facebook.com/ROIofSocialMedia) e para nosso site www.ROIofSocialMedia.com. Seguem os resumos de cada uma dessas conversas.

> **ESTUDO DE CASO**
> ### ATENDENDO AO TELEFONE (SOCIAL)
>
> O primeiro passo em qualquer presença social é escutar – se você não estiver ouvindo, como pode esperar responder e se envolver de maneira significativa dentro do contexto de seu cliente ou consumidor?
>
> #### Radian6
>
> O Radian6 foi constituído em torno da ideia de que as companhias necessitam ouvir a rede social para participar efetivamente. "O serviço de inteligência em relação às conversas on-line é fundamental: as companhias precisam saber o que está sendo dito on-line sobre suas marcas, setores e concorrentes." A plataforma Radian6 permite que as empresas ouçam as conversas na mídia social, gerenciem o fluxo de trabalho em torno do envolvimento na mídia social e meçam a atividade geral que cerca a marca ou tópico.
>
> Quando Marcel LeBrun (CEO da Radian6) e equipe começaram seu trabalho em 2006, a grande questão era que a mídia social estava carregando e afetando a marca em uma área fora do controle corporativo tradicional. Marcel disse: "A definição da marca estava rapidamente se tornando a soma de todas as conversas sobre ela, naquilo que era uma explosão no número de sites e plataformas. Os gerentes de marketing corporativo começaram a perceber que haviam findado os dias em que sentavam dentro de uma sala de marketing para determinar 'o que queremos que signifiquem nossas mensagens sobre a marca?'." Em nossa entrevista com Marcel falamos sobre como o primeiro foco de marketing social na empresa foi um exercício de ouvir e entender o que a marca significava para o consumidor.
>
> Marcel disse também que "a área de marketing poderia desenvolver relacionamentos com formadores de opinião no ecossistema social". Acrescentou ainda, "desde aqueles primeiros dias para marcas e companhias ativas em mídia social,

a mídia social se expandiu e avançou para dentro de quase todo processo de negócios da empresa. Ela se tornou não apenas um programa da empresa e sim parte da cultura empresarial, com as companhias reconhecendo-a como um veículo para alcançar os formadores de opinião e para ouvir e entender o que a marca realmente significa".

"A Radian6 visou inicialmente os profissionais de comunicação, que perguntavam 'o que as pessoas estão dizendo sobre nossa marca?', 'quem são essas pessoas que falam sobre nós?' e 'como podemos alcançá-las'" – essa é a forma que Marcel e sua equipe se movimentaram para envolver o setor. De acordo com Marcel, os profissionais de marketing "rapidamente avançaram para fornecer a capacitação de escuta e gestão em mídia social para uma variedade de processos nos negócios. Um dos processos impactados pela Radian6 foi o de CRM, fornecendo uma integração com SalesForce.com. Utilizando o Radian6 e o SalesForce.com, o representante de uma companhia consegue agora identificar a presença social de um cliente quando ele telefona ou quando um e-mail é recebido nas áreas de vendas e suporte ao cliente. Isso fornece ao representante uma perspectiva ampla para esse cliente e sua interação com a companhia: ele consegue ver o histórico do caso do cliente, as conversas públicas que o cliente manteve nas redes sociais e que essa é a 'enésima' reclamação sobre o mesmo assunto. A companhia consegue agora entender com mais eficácia o que precisa ser resolvido, junto com quaisquer outras questões anteriores que o cliente possa ter tido. O representante de vendas ou de atendimento ao cliente pode responder diante desse contexto e agir de acordo para manter essa linha de conversa – esse tipo de inteligência pode melhorar enormemente o serviço ao cliente".

O telefone social não pode ficar sem resposta

Marcel falou para nós sobre como "o funcionamento da mídia social é menos parecida com um e-mail e mais parecida com um telefone: 'um telefone social'. Imagine que todos tenham telefone e que todos o usem; mas usam para toda uma variedade de coisas. A rede social é mais semelhante a esse telefone, de uma forma maior do que é semelhante a um programa ou comercial de televisão. Um comercial de televisão, por exemplo, é com base na interrupção; o telefone [metáfora] sugere que a mídia social é mais convidativa: os indivíduos são convidados a entrar e podem escolher se participam ou não da conversa".

"No telefone social, os clientes estão falando, mas muitas empresas ainda não estão ouvindo." Marcel conta que "alguém da empresa poderia dizer 'nunca bati o telefone na cara desse cliente' ou 'nunca os ignorei', porém, como isso é diferente em termos do que muitas companhias estão fazendo on-line com a tecnologia ou solução de monitoramento adequada?". Marcel segue dizendo que a "mídia social é agora o canal de comunicação predominante ao qual se precisa responder e que mais se parece com uma linha telefônica de festa, no sentido de que todo mundo na linha está ouvindo".

Marcel diz que há vários níveis de envolvimento quando se trata do marketing social de uma empresa. "O primeiro nível de envolvimento na mídia social é apenas escutar. Agora está claro que a rede social é penetrante, está crescendo e pode ter um enorme impacto. Os profissionais de marketing começaram a perceber que a inatividade e o fato de não ouvir os atinge duramente e finalmente decidiram 'OK – realmente precisamos escutar'."

Ele conta que agora está ouvindo os "profissionais de marketing dizendo que precisam se envolver e responder diretamente quando os clientes estão falando. Assim, quando um consumidor diz 'Ei, eu adoro este produto!', um profissional precisa poder retornar e dizer 'obrigado!'. O consumidor se deu ao trabalho de defender a marca e aquilo que os profissionais de marketing mais querem está acontecendo – os consumidores estão defendendo a marca ou produto. Separar um tempo para agradecer é uma atitude enormemente poderosa, que propaga e estimula esse comportamento por parte do consumidor. De forma semelhante, quando alguém reclama, os profissionais de marketing ou o serviço ao cliente precisam imediatamente abordar o assunto no local ou site que o consumidor se manifestou".

De acordo com Marcel, esforço precisa poder ser ampliado dentro de uma empresa. "Em grandes organizações, uma única pessoa não consegue escutar a todas as conversas. A empresa precisa ser capaz de entender como direcionar certas questões para determinados funcionários que sejam as melhores pessoas dentro da companhia para escutar e responder. A nova função de escuta dentro da empresa precisa delegar as respostas de várias conversas para os indivíduos ou funções corretos dentro da organização."

"A marca é o somatório das conversas entre os consumidores e entre os consumidores e as empresas – ninguém decidiu o que a marca como a Dell deveria significar, mas de repente um consumidor como Jeff Jarvis começou a influenciar a percepção sobre o que seria uma experiência com o call center da Dell. A Dell escutou e mudou os procedimentos de seu call center. Fizeram isso reconhecendo primeiro os problemas, ouvindo os consumidores, respondendo e depois colocando todo um grupo de pessoas nas linhas de frente. Esses indivíduos escutariam, se envolveriam e se possível abordariam os problemas no local em que eles surgiram. Isso mudou completamente a experiência para os clientes da Dell. **Agora a Dell consegue algo como 8 mil conversas por dia que mencionam sua marca on-line.** Marcel conclui: 'eles usam ferramentas como o Radian6 para ficar no controle do processo 'História da mídia social – que história?'."

Marcel lembra que certa feita participou em um painel em 2009 em que se discutia como a mídia social foi central para a campanha presidencial (2008) e como o presidente Barack Obama utilizou com eficácia a rede social. "Outro participante do painel fez um comentário interessante: 'vocês se dão conta que na eleição anterior o YouTube não existia?'." Isso colocou a questão em perspectiva e Marcel disse: "Ainda assim, podemos ver como ela foi fundamental para a estratégia de comunicação da campanha."

Três etapas para uma presença social bem-sucedida

De acordo com Marcel, a primeira etapa em uma presença social bem-sucedida é escutar. Ele diz que as companhias precisam "escutar os consumidores pelas menções à sua marca, escutar o que os concorrentes estão fazendo, escutar o que está apaixonando seus clientes e ouvir quais são suas necessidades. Ouvir a questão da necessidade. Todos expressam necessidades o tempo todo e se você consegue escutar as necessidades com as quais sua marca está relacionada, então conseguirá determinar uma forma de agregar valor".

"A segunda etapa é responder. Uma vez que tenha determinado onde encontrar seu consumidor na mídia social, somente então você começa a entender a cultura e o que é apropriado ou não em termos de como participar sendo representante da empresa. Somente a partir deste momento você consegue se conectar com os indivíduos de uma forma significativa e se torna parte da conversa."

"A terceira etapa é se envolver e se conectar. Somente após fazer a conexão é que um profissional de marketing deve começar a contar a história da marca. Ele deve começar contando a história no contexto do que ouviu sua comunidade dizendo e no contexto dos relacionamentos que foram construídos. É como um relacionamento 'antigo' de escola e como um boca a boca, exceto que na mídia social acontece em escala muito maior e muito mais rápida."

Pão e água estão no cardápio

"O interessante é que a rede social propicia uma capacidade muito maior de reunir dados do que qualquer coisa que já existiu antes." Marcel conta seus pensamentos em torno de uma analogia com a culinária. "Se tudo que estiver na despensa for pão e água, então saberemos que para o jantar teremos pão e água. É bastante fácil concordar que teremos pão e água para o jantar. Acontece que assim que você possui mais ingredientes, consegue abrir para possibilidades muito mais criativas. Compare essa metáfora com a mídia tradicional e vamos considerar uma reportagem sobre a marca. Uma empresa pergunta, 'qual é o ROI desse anúncio impresso?'. Eles estiveram construindo um relacionamento com um repórter de uma revista especializada e tentando incentivá-lo a fazer uma reportagem sobre a marca ou a companhia. De repente eles conseguem e o que normalmente acontece é que uma pessoa de RP determina que o artigo foi de meia página e, portanto, o valor equivalente para um anúncio de meia página seria de $30 mil: a reportagem vale esses $30 mil; por relações-públicas diz, então, que gastou esse tanto de tempo para conseguir a matéria. 'Essa é minha fatura – eis seu ROI'."

Entretanto, Marcel diz que o ROI não é assim tão simples. "A parte engraçada é que você não sabe realmente quanto valeu esse artigo. Trata-se de um tipo de fórmula fabricada que na verdade representa um número intermediário porque você não sabe quem leu o artigo. Você conhece sua circulação, logo você sabe que foi para 300 mil pessoas; mas você não sabe quem deu uma espiada, ou encaminhou para os amigos, quem falou sobre ele, quem agiu com base nele – você não sabe nada disso. O aspecto poderoso sobre a rede social é que você consegue agora determinar quem leu um post específico e determinar como reagiu. Você consegue agora ligar suas iniciativas na mídia social com metas tangíveis da empresa."

Fonte: Entrevista com Marcel LeBrun, CEO da Radian6, realizada em 21 de outubro de 2009. Publicada com permissão. Todos os direitos reservados.

ESTUDO DE CASO
A MEDIÇÃO FAZ SENTIDO QUANDO A MÍDIA SOCIAL TEM UMA ESTRATÉGIA CLARAMENTE DEFINIDA

A base para uma implementação bem-sucedida na mídia social é uma estratégia claramente definida e uma concordância a respeito do modelo de como seria o ROI. Quando você estabelece isso primeiro, o monitoramento e a medição passam a ter sentido e permitem que o profissional de marketing experiente mostre como seus esforços apoiam as metas de receitas da empresa.

Alterian

"Se a mídia social caminha para ser um processo empresarial válido, então teremos que medir o ROI", disse Aaron Newman, CTO (Chief Technical Officer) da Alterian SM2 e cofundador da Techrigy, que foi adquirida pela Alterian por causa de seu produto SM2. Aaron e Mike Talbot, cofundador e vice-presidente da Alterian, estão trabalhando arduamente para fornecer uma das primeiras ferramentas de monitoramento da mídia social que permite a determinação do ROI na aplicação da mídia social na empresa.

Aaron diz que "articulamos claramente o valor da medição em qualquer processo empresarial e, certamente, no recém-iniciado processo de mídia social na empresa, e vemos três áreas de medição fundamentais para a determinação do ROI na mídia social:

1. **resultados diretos** – em termos de adicionais clientes em potencial ou receitas geradas.
2. **resultados indiretos** – em termos de relevância, sentimento, influência e popularidade.
3. **custos diretos** – em termos de pessoal e outros custos relacionados.

Pelo fato de a tecnologia ser tão barata no caso de implementações de mídia social, os custos diretos que compõem o lado do investimento da equação do ROI são principalmente constituídos por custos de pessoal".

Ele sugere que "se equivale a apenas metade do tempo de um funcionário ou ao de cinco empregados com dedicação exclusiva, os custos fixos e variáveis associados a esses indivíduos representam o principal investimento nas atividades de mídia social. Se vamos investir tempo, dinheiro e recursos nela, então não vou conseguir aumentar o esforço envolvido no processo sem medir e monitorar o ROI".

Jeff e Aaron nos contaram que "é fundamental que qualquer atividade de marketing entender e definir os objetivos. Com os objetivos claramente definidos, as medições facilmente os seguem. Vemos muitas pessoas desenvolvendo táticas sem uma estratégia; o Facebook é uma tática e não uma estratégia. Uma estratégia precisa ter objetivos claros como os de aumentar o envolvimento com os clientes, gerar receitas adicionais ou gerar prospects qualificados. Essas medições precisam estar alinhadas com a estratégia e objetivos da ação de marketing. Isso vale tanto em uma ação na mídia social como em uma ação na mídia tradicional. Muitos profissionais de marketing esquecem essa etapa fundamental na definição de seus planos de mídia".

Dois lados do ROI em mídia social

"Um argumento [contra a medição] é que a mídia social está se desenvolvendo como o e-mail – nós medimos o ROI do e-mail? Não; as empresas os fazem e há definitivamente um grupo lá fora, na mídia social que acha que ela deve estar enraizada em tudo, e que não precisamos necessariamente medir o ROI", disse Mike Talbot. Ele continua: "O outro campo acredita fortemente que se vamos investir dinheiro nisso, se iremos investir tempo, investir recursos, então deve haver uma maneira de medi-lo. Se não houver uma medição, será difícil justificar o orçamento para ele e o marketing não consegue começar a melhorar o valor que adiciona lá. Se não existir uma maneira de medi-lo, então uma organização não terá uma maneira de tentar fazer melhor no próximo ano."

"É compreensível que os indivíduos e as primeiras organizações a adotar o canal não quisessem necessariamente tentar medir o ROI e muitas sentissem que a medição do ROI em mídia social seria uma espécie de forma de arte. Isso não é exatamente uma ciência. A medição da mídia social é definitivamente uma forma de arte para tentar estimar o que ou quanto seria o valor da menção nesse canal. O raciocínio é que muitas pessoas dizem não querer medir o ROI em mídia social por achar que não mostraria um bom retorno pela dificuldade de calcular; assim, o orçamento para tanto seria cortado ou não seria executado." Mike diz que em muitos casos a verdade é exatamente o oposto. "Uma estratégia bem-sucedida em mídia social passa também pela questão de identificar o público com o qual você quer se envolver, avaliar o envolvimento com esse público, avaliar o que um nível específico de envolvimento lhe dá em termos de maior consciência em relação à marca ou maior volume de vendas ou maior visibilidade, e isso é mais complicado e difícil de medir. Isso não significa que você não deva medir."

Examinando o valor de uma mensagem no marketing social

Aaron observa que "quando você olha para a mensagem ou menção na mídia social, há vários aspectos da menção que precisam ser examinados: quantos associados ou visualizações passaram pelo post? Qual é a autoridade ou conhecimento da pessoa que disse aquilo? Qual é a visibilidade? Qual é o prazo de vida dele e qual é o sentimento transmitido pelo post?".

Mike entra na discussão para dizer que, "por exemplo, quanto mais assinantes possuir um blog, maior será o valor assumido de que o autor tenha autoridade para tanto. Se, por exemplo, alguém que coloca no blog algo sobre válvula do coração tem a profissão de cardiologista, isso terá muito mais autoridade do que eu que não tenho a menor ideia sobre o assunto, mas eu posso ter mais assinantes e, portanto, a autoridade também é importante em torno disso".

"Quanto à visibilidade, isso é algo que considera que após uma hora ou duas, um post no Twitter fica perdido no fluxo e não pode ser facilmente buscado ou encontrado mais tarde; o post no Twitter é menos valioso e isso está ligado ao prazo de vida da menção ou post. Por outro lado, se for uma página no Wikipedia que ficará lá nos próximos cinco anos, a visibilidade é muito mais importante do que um post no Twitter", disse Aaron.

Tendências para o sentimento e o tom

A obtenção de uma leitura precisa sobre o tom e o sentimento ainda é algo que está a nossa frente, diz Aaron. "Para o sentimento, se for sentimento positivo, então o valor em torno dele é positivo. Se for um sentimento negativo, então o valor é negativo. Então você pode começar a formar esses tipos de cálculos e pontuações de valor para tentar gerar uma afirmação do tipo 'obtive essa quantidade de menções este mês e elas valem isso'. No SM2, fornecemos uma abordagem de alto nível sobre a direção da tonalidade. As companhias ainda precisam compreender o que os consumidores estão realmente tentando descobrir para ter certeza de que estejam obtendo resultados precisos. Você precisa envolver a equipe nesse esforço, mas mesmo com pessoas fazendo as avaliações é bastante difícil determinar o que é negativo e o que é positivo. O SM2 consegue fazer alguma análise em nível macro e nesse nível você consegue se sair razoavelmente bem, mas em nível micro, com a tecnologia atualmente disponível, o computador não consegue entender o sarcasmo, o duplo sentido ou o humor irônico."

Ele segue dizendo que "a perspectiva obtida no processo de monitoramento da mídia social é um valor real; qual grupo de discussão no mundo seria melhor para entender como sua mensagem está sendo recebida e aceita do que poder ler os comentários descuidados dos indivíduos entre si sobre os produtos e aquelas campanhas? É vital medir na mídia social não apenas as campanhas de mídia social – nesse ponto é que os profissionais de marketing experientes estão realmente vendo o valor da mídia social".

Mike olha para como a mídia social está evoluindo e observa que "por todo o poder que a mídia social fornece e exerce, isso não será exercido para si mesma em longo prazo; ela realmente precisa se tornar parte de tudo o mais que você está fazendo, seja sua campanha por e-mail ou a análise de seu banco de dados". Tudo "precisa estar interligado. A Alterian vê que a mídia social evoluirá e não para ser uma entidade em si mesma; ela será integrada em todas aquelas outras plataformas e esforços de mídia existentes que já estamos fazendo".

Fonte: Entrevista com Mike Talbot, cofundador e vice-presidente, e Aaron Newman, CTO, da Alterian, realizada em 30 de novembro de 2009. Publicada com permissão. Todos os direitos reservados.

ESTUDO DE CASO
O TWITTER PODE SER ANALISADO
Twitalyzer

O Twitalyzer é um aplicativo para análise de mídia social focado na mídia de mensagens curtas. Chefiado por Eric Peterson e Jeff Katz, como gerente de Produto para o Twitalyzer. "O Twitalyzer fornece excelentes análises e planilhas para entender como o Twitter pode ser otimizado para gerar maior valor e ROI."

De acordo com Jeff, "o Twitalyzer aposta em uma mudança na análise social, saindo dos indivíduos focados em classificações e pontuações algumas vezes não tão importantes e indo na direção de companhias assinando o serviço do Twitter para se conectar com seus clientes e consumidores". Embora existam algumas ferramentas monitorando a mídia social em bases mais amplas, o Twitalyzer se concentra especificamente na plataforma Twitter.

Jeff conta que o produto surgiu quando Eric iniciou sua primeira conta no Twitter. Ele diz que "Eric tentou imaginar se valia a pena para uma empresa entrar no Twitter. Ele pesquisou muitas ferramentas que haviam na época e sentiu que o conteúdo que forneciam não refletiam a forma como ele queria utilizar o Twitter". E continuou, "o produto foi um projeto em paralelo por alguns meses até que na conferência ad:tech em San Francisco, Guy Kawasaki disse: 'Se vocês estão seriamente interessados em medir o Twitter, então devem utilizar o Twitalyzer'". Após esse comentário, Eric percebeu que o Twitter estava aqui para ficar e decidiu terminar o trabalho no produto como uma plataforma tanto para companhias quanto para indivíduos.

Depois de colocar uma segunda versão do Twitalyzer em janeiro de 2010, Jeff conta que "começamos a ver que as companhias passaram a utilizar os recursos das planilhas que lhes permitia estabelecer metas para certas medições com as quais queriam se comparar (metas para suas organizações). Agora os usuários do Twitalyzer podem entender quem está falando positivamente ou negativamente sobre eles a partir de um ponto de vista que analisa informações". Para dar suporte ao uso de seus dados pelos desenvolvedores, o Twitalyzer construiu uma API para a obtenção das informações que ele fornece a partir dos dados brutos acessados pelo Twitter.

Fonte: Entrevista com Jeff Katz, gerente de Produto do Twitalyzer, realizada em 19 de janeiro de 2010. Publicada com permissão. Todos os direitos reservados.

ESTUDO DE CASO
VERIFIQUE O PODER DOS FORMADORES DE OPINIÃO EM SEU MERCADO

O formador de opinião é um elemento importante no QEM, mas horas e dias podem acabar sendo desperdiçados com blogueiros e outras personalidades na mídia social antes que você consiga efetivamente determinar com quais dos especialistas vale a pena aplicar seu tempo.

Klout

Com sede em San Francisco, Califórnia, a Klout acredita que todos que publicam conteúdo na rede social possuem algum nível de influência; é isso que a Klout tenta avaliar. De acordo com Joe Fernandez, fundador e CEO da Klout, "a Klout permite que você monitore o impacto de suas opiniões, links e recomendações por todo o seu gráfico social. Nós reunimos dados sobre o seu conteúdo, como as pessoas interagem com ele e o tamanho e composição de sua rede; a partir disso, nós fazemos uma análise para encontrar indicadores de influência e, em seguida, fornecer ferramentas inovadoras para você interagir e interpretar esses dados".

"A Klout mede a influência em todo o ecossistema da mídia social. Nós monitoramos mais de 5 milhões de indivíduos, olhando para todo o conteúdo criado, aprofundando nesse conteúdo e rodando-o novamente para análise semântica e compreensão de seu significado; depois dizemos quais são as pessoas mais influentes em um conjunto específico de tópicos. A Klout fornece então uma classificação numérica sugerindo uma pontuação de influência geral de uma pessoa específica. Ela sugere a influência que um criador de conteúdo em mídia social pode exercer em uma escala de 1 a 100."

"A Klout não está sozinha em seu esforço de avaliar a influência do formador de opinião: muitas pessoas estão olhando para a influência a partir de vários ângulos diferentes." Joe sugere que "agora que os dados estão na rede social e as empresas podem ver como estamos todos conectados, elas conseguem identificar o conteúdo de quem viaja mais longe, seja colocando um tweet, um comentário ou uma participação no Facebook. A quantidade de dados ali é o ângulo semântico de escavar e descobrir o que alguém está especificamente falando. Nós realmente estamos tentando expandir a definição para amostragem analítica dos dados".

Para dar suporte à capacidade de outros desenvolvedores utilizarem as informações fornecidas pelo algoritmo da Klout, Joe tem algo a respeito disso também: "A Klout fornece uma API que mais de 200 empresas diferentes assinaram. Elas utilizam esses dados para fortalecer uma ferramenta de CRM ou uma ferramenta analítica em marketing, vendas ou desenvolvimento de produto. As cadeias de hotéis podem integrar a Klout em seu sistema de reservas de forma que quando um hóspede chega ao hotel, eles conseguem saber quem ele é e qual a sua influência na mídia social. Esse tipo de dados não é uma licença para fornecer um serviço ruim às pessoas menos influentes, mas de possivelmente oferecer a alguém um excelente serviço ao cliente, como enviá-los para um show ou algo parecido de forma que no final da semana essas pessoas possam postar no Twitter ou no blog sobre a experiência excelente que tiveram neste estabelecimento."

Medição Klout – o que é importante?

Quando Joe fala sobre como o algoritmo Klout funciona, ele diz: "Ao medir a influência, a Klout tenta ser bastante transparente sobre como criamos o ranking. Existem três componentes principais na forma como é calculada a influência."

> "Primeiro a Klout utiliza o que acredita ser uma verdadeira medida do 'alcance' de alguém, que não seja a contagem de seus seguidores. A Klout já permitiu contagens infladas de seguidores. A tática pessoa-seguidor precisa ser ajustada para identificar uma medida da atenção. Por exemplo, um usuário do Twitter com 10 mil seguidores pode não interagir o tempo todo com todos eles e, portanto, suas mensagens teriam bem menos impacto do que a contagem de seguidores poderia levar você a acreditar. A Klout vai além da contagem de seguidores e mede o envolvimento com cada nó do gráfico social do indivíduo. Ela mede quanta atenção cada nó presta a quem postou o tweet." Joe chama isso de "Verdadeiro Alcance". Ele diz que "o 'Verdadeiro Alcance' define o possível nível de influência de um indivíduo e que eles a buscam na base de mensagem por mensagem, qual seria a probabilidade dessa pessoa conseguir provocar uma ação".
>
> "Em segundo lugar, existem os retweets, respostas, comentários, repostas de comentários, favoritos e os tipos de ações que geram mais ações e que a Klout chama de 'Probabilidade de Amplificação' do formador de opinião. O terceiro fator é a influência dos nós que realizam aquelas ações." Joe conta que "a Klout emprestou a teoria do Google e da Amazon sobre a importância de uma página que possui um link com outra. A mensagem objeto de retweet é uma importante demonstração do poder da rede social. Eles aplicam essas análises no gráfico social do indivíduo pesando o valor dos nós que interagem ou seguem você, e que podem aumentar ainda mais sua pontuação. Ao todo são quase 30 fatores que entram no cálculo da pontuação Klout (que é um número variando de 1 a 100)".
>
> Atualmente eles trabalham com o Twitter e estão adicionando o Facebook, MySpace e outros sites, mas possuem planos de avançar para todas as plataformas sociais o mais rapidamente possível.
>
> *Fonte:* Entrevista com Joe Fernandez, CEO da Klout, realizada em 19 de janeiro de 2010. Publicada com autorização. Todos os direitos reservados.

Conclusão

Outros critérios poderão ser necessários para avaliar uma ferramenta específica de medições, principalmente à medida que o tipo, capacidade e plataformas continuarem a evoluir. Nosso compromisso com os leitores é facilitar uma franca discussão sobre estratégias, táticas e ferramentas utilizadas para medir e monitorar a mídia social. O conteúdo apresentado aqui continuará a evoluir e através de nossa presença on-line propiciaremos uma discussão permanente para ajudar os profissionais de marketing social a implementar e aperfeiçoarem seus esforços.

Essa é uma área de atividade bastante importante em marketing social e que deve continuar mudando e se desenvolvendo à medida que os fornecedores inovam e ultrapassam uns aos outros com novas melhorias e aperfeiçoamentos. Essas ferramentas continuarão a mudar, as táticas continuarão a melhorar e novas estratégias surgirão para apoiar o aperfeiçoamento do processo e das táticas. No entanto, a utilização de ferramentas de medição corretas ajudará que o marketing continue provando e aperfeiçoando sua eficácia na mídia social.

Notas
1. API é uma interface executada por um software para permitir a interação com outros programas, de forma muito parecida com a interface do usuário que facilita a interação entre humanos e computadores. http://www.computerworld.com/s/article/43487/Application_Programming_Interface.

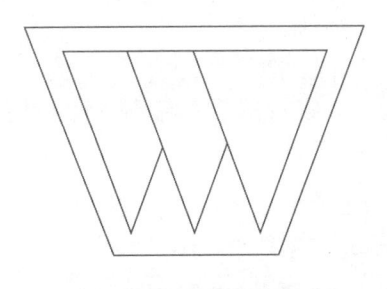

PARTE IV
PARA ONDE VAI A MÍDIA SOCIAL A PARTIR DAQUI?

13

O futuro da mídia social e do ROI

É um eufemismo dizer que a mídia social está amadurecendo rapidamente. A tecnologia básica, a adoção por consumidores em todo o mundo e a estratégia de como ela se encaixa no esforço de marketing empresarial on-line estão progredindo a uma velocidade alucinante.

Essas tendências estão forçando as empresas e os profissionais de marketing a investirem e operarem com a função de marketing e de serviço ao cliente "sempre alerta" em regime de tempo integral para poder responder aos formadores de opinião, consumidores e indivíduos que estão sempre enviando tweets, posts e entrando nos sites de mídia social.

A mídia social continuará a desempenhar papel crescente nas vidas dos indivíduos e a internet continuará a se tornar parte cada vez mais indispensável de nossa cultura global. Seja no mercado B2B ou consumidor, grande ou pequeno, local ou global, os profissionais de marketing precisarão fazer suas próprias avaliações de como o futuro se desdobrará e com base nessa avaliação desenvolver as estratégias e táticas de mídia social com as quais consigam gerenciar, medir e lucrar.

Os resultados dessas avaliações serão evoluções complexas do comportamento do consumidor, da tecnologia, da economia e dos processos das empresas, muitas das quais não existem hoje. O surgimento do "marketing do diálogo" focará no consumidor, nas conversas e na habilidade de ouvir e se envolver com eficácia.

Mesmo enquanto escrevíamos este livro, milhões de indivíduos e consumidores vinham se juntar às conversações. A mídia social se tornará parte de suas vidas e não poderá mais ser ignorada pelas empresas, marcas e profissionais de marketing. Com isso em mente, reunimos nossas reflexões sobre o que vemos surgindo no horizonte do marketing social e como os profissionais de marketing podem responder para gerar mais receitas, lucros, valor de marca e participação de mercado – tudo com baixo custo e risco.

ESTUDO DE CASO
SENDO SOCIAL ANTES DO ADVENTO DA MÍDIA SOCIAL

Como você cria o maior e mais visitado site de comida? Tornando transparente a tecnologia por trás do site, servindo de apoio às necessidades dos consumidores de obter as informações desejadas, no momento em que as desejam – e começando há 13 anos.

AllRecipes.com

A AllRecipes.com é a maior rede social do mundo sobre comida e entretenimento, recebendo mais de 300 milhões de visitantes anuais. É um site para cozinheiros que querem "compartilhar e fazer download de receitas, críticas, fotos, perfis pessoais e ideias de refeições". Com mais de 44 mil receitas, a AllRecipes.com nunca foi divulgada em nenhum outro lugar a não ser o boca a boca de seus 3,6 milhões de membros cozinheiros caseiros.

De acordo com Esmee Williams, vice-presidente de Marketing da Marca para a AllRecipes.com, eles não focam em receitas especiais preparadas por celebridades da culinária e sim em receitas para o dia a dia que os pais que trabalham podem utilizar para alimentar suas famílias usando aquilo que possuem em suas geladeiras ou despensa. Embora não tenha iniciado como um site de rede social, a adoção da mídia social ocorreu para atender as necessidades de seus membros. A AllRecipes.com promoveu um casamento da atividade social com ferramentas que fornecem um serviço público e permitiu a transformação que atendeu as necessidades de seus membros.

Desde cedo no site a medição mais importante foi baseada no número de visitante únicos, mas ela está se tornando menos relevante devido ao uso de múltiplas plataformas. Agora, uma indicação melhor do sucesso é o número de visitantes não únicos e os visitantes periódicos que vêm para o site toda semana para planejar as refeições. Agora eles tentam medir a qualidade da interação e se os membros estão ou não sendo autênticos e genuínos nela, e adotaram um processo "mais lento" que constrói relacionamentos que são mais sustentáveis. O melhor relacionamento que podem construir é aquele que dá ao consumidor aquilo que ele deseja de sua marca: grandes receitas para o dia a dia.

No site da AllRecipes.com, as marcas de consumo que possuem elevado grau de relevância para o conteúdo do site são verdadeiros vencedores quando fazem um esforço para se conectar com os membros, principalmente quando adotam uma abordagem mais próxima com o público da AllRecipes.com. Esmee diz que isso é "porque as pessoas não querem que falem delas, e sim falar com alguém".

> Os consumidores pareciam querer se conectar com a marca e ter um diálogo. Os consumidores ficam animados com isso e esse diálogo parece aumentar a intenção de compra. À medida que as marcas entram na comunidade da AllRecipes. com na ponta dos pés, elas vão ganhando confiança e aumentam cada vez mais quando descobrem que podem se conectar com consumidores e propiciar valor no relacionamento.
>
> ### *O futuro da mídia social para a AllRecipes*
>
> Esmee e sua equipe de marketing veem as táticas e o crescimento da receita como oportunidades e ameaças. Uma preocupação é que com boa parte do tráfego sendo gerado pelos dispositivos de busca, as eventuais mudanças no algoritmo de busca representam uma possível ameaça. Fora da consciência em relação à marca e do tráfego, novos dispositivos são atraentes e interessantes, mas não ao custo de perder seu público atual. O fornecimento de uma interface fácil de usar é fundamental para a AllRecipes; é um ato de equilíbrio entre alta e baixa capacitação tecnológica e servir os usuários com o conteúdo que os trouxe para o site: excelentes receitas.
>
> A AllRecipes.com começou a se expandir para o exterior, atingindo agora 15 países diferentes em seu próprio idioma e oferecendo receitas que refletem a cultura alimentar local. Uma futura oportunidade percebida pela Esmee é tentar juntá-los e começar algumas combinações exóticas para cozinheiros do mundo todo.
>
> *Fonte:* Entrevista com Esmee Williams, vice-presidente de Marketing de Marca da AllRecipes.com, realizada em 13 de abril de 2010. Publicada com permissão. Todos os direitos reservados.

GRANDE EXPANSÃO DA ADOÇÃO DE MÍDIA SOCIAL PELAS EMPRESAS

A mídia social começou migrando dos primeiros adeptos especialistas em novas tecnologias e do público de estudantes, e rapidamente tornou-se uma atividade necessária para muitos indivíduos. Para as empresas, esse novo comportamento representa mais um canal para alcançar e se envolver com os consumidores e está rapidamente se tornando uma nova ferramenta fundamental na caixa de ferramentas dos profissionais de marketing. Essa transição representa uma mudança fundamental nas expectativas dos consumidores e no tipo de relacionamento que querem ter com a marca.

Mais profissionais de mais empresas se envolverão e milhões de novos consumidores irão se tornar parte do público que pode ser efetivamente alcançado com a mídia social. Porém, ficará cada vez mais difícil fazer sua mensagem ser ouvida pelo seu público-alvo: o extraordinário ROI obtido pelos primeiros adeptos ficará cada vez mais difícil de ser atingido à medida que mais conteúdos de mais fontes aparecerem on-line. A iniciativa de alcançar resultados melhores com a mídia social exigirá esforços cada vez maiores à medida que o espaço amadurecer e ficar mais integrado nas atividades de marketing de mais marcas.

A MORTE DA MÍDIA SOCIAL E O SURGIMENTO DE UM NOVO PARADIGMA SOCIAL

Uma das questões mais controversas apresentadas no ano passado é o comentário quase herético de que a mídia social está morrendo. A imagem mental que a afirmação evoca é da mídia social não ser nada além de um modismo e que como o bambolê encolherá ficando em segundo plano como um nicho ou algo especial para entreter as futuras gerações. Nada poderia estar mais longe da verdade. A mídia social se expandirá para se tornar um conector fundamental entre os indivíduos em nossa sociedade: quase todos no planeta terão a oportunidade de encontrar um lugar no ecossistema da mídia social em que poderão achar outros indivíduos com a mesma mentalidade. Essas conexões on-line podem e irão transcender o mundo virtual e se estenderão para o mundo "real" fora da internet. Já acontecem reuniões e eventos fora da internet entre usuários da tecnologia (Tweetups)* ou marcas (Dell Swarm* e Mashable Meetups)*. O comportamento social não para no teclado. O teclado está agora se tornando o ponto de partida para conexões virtuais e conexões físicas que começam no mundo virtual.

    A mídia social irá se transformar a partir de sua forma atual não porque vai perder popularidade e sim porque o oposto é que será verdadeiro: é a sua popularidade que será seu fim. Ainda teremos Facebook, Twitter e inúmeras outras tecnologias em mídia social, mas os profissionais de marketing inteligentes trabalharão muito para integrá-las completamente em suas atividades de marketing, mesclando perfeitamente com outras mídias tradicionais. A referência à mídia social do ponto de vista dos profissionais de marketing diminuirá à medida que a mídia social se tornar um elemento essencial a praticamente todas as campanhas de marketing. Os elementos de mídia social de uma campanha alimentarão as atividades fora da internet e as atividades fora da internet estabelecerão sinergias com as atividades de marketing social. O

---

* *Nota do Tradutor*: Tweetups – grupo de amigos no Twitter que planejam encontros. Dell Swarm – grupo de compradores de equipamentos Dell com descontos especiais. Mashable Meetups – encontros de grupos em todo o mundo programados pelo site Mashable para discussões, reuniões, caridade, festas ou outros.

objetivo da campanha como um todo será conduzir os indivíduos, consumidores e formadores de opinião para mais dentro de seus respectivos funis.

A mudança do relacionamento das marcas com os consumidores foi sucintamente caracterizada em nossa entrevista com Andrew Pickup, diretor de Marketing da Microsoft Asia Pacific, onde ele citou três fases das táticas de marketing que as empresas implantaram ao longo das últimas décadas:

- **marketing transacional** – o modelo dos profissionais de marketing dos anos 1960 e 1970.
- **marketing de relações** – os anos 1980 e 1990 representaram uma evolução que levou a um forte relacionamento individual.
- **marketing colaborativo** – o modelo dos anos 2000 em diante.

Por causa da mídia social, os consumidores passarão a ter expectativas de conversas e colaboração com os profissionais de marketing para fazer a conexão deles com as marcas e as organizações que desejam vender produtos e serviços. Eles esperarão uma resposta humana e genuína apresentada dentro do contexto dos assuntos em questão e dos comentários que estão produzindo.

Ruído

Por causa da natureza da mídia social existe bastante ruído que os profissionais de marketing e os consumidores precisam filtrar. Com o crescente volume de conversas sobre tantos tópicos, as ferramentas automáticas de busca pegam conversas que não estão necessariamente relacionadas com a marca ou a categoria. Por causa disso, está ficando cada vez mais difícil e caro implementar um posto de escuta de mídia social que seja eficaz.

Por outro lado, os consumidores estão recebendo cada vez mais mensagens de seus recentes amigos ativos em mídia social, assim como dos recentes profissionais de marketing ativos em mídia social. Com todas essas mensagens sendo recebidas, os consumidores estão simplesmente eliminando esse ruído e somente respondendo a uma amostragem limitada dessas mensagens que parece ser de interesse. Isso faz com que seja cada vez mais difícil para os profissionais de marketing elevar-se acima do ruído com suas mensagens na mídia social. Embora os assinantes aceitem receber mensagens de várias fontes, geralmente é mais fácil recebê-las e ignorá-las do que simplesmente cancelar a assinatura. Além disso, à medida que mudam os interesses, as fontes de mensagens aceitas que eram interessantes no mês passado podem não mais parecerem interessantes. Como prevê Steven Rubel da Edelman Digital, os indivíduos passarão por uma "crise de atenção" tornando a mídia social mais difícil e mais onerosa para as empresas empregarem, reduzindo assim o ROI geral.

Isso gera frustração em ambos os lados – as marcas ficam cada vez mais frustradas por não conseguir obter o mesmo ROI que os primeiros adeptos obtinham (e continuam obtendo) e os consumidores ficam frustrados por não conseguirem obter a qualidade de conteúdo que queriam.

Para o profissional de marketing e para o posto de escuta, a resposta será o surgimento de possibilidades de filtragem cada vez melhores. Algumas serão baseadas na intervenção humana e outras na evolução de uma inteligência artificial (AI – Artificial Inteligence) que desenvolva uma compreensão muito mais clara de expressões adequadas e depois aprende como interpretar melhor a gíria, a insinuação e o sarcasmo à medida que isso for sendo ensinado por um grupo de operadores humanos. Para o futuro próximo nós esperamos que a interpretação e intervenção humanas sejam requeridas para que se atinja uma elevada precisão (na faixa de 90%) nessa função.

Esses tipos de recursos de escuta serão utilizados por ambos os lados da equação de marketing: os consumidores ouvirão os itens que melhor atendem seus interesses e os profissionais de marketing os utilizarão para identificar os formadores de opinião e os consumidores que estão falando sobre sua marca e determinar onde focar seus esforços de marketing on-line para obter os melhores resultados dos indivíduos em seus mercados-alvo.

EXPECTATIVA DOS CONSUMIDORES DE ENTENDER QUEM ELES SÃO

A mídia social vai se fundir com a empresa e influenciar as vendas através de uma integração com os pacotes de software de CRM: um componente central de software para as funções de vendas, apoio, marketing e serviço ao cliente de organizações médias a grandes. Isso aproveitará as valiosas informações dos clientes encontradas nos dados coletados pelos profissionais de marketing.

Os representantes poderão abrir um formulário de contato que inclua o histórico do cliente com a organização e, possivelmente, sua atividade em geral na mídia social. Com a qualidade da informação que logo estará disponível, o atendente do serviço ao cliente conseguirá determinar qual a melhor maneira de tratar uma consulta, reclamação ou outra questão. Com essas informações, os representantes da empresa conseguirão customizar suas interações com esses indivíduos para fornecê-los uma experiência com a marca ainda mais personalizada. Por exemplo, com a implementação do CRM social, uma cadeia de hotéis poderia determinar se um indivíduo é formador de opinião e se for, garantir que sua experiência exceda as expectativas na esperança de que o formador de opinião possa falar no blog sobre ela ou, no mínimo, evitar um possível relato no blog de uma experiência negativa. Os consumidores que são ávidos usuários da mídia social têm a expectativa de encontrar companhias plenamente integradas na mídia social que entendam suas preferências e os ajudem a tomar decisões sobre seus produtos – eles podem considerar uma ofensa que a empresa não se disponha a entrar em conexão com seu público on-line antes de oferecer ajuda em uma compra.

UM MERCADO GLOBAL QUE NUNCA FECHA

A adoção da mídia social pelos consumidores é ampla nos países ocidentais e não vai ficar apenas mais ampla em termos de aplicativos tecnológicos, mas mais profunda: mais pessoas adotarão regularmente ferramentas de mídia social como parte de sua interação com os amigos. A Universal McCann produz regularmente um relatório "Wave" detalhando a adoção e uso da mídia social em todo o mundo. Em seu relatório Wave 4,[1] eles estimaram um total de aproximadamente 625 milhões de usuários da internet. A população da Terra é de cerca de 6,8 bilhões de pessoas, ou seja, 9,1% da população mundial estão na internet.

Existe ainda um longo caminho a percorrer antes que ocorra a saturação da internet, quanto mais da saturação da mídia social. Os números mudam rapidamente. Enquanto escrevíamos este livro o Facebook se aproximava de quase 500 milhões de usuários e um número semelhante de pessoas assinavam regularmente o QQ/QZone na China. As estimativas atuais são de que esse número se estabilizaria em torno de 50% da população do mundo em cerca de 10 anos ou mais.

As marcas globais já estão funcionando em um mercado que nunca para, mas veremos uma segunda e terceira camada de fornecedores entrando na composição a partir de outros países. Isso será um boom para eles porque conseguirão atingir públicos significativamente maiores a custos significativamente menores. Marcas nunca vistas em um continente ficarão disponíveis à medida que os profissionais de marketing por trás delas acharem que os consumidores experientes na mídia social poderão se envolver com elas em qualquer lugar e a qualquer tempo.

PRIVACIDADE, IDENTIDADE, LOCALIZAÇÃO E PORTABILIDADE DO CONSUMIDOR

Scott McNealy, na época CEO da Sun Microsystems, foi citado em um artigo amplamente criticado da PC Week de 1999, dizendo que na internet "você tem privacidade zero, então, supere isso". Não se trata de você não conseguir manter suas informações fora das vistas do público, mas que o conteúdo colocado na internet era, e agora é mais ainda, facilmente encontrado. Em 2010, o Facebook possui mais de 400 milhões de usuários em mais de 180 países e, em geral, essas pessoas já entram no site com a intenção de compartilhar suas atividades semanais, diárias e algumas vezes até horárias; uma vez compartilhadas, essas informações ficam disponíveis para todos os amigos e conhecidos, assim como futuros empregadores ou outros que possam ter algum interesse.

Privacidade e identidade na mídia social

Como um dos mais visíveis sites da mídia social, o esforço do Facebook nessa área tem arrebanhado uma boa dose de divulgação na imprensa. À medida que a plataforma Facebook evoluiu, a companhia aprimorou suas políticas de privacidade. Essas mudanças se tornaram importantes à medida que o Facebook trabalha para monetizar sua base de usuários, fornecendo oportunidades de publicidade altamente segmentadas para os profissionais de marketing. O Facebook já coleta informações dos consumidores que são altamente valorizadas pelos profissionais. A questão agora é como o Facebook fornece acesso a essas informações para os profissionais de marketing sem perder a confiança que os indivíduos possuem no site. Os profissionais estarão dispostos a pagar taxas cada vez maiores por essas informações altamente valiosas e segmentadas dos consumidores.

As questões em relação à privacidade possuem um aspecto de geração, um geográfico e outro de quiproquó. Consumidores mais jovens parecem ter menos preocupações sobre a privacidade on-line do que os consumidores mais velhos. Os consumidores nos EUA parecem ter uma maior preocupação do que seus semelhantes em outras partes ao redor do mundo e ainda os outros consumidores estão dispostos a trocar um pouco de sua privacidade por acesso irrestrito e de baixo custo aos serviços populares de marketing social. A retribuição ou quiproquó na forma de serviços gratuitos tem sido uma tática amplamente utilizada na mídia tradicional, logo, não é infundado esperar que os consumidores permitam o mesmo tipo de troca de uma privacidade menor por uma oferta com algum valor intrínseco.

A questão que envolve a privacidade é a perda do anonimato on-line. Nos primeiros estágios da cultura on-line, apelidos e identidades falsos permitiam falar bobagens e fazer queixas amargas contra produtos e pessoas sem repercussão para o indivíduo porque seu nome na tela não estabelecia uma conexão direta com a pessoa do mundo real, fora da internet. Na era da mídia social, a presença social só é verossímil quando o consumidor pode de certa forma confiar na pessoa por trás da presença. Eles possuem um gráfico social que os conecta com indivíduos reais, que assim, tacitamente autentica os indivíduos emprestando-lhes confiança. As reclamações violentas não podem mais ser feitas de forma anônima, tornando-as muito mais valiosas quando ocorrem, pois são feitas por pessoas reais com identidades reais e amigos reais.

Quando um consumidor se apresenta como "RedHead9266" no MySpace, seus comentários (bons ou ruins) em outras páginas provavelmente serão ignorados, pois eles não o vinculam com a identidade real do usuário. Por outro lado, quando Ashton Kutcher se apresenta como "@APlusk" no Twitter, ele quer que você saiba que é ele mesmo.

LOCALIZAÇÃO FÍSICA EM UM MUNDO VIRTUAL

Muitos smartphones utilizam o GPS ou recurso parecido para determinar a localização do telefone e, por associação, de seu proprietário. Os participantes de jogos sociais com base em localização (tais como o FourSquare e o Gowalla) tornam conhecidas suas localizações como parte do game. Eles recebem "distintivos" virtuais e cargos que incentivam ainda mais o seu envolvimento. Embora exista um valor para o consumidor nesses tipos de jogos, também há desvantagens. Os consumidores querem as vantagens derivadas do modelo de marketing com base em localização (descontos, promoções e preços especiais ligados aos recursos de posicionamento geográfico), mas por questões de segurança querem que os dados sejam protegidos contra a visão do público em geral.

SENHA ÚNICA

A identidade do consumidor fora da internet, e muitas vezes sua localização no mundo real, faz parte de sua identidade social, mas a exigência de repetidamente completar uma tela de senha e perfil com as mesmas informações o tempo todo já é um fardo. Os consumidores querem que sua identidade seja validada rapidamente e facilmente para que possam passar de uma rede social para outra. Esse recurso do único ponto de entrada (*single sign-on*) tem benefícios adicionais além da redução de senhas. Ele também reduz significativamente a probabilidade de equivocadamente permitir acesso aos robôs e geradores de spams, porque o Facebook, Twitter e outras contas são autenticadas pelos seus perfis de usuários.

O Facebook Open Graph e o Facebook Connect são interfaces entre aplicativo e programação (APIs – Application programming Interface) oferecidas pelo Facebook aos desenvolvedores de aplicativos para utilizar a senha existente no Facebook para entrar em outros sites. O Facebook está fornecendo incentivos aos desenvolvedores de plataformas através da oferta de determinados dados limitados sobre os consumidores. O Twitter também tem um API gestor de identidade (OAuth) e o conglomerado Yahoo!-Microsoft possui os seus (LiveID com base no OpenID e Passport), e outros ainda estão apenas começando. A Meebo recentemente abriu o "XAuth" como um outro serviço oferecendo "uma plataforma aberta para estender serviços de autenticação de usuários pela Web", que está sendo promovido conjuntamente pelo Google, Microsoft, MySpace, Yahoo!, Gigya, DISQUS e Janrain.[2]

A identidade do consumidor é fundamental para ajudar os profissionais de marketing a segmentar melhor suas mensagens, ofertas e periodicidade. Se os profissionais puderem utilizar e combinar um comportamento passado de um indivíduo nas plataformas de mídia social com seus perfis de usuários, então poderão segmentar mais facilmente seu público e fornecer a mensagem correta, com a oferta correta no momento certo. As taxas de conversão dos profissionais de marketing aumentam e eles ficam mais dispostos a pagar taxas de publicidade maiores para essa informação altamente segmentada. Os desenvolvedores, como o Zoológico de San Diego, já utilizam o recurso da senha única do Facebook Connect para acessar os perfis de seus visitantes e assim ajustar a experiência de cada um deles, propiciando um valor maior e uma probabilidade maior de que eles se envolvam ainda mais com a marca.

ECONOMIA BASEADA EM REPUTAÇÃO E CONFIANÇA

O acesso a informações pessoais é menos problemático para o consumidor se ele conhecer e confiar na parte interessada em solicitar o acesso. A rede de amigos no Facebook é provavelmente focada em pessoas que o consumidor realmente conhece ou que fazem parte de sua rede ampliada. Entretanto, as marcas representam entidades sem nome e sem face: um grupo de pessoas que se reuniu para socializar entre si por um propósito – vender algo.

Os consumidores esperam poder confiar em seus amigos no intuito de que manuseiem confidencialmente seus dados e, por extensão, nas marcas e companhias que eles optem em se conectar. Os relacionamentos em que há consentimento em receber mensagens serão norma, e os profissionais de marketing confiarão cada vez mais nos formadores de opinião para ajudá--los a desenvolver uma base de consumidores atentos. Os consumidores estão ouvindo as interações dos profissionais de marketing no ecossistema da mídia social quase tão intensamente como os profissionais os estão ouvindo. Os profissionais de marketing que violarem a confiança do consumidor pelo uso impróprio dos dados que lhes foram confiados, não se darão bem.

Os consumidores permitirão o acesso a certos dados pessoais somente enquanto o relacionamento com a marca os atender. Se os profissionais de marketing conseguirem argumentar que o acesso aos dados os ajuda a servir melhor seus fãs, o fã permitirá acesso a dados mais íntimos. Isso poderia incluir suas amizades on-line, seu comportamento social no passado e mesmo onde estão exatamente agora.

SEMÂNTICA

A semântica é uma palavra que significa "a ciência ou estudo do sentido na linguagem". Na internet a semântica é importante de duas maneiras: busca e análise do conteúdo gerado pelo consumidor.

À medida que os computadores vão ficando cada vez mais sofisticados, eles conseguirão não apenas ver as palavras, mas compreender o sentido pretendido. Com o oceano de conteúdos gerados pelos indivíduos na mídia social, os profissionais de marketing precisarão conseguir agregar esse conteúdo em estatísticas gerenciáveis e aproveitáveis. Isso somente poderá ser feito de maneira eficaz em termos de custos com o uso de buscas automatizadas em que os computadores julguem, entendam e interpretem o conteúdo gerado pelos usuários no que se refere à marca.

DISPOSITIVOS DE SEMÂNTICA FICAM MAIS INTELIGENTES

Um componente fundamental da busca semântica é o conceito de "esclarecimento de uma ambiguidade" – ou fazer algo menos ambíguo, tornando mais claro na mente do receptor.

Com a enorme quantidade de conteúdo sendo gerada e divulgada na Web, está se tornando cada vez mais difícil encontrar uma informação específica dentre os milhões de resultados fornecidos pelos dispositivos de busca existentes. Os dispositivos de busca continuam a evoluir em seus recursos, mas sua capacidade de compreender nossa consulta e fornecer resultados que combinem com ela ainda exigem aperfeiçoamentos. Eles precisam evoluir para fornecer resultados mais dirigidos que englobem não apenas o que dizemos, mas o que queremos dizer quando buscamos uma palavra ou frase.

Uma grande quantidade de conteúdo já está por aí e mais ainda está sendo gerado todos os dias por profissionais de marketing querendo fazer sua mensagem chegar diante de uma audiência. O conteúdo escrito pelo pessoal de marketing e por escritores profissionais compete agora pela atenção do público com artigos escritos na mídia social por indivíduos em seu próprio estilo e com sua própria habilidade em usar a linguagem escrita. Os dispositivos de busca precisam ainda interpretar plenamente o que os usuários querem quando buscam algo. Os dispositivos de busca fornecem inúmeros links em várias páginas de resultados, mas poucos desses resultados são relevantes ou significativos. A busca semântica pode ajudar quem pesquisa a obter uma resposta mais relevante.

A dificuldade enfrentada pelos dispositivos de busca está ilustrada no box da página 271. A palavra "rugir",* por exemplo, possui vários significados dependendo se usada como substantivo, verbo ou expressão idiomática. Todas essas combinações podem facilmente ser encontradas no conteúdo escrito por comunicadores profissionais ou indivíduos em uma rede social.

ANÁLISE SEMÂNTICA DO CONTEÚDO GERADO PELO CONSUMIDOR

A busca semântica também é fundamental para os profissionais de marketing compreenderem o valor líquido de todas as conversas em torno da marca. Em qualquer campanha – seja utilizando a mídia social ou a tradicional – os profissionais de marketing querem saber como os consumidores estão reagindo e conversando. Eles estão conversando de um modo mais positivo ou mais negativo? Eles estão falando de modo a enfatizar um determinado atributo da marca ou outro? Como estão falando sobre os concorrentes?

Constatamos que muitas análises semânticas automatizadas são corretas somente em metade do tempo. Com uma abordagem híbrida – combinando o computador com a análise humana – a um custo bem maior, essa precisão pode subir para cerca de 90%. Mesmo com a intervenção humana simplesmente não se consegue deduzir o sentimento e o tom de algumas mensagens. Por exemplo, a afirmação a seguir tem um tom positivo ou negativo em relação à Marca X?

"A nova Marca X tem algumas características boas, mas prefiro a Marca Y."

Com a capacidade de monitorar precisamente o sentimento e o tom das mensagens em torno de suas marcas, os profissionais de marketing podem utilizar essas medições provisórias para começar a determinar se suas campanhas de marketing estão gerando o efeito desejado nas conversas da mídia

---

* *Nota do Tradutor*: No original em inglês os autores utilizam a palavra *bark* (latido). Como muitos dos outros sentidos dessa palavra em inglês não possuem correlatos em português, preferi adaptar, utilizando a palavra "rugir/rugido".

social. Mesmo com as imprecisões das análises automatizadas de sentimentos, as tendências podem indicar como a marca específica está se saindo na mídia social. Com esses indicadores em mãos, os profissionais de marketing podem começar a desenvolver campanhas que sejam mais eficazes para gerar mais conversas positivas e reduzir o volume de comentários negativos. Dessa maneira, os profissionais conseguem monitorar essas medições provisórias para melhorar a eficácia de suas campanhas. Se a campanha não estiver gerando o tom e o sentimento desejados, os profissionais de marketing conseguem agora reagir mais rapidamente do que precisar esperar por uma eventual compra, ou falta dela.

SIGNIFICADOS DA PALAVRA "RUGIR/RUGIDO"

Substantivo
1. o som abrupto, áspero, explosivo emitido pelo leão.
2. um som semelhante feito por outro animal, como o tigre e outros felinos.
3. um som estridente e prolongado, como o de armas de fogo: *o rugido dos canhões.*
4. uma ordem ou resposta brusca ou furiosa: *o rugido do capataz fez os preguiçosos voltarem para seus postos nas máquinas.*
5. um sussurro brando.
6. grito estridente e prolongado.

Verbo
1. (de um leão ou outro animal) soltar um grito abrupto e explosivo ou uma série deles.
2. fazer um som semelhante: *os canhões rugiram.*
3. falar alto ou gritar de forma áspera e cavernosa: *um homem que ruge para seus filhos.*
4. sussurrar mansamente, rumorejar.
5. ecoar, retumbar, ressoar.

Verbo (usado com objeto)
1. bradar ou proferir num rugido: *rugindo ordens para seus subordinados.*

Fonte: Grande Dicionário Larousse Cultural da Língua Portuguesa/Novo Dicionário Básico da Língua Portuguesa Folha/Aurélio/internet.

Acesso à rede e mobilidade

O acesso à internet está mudando, principalmente nos países emergentes. Em países avançados, e nos ambientes de trabalho em muitos países emergentes, o método predominante para acessar a internet é através de um laptop ou computador de mesa. Com o surgimento dos novos equipamentos portáteis e a infraestrutura de conexão sem fio, o Smartphone (como, por exemplo, o iPhone, iPad ou os smartphones com o Android do Google) está se tornando a forma de acesso preferida, principalmente em países emergentes. Logo, tanto os computadores de mesa quanto os equipamentos móveis fornecerão aplicativos diferentes a serem usados de modos diferentes pelo usuário. A mídia social se beneficiará enormemente dessa tendência de acesso. Os profissionais de marketing precisarão monitorar essa tendência para ter certeza de que possam fornecer a melhor interface para seus aplicativos na mídia social para ambos os modos de acesso.[3]

Além dos dispositivos móveis serem mais convenientes, a infraestrutura em termos de fiação necessária para uma rede baseada em computadores de mesa com fio como a existente nos países avançados, pode nunca chegar a ser construída nos países emergentes. Os usuários na China e em outros países já estão conectados à internet principalmente através de dispositivos móveis. Os provedores de telecomunicações dos países emergentes podem investir em uma única torre de celulares que conecta milhares de usuários, em vez de uma conexão por fio que pode somente ligar um único edifício ou um único usuário em uma dada localização.

A economia de microescala da mídia social

As transações monetárias e econômicas representarão a força motriz para a absorção da internet e do uso da mídia social por parte das empresas. A possibilidade de fazer pagamentos com facilidade e eficácia será bastante útil no intuito de tornar vantajoso para as empresas oferecerem serviços valiosos que possam gerar lucros.

Os consumidores já deram indicações de que não se importam com a ideia de pagar pelo conteúdo on-line. Aqueles que publicam encontrarão maneiras de fornecer conteúdo de elevado valor e baixo custo, 24 horas por dia, para enriquecer a mídia que os consumidores venham a optar em receber. Esses consumidores poderão ter acesso apenas ao conteúdo que desejam em vez de adquirir toda a edição: poderão consumir o conteúdo de um artigo de cada vez. Os micropagamentos tornarão isso possível, tais como no caso de editores que receberão apenas alguns centavos para cada artigo, mas que poderão vender milhões de artigos em dado momento. Da mesma forma que o modelo de compra de um álbum completo de música foi afetado pelo iTunes, os pagamentos de jornais completos serão substituídos pelos pagamentos de artigos ou seções específicas. Quando os micropagamentos já estiverem ocorrendo, os profissionais de marketing poderão implementar modelos por semelhança para ampliar ainda mais suas vendas, na mesma linha do que a Amazon oferece em termos da tecnologia "pessoas que compraram X também compraram Y".

Surgirá um consumidor dentro do modelo cordial de pagamento por acesso que monetiza a obtenção de notícias, junto com o modelo de cidadão-jornalista livre. Embora um estudo da Nielsen de 2010 tenha sugerido que os consumidores não se opõem ao pagamento por conteúdo de qualidade, o que três em cada quatro deles *realmente* se opõem é pagar várias vezes pelo conteúdo que já assinaram em outro canal de mídia. Se já recebem o *The New York Times* impresso em sua porta, eles perguntam por que deveriam pagar uma taxa adicional para recebê-lo eletronicamente.

Os equipamentos também mudarão para entrega e consumo de conteúdo. Bastante fáceis de usar, os dispositivos de leitura capazes de oferecer um rico conteúdo de mídia com interfaces intuitivas para o usuário permitirão que as pessoas tenham acesso a lojas de publicações e assinem um rico conteúdo de forma rápida, fácil e barata. O iPad da Apple é considerado como sendo o primeiro desse tipo nessa categoria, fornecendo acesso imediato à loja do iTunes contendo uma ampla variedade de conteúdo digital. O Google e a Amazon não estão muito atrás no intuito de atualizar seus dispositivos para competir com a engenharia e o projeto do iPad.

A BOLHA DA MÍDIA SOCIAL E A CONSOLIDAÇÃO DA PLATAFORMA GLOBAL

Nos EUA algumas plataformas dominam suas categorias, mas nos mercados dos BRIC (Brasil, Rússia, Índia, China), os consumidores podem escolher dentre várias plataformas, cada uma delas tão grande e tão bem estabelecida como o Facebook ou o Twitter. Um sinal do amadurecimento do mercado é a absorção dos participantes menores por aqueles maiores e mais lucrativos. Google, Microsoft e Facebook estão prontos para fazer exatamente isso toda vez que identificam as empresas vencedoras e perdedoras de portes menores. As aquisições serão determinadas considerando a tecnologia, base de consumidores ou redes de publicidade que cada uma delas controla ou administra.

A mídia social tem sido um segmento com rápido crescimento e, finalmente, surgem modelos de receitas mostrando como a mídia social pode gerar modelos de negócios lucrativos. Não são apropriadas as comparações com o crescimento e a bolha do pontocom. As fusões e aquisições irão inicialmente se acelerar e depois, passado um período, irão se reduzir. Ao chegar neste ponto, a mídia social estará plenamente amadurecida em um modelo de negócios que consegue gerar fortes lucros e grandes retornos para os investidores.

A mídia social não é mais local: ela é global e a atividade de fusões e aquisições internacionais está em andamento. A Tenecent da China está tornando sua base de 800 milhões de usuários mais forte pela aquisição de tecnologias e outras plataformas de mídia social para adicionar à sua carteira de negócios. À medida que a China continuar a abrir seus mercados e retirar as restrições para sua população ter acesso à internet, o ritmo se acelerará ainda mais. À medida que os indivíduos pulam de uma plataforma de mídia social para a seguinte, os profissionais de marketing conseguirão aproveitar dessa consolidação coletando informações integradas desses indivíduos por todos os sites, o que pode levar a um desenvolvimento de campanhas e de publicidade ainda mais segmentadas.

CHINA E MÍDIA SOCIAL

A mídia social do Ocidente e da China ainda não se sobrepuseram. De dentro da China, a maioria das principais plataformas de mídia social está bloqueada; de fora, a língua ainda é uma barreira e as assinaturas ficam limitadas. Na China há um punhado de sites de mídia social liderados pela QQ, de propriedade da Tencent. Por todos os sites da Tencent existem mais de 800 milhões de usuários registrados. A QQ e QZone já competem com o Facebook pelo maior número de usuários em nível global. Com apenas um terço da população chinesa conectada, a QQ poderá facilmente ultrapassar o Facebook à medida que uma maior porcentagem da população da China ficar on-line.

APLICAÇÕES IMPREVISÍVEIS DA TECNOLOGIA SOCIAL

Da mesma forma que a televisão teve início incerto e a tecnologia do telefone nunca foi prevista para ser usada na conexão com a internet, e a tecnologia do telefone celular nunca foi prevista para substituir o telefone com fio, assim também a mídia social fornecerá muitas aplicações não previstas que agora estão somente nas mentes de alguns desenvolvedores de aplicativos e de software.

Os 140 caracteres de uma mensagem no Twitter podem assumir um significado completamente diferente se esses caracteres utilizados não forem do alfabeto ocidental; imagine se o conjunto de caracteres for constituído pelos mais de mil caracteres chineses, muitos dos quais representando palavras inteiras! As conversas poderão ficar mais ricas e mais significativas.

Os QR Codes (ou código de barras bidimensional concebido para permitir que os consumidores fiquem imediatamente ligados a uma página na Web sem precisar entrar no texto) poderão assumir um modelo de uso completamente diferente quando combinados com serviços com base na localização que servem de incentivo para a compra de um produto ou serviço em relação a outro. Esses serviços são baseados no tempo, localização e padrões de consumo, que são extraídos dos dados que os consumidores escolheram postar em seus perfis públicos e rede social.

Conclusão

A mídia social está em fase de maturação: a adoção da mídia social pelas empresas está crescendo e acelerando. Com o uso da mídia social pelo marketing, as empresas continuarão demandando resultados que apareçam no lucro líquido final. O ROI em marketing social, para cada marketing social, deve ser medido e calculado com base em um sistema válido. Independentemente de como o futuro se desdobra, as medidas e medições em mídia social irão se aperfeiçoar e os resultados da empresa a partir do marketing social serão monitorados, rastreados, diagnosticados e melhorados.

A mídia social é uma grande oportunidade para diferenciar uma mensagem de marca hoje, mas seu impacto começará a diminuir quanto mais profissionais de marketing inovarem e oferecerem melhores programas de marketing social, aumentando seu acesso ao tempo e às carteiras dos indivíduos. Aqueles profissionais que entrarem primeiro conseguirão colher recompensas no curto prazo, em termos de ROIs significativamente maiores do que em outras mídias tradicionais, e gerarão uma possível massa crítica que dificilmente será superada pelos concorrentes que entrarem depois.

Notas

1. http://www.slideshare.net/Olivier.mermet/universal-me-cann-wave-4. Outubro de 2010.
2. "Meebo pushes XAuth.org as solution to social network toolbar clutter problem"; video no YouTube; postado em 18 de abril de 2010 por Robert Scoble; http://www.youtube.com/watch?v=UjXswWs7xg; colhido em 7 de junho de 2010.
3. Relatório de Aaron Smith Mobile Access 2010;/Pew Internet & American Life Project; http://www.pewinternet.org/Reports/2010/Móbile-Access-2010.aspx?r=1; colhido em 5 de agosto de 2010.

Posfácio

A mídia social oferece algumas novas maneiras excelentes para os profissionais de marketing identificarem e se envolverem com seu público-alvo. Ao utilizarem a mídia social, os profissionais de marketing garantem um modo de responder diretamente a comentários sinceros feitos em tempo real pelos consumidores. Eles podem agora agradecer abertamente aos defensores da marca que fazem comentários complementares sobre a marca e conseguem intervir diretamente em um caso de cliente com algum problema em relação ao serviço.

Entretanto, a mídia social não é algo que não tenha seus riscos – a presença da marca pode ser sequestrada e grupos de protesto com megafones virtuais podem gerar uma tempestade de conversas negativas em torno da prática de negócios de determinada marca ou empresa. Não obstante, os profissionais de marketing devem procurar se envolver na mídia social com consumidores, indivíduos e formadores de opinião, e se esforçar para gerar valor positivo para suas marcas, utilizando essas táticas e ferramentas em iniciativas estratégicas. Os riscos precisam ser pesados contra o valor positivo que possa existir do marketing em mídia social, e pensamos que os benefícios normalmente superarão os riscos. Vemos também que a mídia social terá impacto de longo alcance na empresa, na maneira como ela interage com as partes interessadas em sua esfera de atuação: clientes atuais e prospects, empregados, ex-empregados, futuros empregados, assim como acionistas e investidores.

O QEM é um conceito fundamental subjacente a uma estratégia prudente, racional e administrada de mídia social *e* de mídia tradicional. Para apoiar uma presença de marketing social bem-sucedida, o QEM fornece a maneira de gerar valor para a marca, por meio de táticas de campanha integrada. Os três personagens – indivíduos, formadores de opinião e consumidores – representam os principais atores na mídia social. Os profissionais de marketing precisam considerar como se envolver e conquistar o endosso dos formadores de opinião. Precisam ainda perceber que os indivíduos possuem apenas um tempo limitado, de forma que se os profissionais não lhes fornecerem um valor duradouro, eles buscarão outros locais para ocupar seu tempo. Por último, os profissionais de marketing devem atrair mais clientes para suas marcas, a fim de gerar mais receitas com lucros maiores, promover o crescimento do valor da marca e de sua participação na categoria. Para esse fim, o marketing social ainda precisa impulsionar a consciência em relação à marca, a intenção de compra e a imagem da marca, de forma que, quando um consumidor tomar uma decisão de compra, a marca do profissional de marketing seja escolhida acima de qualquer outra marca.

Podem não existir diretamente as fontes de dados relativas a cada nível do quadro de envolvimento na marca, mas são fornecidas boas aproximações. À medida que o marketing social amadurecer, as ferramentas existentes serão aperfeiçoadas e outras irão se tornar disponíveis. Algumas delas são mostradas neste livro; outras estão relatadas em nossa página de fãs no Facebook (Facebook.com/ROIofSocialMedia) e no endereço www.ROIofSocialMedia.com.

Agora que você leu este livro, esperamos que comece a implementar esses conceitos em sua organização, considerando que nada que valha a pena vem de maneira fácil. Constatamos que os profissionais de marketing que investem agora esse pequeno esforço adicional em medições e análises irão colher benefícios tanto em curto quanto em longo prazo. Aqueles profissionais que implementam primeiro, e melhor, esses conceitos irão vencer. Aqueles que não o fizerem vão ficar se perguntando o que foi que aconteceu. Não basta construir uma presença na mídia social; construa uma estratégia na mídia social centrada em medições e no ROI para conquistar participação de mercado e novos clientes de seus concorrentes em curto prazo e para gerar valor em longo prazo.

Será que você pode realmente se permitir não fazer isso?

Apêndice

Existem muitos outros fornecedores de ferramentas que também merecem menção, mas limitamos o escopo neste livro para estabelecer o sistema de avaliação e depois publicar os resultados em andamento em nossa comunidade de fãs no Facebook. Eis alguns exemplos:

Ferramenta	Onde encontrá-la na Web	Investimento
Google Reader	http://reader.google.com	Gratuito

O Google Reader é um agregador, ou coletor, de feeds do RSS.[1]

Como componente da implementação de um monitoramento, ele representa o coletor de dados produzido por outras ferramentas para você poder ir apenas a um lugar, e não a três, para ver os dados gerados pelos sites que fazem a busca e a apresentação real dos dados.

Tipo	Capacidade de escuta	Plataformas	Possibilidade de ampliar a escala
☐ Monitoramento ☐ Medição ☐ Influência ☒ Apoio	☒ tempo real/ voltada para o fluxo de mensagens ☒ busca/ referências passadas ☐ análises ☐ tom/sentimento	☒ blogs (incorporados) ☐ microblog ☐ redes sociais (limitadas) ☒ qualidade/ quantidade dos dados ☐ on-line/fora da internet	☒ único usuário ☐ funcionalidade voltada para uma equipe ☐ passível de repetição

Ferramenta	Onde encontrá-la na Web	Investimento
SocialMention.com	http://www.SocialMention.com	Gratuito

O Social Mention é uma plataforma de busca e análise que agrega conteúdo gerado pelos usuários de um amplo grupo de plataformas de mídia social em um único fluxo de dados. Os sites que ela tem acesso incluem Ask, Bing, Bloglines, Delic. io.us, Digg, Facebook, Friendfeed, Friendster, Google search (blog, notícias, vídeo), hi5, Identi.ca, LinkedIn, MSN (social, vídeo), MySpace, Ning, Prweb, Reddit, Slideshare, Stumbleupon, Techmeme, Technorati, Twitpic, Twitter, Wordpress, Yahoo, YouTube e vários outros.

O SocialMention.com pode fornecer um fluxo RSS que alimenta automaticamente o Google Reader.

Tipo	Capacidade de escuta	Plataformas	Possibilidade de ampliar a escala
☐ Monitoramento ☑ Medição ☐ Influência ☐ Apoio	☑ tempo real/ voltada para o fluxo de mensagens ☑ busca/ referências passadas ☑ análises ☐ tom/sentimento	☑ blogs (incorporados) ☑ microblog ☑ redes sociais (limitadas) ☑ qualidade/ quantidade dos dados ☐ on-line/fora da internet	☑ único usuário ☐ funcionalidade voltada para uma equipe ☐ passível de repetição

Ferramenta	Onde encontrá-la na Web	Investimento
Google Alerts	http://alerts.google.com	Gratuito

O Google Alerts irá, incansavelmente, vasculhar a Web em busca de menções de qualquer frase para busca que você forneça. Você pode escolher enviar os dados para um endereço de e-mail ou para a conta Google Reader na medida em que elas ocorram, uma vez ao dia ou uma vez por semana.

A frase pode ser tão simples quanto o nome da empresa, um produto ou o nome de uma pessoa. Ela também aceita termos de busca mais complexos, utilizando expressões boolianas.

O Google Alerts pode fornecer um fluxo RSS que alimenta automaticamente o Google Reader.

Tipo	Capacidade de escuta	Plataformas	Possibilidade de ampliar a escala
☑ Monitoramento ☐ Medição ☐ Influência ☐ Apoio	☑ tempo real/ voltada para o fluxo de mensagens ☐ busca/ referências passadas ☐ análises ☐ tom/sentimento	☑ blogs (incorporados) ☑ microblog ☑ redes sociais (limitadas) ☑ qualidade/ quantidade dos dados ☐ on-line/fora da internet	☑ único usuário ☐ funcionalidade voltada para uma equipe ☐ passível de repetição

Ferramenta	Onde encontrá-la na Web	Investimento
Twitter Search	http://Search.Twitter.com	Gratuito

O Twitter Search fornece uma busca contínua e recorrente no fluxo de mensagens públicas do Twitter entregues em tempo real.

O Twitter Search pode fornecer um fluxo RSS que alimenta automaticamente o Google Reader.

Tipo	Capacidade de escuta	Plataformas	Possibilidade de ampliar a escala
☒ Monitoramento ☐ Medição ☐ Influência ☐ Apoio	☒ tempo real/ voltada para o fluxo de mensagens ☐ busca/referências passadas ☐ análises ☐ tom/sentimento	☐ blogs (incorporados) ☒ icroblog ☐ redes sociais (limitadas) ☒ qualidade/ quantidade dos dados ☐ on-line/fora da internet	☒ único usuário ☐ funcionalidade voltada para uma equipe ☐ passível de repetição

Ferramenta	Onde encontrá-la na Web	Investimento
Radian6	http://www.Radian6.com	Baseado em taxas

"A planilha Radian6 é uma plataforma de monitoramento e envolvimento de mídia social baseada na Web que permite ver em tempo real as conversas relevantes que acontecem em torno de sua marca e produtos. Agregamos essas conversas – poupando a você muito trabalho braçal – e as colocamos em imagens que tornam as análises e medições significativas e fáceis de usar."[2]

Tipo	Capacidade de escuta	Plataformas	Possibilidade de ampliar a escala
☒ Monitoramento ☒ Medição ☐ Influência ☐ Apoio	☒ tempo real/ voltada para o fluxo de mensagens ☒ busca/referências passadas ☒ análises ☒ tom/sentimento	☒ blogs (incorporados) ☒ microblog ☒ redes sociais (limitadas) ☒ qualidade/ quantidade dos dados ☐ on-line/fora da internet	☒ único usuário ☒ funcionalidade voltada para uma equipe ☒ passível de repetição

Ferramenta	Onde encontrá-la na Web	Investimento
Alterian SM2	http://www.Alterian.com/SM2	Básico Gratuito

"Desde 2007, a SM2 tem fornecido a visibilidade na mídia social para qualquer pessoa que gerencie marcas e reputações on-line. O SM2 combina um maciço depósito de dados de conversas on-line com o estado da arte em ferramentas de busca, análise e relatórios. Os profissionais de marketing conseguem agora aproveitar o poder da voz do consumidor na mídia social como parte integrante de sua estratégia de marketing on-line e off-line."

O SM2 fornece também um "Proprietary Social Media Warehouse com mais de 3,5 bilhões de conversas guardadas desde outubro de 2007". O acesso ao Social Media Warehouse permite que o SM2 execute análises históricas das marcas na mídia social, assim como executar alertas em tempo real.[3]

Tipo	Capacidade de escuta	Plataformas	Possibilidade de ampliar a escala
☑ Monitoramento ☑ Medição ☐ Influência ☐ Apoio	☑ tempo real/ voltada para o fluxo de mensagens ☑ busca/ referências passadas ☑ análises ☑ tom/sentimento	☑ blogs (incorporados) ☑ microblog ☑ redes sociais (limitadas) ☑ qualidade/ quantidade dos dados ☑ on-line/fora da internet	☑ único usuário ☑ funcionalidade voltada para uma equipe ☑ passível de repetição

Notas

1. RSS (Really Simple Syndication) é uma maneira fácil de obter dados em um site, como um blog ou resultado de busca de um lugar para outro na internet.
2. Descrição do produto extraída do site do Radian6: www.Radian6.com; coletado em agosto de 2010.
3. Descrição do produto extraída do site da Alterian: www.Alterian.com; coletado em agosto de 2010.

Bibliografia

Larreche, J.C., *O efeito momento*. Porto Alegre: Bookman, 2009.

Li, Charlene e Josh, Bernoff, *Fenômenos sociais nos negócios: vença em um mundo transformado pelas redes sociais*. Rio de Janeiro: Campus/Elsevier, 2009.

Powell, Guy R., *Marketing Calculator*. Cingapura: John Wiley & Sons, 2008.

Roeder, Linda, "14 Reasons You Should Join a Social Network". Former About.com Guide, http://personalweb.about.com/od/easyblogsandwebpages/a/whatsocialnetwo.htm, dezembro de 2009.

Safko, Lon e David K. Brake, *A Bíblia da mídia social: táticas, ferramentas e estratégias para construir e transformar negócios*. São Paulo: Edgard Blucher, 2010.

Índice

#BeOriginal, 183
@AplusK, 70
@Comcastcares, 25
@StevenGroves, 70
@TheRealShaq, 70
1800Flowers, 1800Flowers.com, 207-210
90% de todas as conversas boca a boca sobre uma marca ainda ocorrem fora da internet, 2
90-9-1
    regra 90-9-1, 43, 158, 168

A

A Bíblia da Mídia Social, 23, 40
A1 Steack Sauce, 130, 131, 158
Adobe Creative Suite, 156
Adobe® Systems Inc., 156
Agências de marketing formadoras de opinião, 111
Alcance, 74, 82, 114-115
Alimentar valor, 158
Allrecipes.com, 260-261
Alterian SM2, 277
Alterian, 248
Amazon.com, 17, 67
Amplificando o efeito fora da internet com a mídia social online, 122-125
Analisar o sucesso ou o fracasso e fazer a iteração.
    Ver Processo em oito etapas
Análise de regressão estatística, 230
Análises do consumidor, 223
Área de concorrência no QEM, 95
Assumir riscos, 235
Atividades de Marketing são as novas finanças, 139-141
Atribuição de último toque, 28
Audi Motors, carros, 107
Audiência do formador de opinião, 115
Avaliando influência, 101

B

B2B, marketing em mídia social, 136-141
BAB. *Ver* Boca a boca
Bai Yun e Gao Gao, pandas no Zoológico de San Diego, 175
Bem sucedido programa para os formadores de opinião, 117-118
Ben & Jerry's Ice Cream, 35-36
Bens de Consumo Não Duráveis, 128
Berry, John, 103
Biz Stone, 19

Black Eyed Peas. *Ver* Guinness Anchor Berhad
Blendtec, 13-15
Boca a boca, 1, 2, 21, 26, 32, 65, 94, 219, 222, 223, 260
Boicote de vinhos franceses, 112
Brake, David K., 40
Brandtology, 37
Bravo Talk Bubble
    exemplo de envolvimento da mídia, 30-31
Bravo, distintivos e FourSquare, 30
Bravolebrities, 30-31
Briggs, Rex, 39
Brogan, Chris, 83
Buck, Michael, 136, 139
Busca e mídia social, 187-188, 192
Busca orgânica, 189-190
Busca paga, 190, 191
Business Mashup Composer, 138
BzzAgent, 21, 59

C

CakeCentral, CakeCenral.com, 59
Calculando custos em marketing social, 22, 233-234
Call-to-action, 228
Câmera-panda no Zôo de San Diego, 175
Campanha de mídia social, 76, 158, 190, 206, 209, 222, 228, 230, 234, 251
Campanha para a Beleza Real, 152-154
campanha presidencial de 2008, 60, 253
Campanhas isoladas. *Ver* Investimentos em marketing social
Campanhas permanentes. *Ver* Investimentos em marketing social
Canadian Marketing Association, 42
Características comportamentais, 66
Características demográficas e de intimidade, 65
Características demográficas, 65
Cartas para os Heróis, 84-85
Celebridade mais velha dentro do universo do YouTube. *Ver* Dickinson, Tom
Celebridade, 88, 107
CEO, envolvimento
    na mídia social, 18,207
Cético em termos de canal de mídia, 85, 85-86
Chapéu Branco, 189
    SEO, 190, 193, 211
Chapéu Cinza
    SEO, 189

Chapéu Preto
   SEO, 189
Chappell, Scott, 63
"Chiclete", 153, 154
Citação sobre marketing e inovação de Peter Drucker, 37
Classificações e opiniões, 15, 58, 82, 131, 157, 163
ClickZ, 145
Comcast, 25-26
Comitê de compra, 135, 136-137, 138
"completude" de seu perfil, 164, 165
Compra. *Ver* Funil de Compra
Comunidade, envolvimento, 92
Comunidades formadoras de opinião, 109-111
Comunidades vinculadas à Dell. *Ver* IdeaStorm.com
Comunidades vinculadas à marca, 18, 166, 167
Concepção das conversas, 226
Confiança, 34, 75, 141, 164, 167, 207, 266, 268
Conjunto de considerações. *Ver* Funil de Compra
Consciência, 128-131, 152
   Funil de Compra, 34, 90, 127, 214
Consciência com ajuda, 128-130
Consciência espontânea, 129, 131
Consumer Reports, 149
Consumidor e o QEM, 125-136
Consumidores
   como um subconjunto dos indivíduos, 125-127
Consumo. *Ver* FEC
Conversas de fundo, 32
Conversas. *Ver* FEC
Convite. *Ver* FEC
CorePurpose, 182-183
Cox Target Media, Inc., 39
CPM (custo por mil), 147
CPM, 40
Criando uma marca em conjunto, 89-90
Crise de Atenção, 36
Cruz Vermelha Americana, 84
CTR. *Ver* Taxa de Cliques Relativos
Cultura de responsabilização e de contabilidade em marketing, 219
Custos no ROI, 22, 202, 203-206, 233-234
Cyworld, 46

D

Defensores, 53, 161, 167
Defesa. *Ver* Funil de Compra
Definição de mídia social, 2
Definir, monitorar e avaliar as medições provisórias e de sucesso. *Ver* Processo em oito etapas
Dell, 32
Dell Computers, Inc./EMEA, 139-141
Dell.com, 139
Delta Airlines, 89-90
Demandas competindo pelo tempo, 173-175
Desenvolver a estratégia e estabelecer metas. *Ver* Processo em oito etapas

Desenvolver a mensagem da campanha e monitorar o conteúdo das conversas. *Ver* Processo em oito etapas
Desenvolver um modelo de ROI em marketing social, 202
Despejar conteúdo, 124
Diagrama do Processo de Marketing, 9-10
Dickson, Tom, 13-15
Digg, 157
Discovery Channel. *Ver* Blendtec
Dorsey, Jack, 19
Dove Onslaught, 61, 206
Drucker, Peter, 37, 40

E

Edelman Digital, 35-36
Efeito devido à influência social, 49-50
Elasticidade de preço, 211
Eliason, Frank, 25-26
Eliminando o ruído do sinal, 38
Endosso como parte da Área de Concorrência do Formador de Opinião, 94, 172-173
Endosso, 88
Envie e esqueça, 28
Envolvimento. *Ver* Área de Concorrência
Eppinger, Steve, 146-148
Esforços contínuos. *Ver* Investimentos em marketing social
Espontânea terapia de varejo, 3
Estabelecer uma marca nas redes sociais, 58, 59
Estratificação do Envolvimento, 82-85
Estrutura de medição no QEM, 82, 90, 96, 98, 203, 210, 229
Exaustão de sua influência, 45-46, 113, 226
Executando táticas de campanha de marketing social. *Ver* Processo em oito etapas

F

F150Online.com, 146-149
Facebook, 13, 18, 25, 56, 154, 164-166, 211, 265, 266, 267
Facebook Connect, 70, 175-176
   Ver também Polar Bear Plunge
Falsas Medidas de ROI, 34
Farmville, 55-56
FastPitchNetwork.com, 20,144
Fatores externos. *Ver* Formadores de opinião, estratificação
FEC. *Ver* Funil de Envolvimento na Comunidade
Federal Trade Commission, 60
First Tennessee Bank, 200-201
Fishville, 55
Formadores de opinião de colegas, 103-105
Formadores de opinião de colegas, perfil, 103
Formadores de opinião em geral, 102
Formadores de opinião quase-celebridades, 106-109
Formadores de opinião que se auto-identificam, 106

Formadores de opinião, estratificação, 111-113
Forrester Research, Inc., 233
Fórum de discussão, 16
FourSquare, 30
Frequência, 114-117
FTC, 60
FTC, orientação, 109
FTC, orientações sobre endosso de produtos, 117
Funil de Compra. *Ver* Estrutura de medição, explicado como parte do Personagem do Consumidor
Funil de Envolvimento na Comunidade, 96, 148
  Ver também Estrutura de Medição
Funil do Formador de Opinião. *Ver* Estrutura de Medição

G
GAB. *Ver* Guinness Anchor Berhad
Geração de prospectivos, 214
Gerando consciência, 213-214
Gerando Valor e Usuários no Funil de Envolvimento da Comunidade, 144-148
Gerenciamento de tráfego na mídia social, 38
Gestão de investimento de marketing, 218
Gestão de recursos de marketing, 218
Goldman, Lewis, 207
Gráfico social, 68, 69, 253
Grant, Amy, 85
Grau de preenchimento, 164
Green Room, 123
Greenpeace, 61
GRPs, 92
Grupo de compra chamado "*swarm*", 57
Grupos de participantes, 50
Guides by Bravo, 30
Guinness Anchor Berhad, 33, 122-125
Guinness, Arthur, 124
Guinness, cerveja, 122
Guy Kawasaki e o Audi R8, 107

H
Hall, Aneta, 83-85
Heineken, "Green Room", 123
Heineken, 33, 82, 220, 221
Heineken, cerveja, 123
Hierarquia de conversa, 44-45
Huggies, 44, 134, 160, 173

I
IdeaStorm. *Ver* Dell
Identidades pessoais principais, 52
Identificar o público-alvo. *Ver* Processo em oito etapas
Impacto sobe o SEM de mídia social, 190-191
Indicadores chave de desempenho (KPI), 96, 151, 173, 203, 212, 213
Influência. *Ver* Pitney Bowes

Inmail, 61, 138
Inscrição. *Ver* FEC
Intel, 109, 109, 118
Intenção de compra. *Ver* Funil de Compra
Internet Archive, 192
Intuit, 16, 35, 94
Investimentos em marketing social, 2, 8, 12, 203, 220
iPad & iPhone na WillItBlend.com, 14, 113, 272, 273

J
Jalichandra, Richard, 39
Jenner, Mark, 33, 123
Jive, 20
Jogo
  em mídia social, 56
Just @=$% IT, campanha, 138

K
Keller, Ed, 4, 103, 118, 119
KickApps.com, 20
Kit-Kat, 60
klout.com, 74, 107-108, 119, 253-254
Koerber Walker, Joan, 135, 182-183

L
Lasseter, Damian, 175
Lealdade. *Ver* Funil de Compra
Lembrança na web, 161
LinkedIn, 8, 51, 60-61, 62, 63, 64, 113, 138, 144, 164-165, 182, 183, 220, 224, 242
"Links cruzados" entre marketing social e tradicional, 189

M
Mafia Wars, 54-55
Malásia, 33, 44-45, 82, 123, 124, 206, 221
"Máquina do Tempo", 192
Marca
  como área de concorrência para consumidores, 173-175
Marca, imagem, 93-94, 179-181
Marca, lealdade, 135
Marca maior, 112
Marca, otimização, 223
Marcas no QEM. *Ver* Áreas de Concorrência
Marketing de dispositivo de busca, 123, 189, 190, 222
Marketing de otimização em busca. *Ver* Dickinson, Tom
Marketing social, 1, 2, 7, 8, 15, 21, 32, 37, 91, 124-125, 190-191, 200, 217, 226, 228, 229, 230, 231, 250
Marks, Dan, 200-201
Maslow, Hierarquia de Necessidades, 3, 52-54
Mazon, Ivana, 77

McCann, Jim, 207
Medição da atenção. *Ver* Pitney Bowes
Medição da participação e do envolvimento. *Ver* Pitney Bowes
Medição de desempenho de marketing, 218
Medições de campanha, 223
Medições para avaliar o sucesso de uma campanha de marketing social, 36
Medir e monitorar os custos atuais. *Ver* Processo em oito etapas
Meebo, 70, 267, 275
Mesa de comando de mídia social, 38
Métricas relacionadas aos aspectos que geram valor. *Ver* Dell
Métricas tradicionais em marketing social, 35-36
Microsoft, 110
Microsoft LiveID, 68
Microsoft Most Valuable Professional, 110
Mídia social como quarta perna da infraestrutura de comunicações de marketing. *Ver* Pitney Bowes
Mídia social e apoio ao cliente. *Ver* Comcast
Mídia tradicional e social diferem, 3, 23-31
Miller, Jennifer, 89
MIM, 218
MMM, 211-212
Modelo Baseado no Agente, 212, 231
Modelo de mix de marketing, 211
Modelos de mix de marketing, 230
Modelo de previsão, 212, 219
Modelos do mix de marketing, 223
Molter, Ted, 175
Mommy Blogger, 44, 45, 115, 173, 208
Monitorar e administrar a execução das campanhas de marketing social. *Ver* Processo em oito etapas
Motivadores dos formadores de opinião, 58-62
Motivadores dos indivíduos, 48-51
Mover o processo de tomada de decisão no marketing social para a borda da organização, 231-233
MPM, 218
MRM, 218
MySpace, 20, 28, 29, 49, 51, 70, 207, 224, 254, 266, 267
Mzinga, 20

N
NASCAR, 88, 163
Nestlé/Kit-Kat, marca, 60
Nielsen BuzzMetrics, 37
Nielsen, 37, 231, 273
Ning.com, 20
Nível de conexão, 65

O
O Efeito Momento, 277
O Formador de Opinião e o QEM, 97-98
O Indivíduo e o QEM, 143-170

O'Reilly, Bill, 112
Obama, Barack Hussein, 60, 247
Óleo de palma, 44-45, 60, 61, 206, 229
Oprah como formadora de opinião na mídia tradicional, 10, 107
Orkut, 8, 20
Outras métricas além da receita, 176
Ouvir, 118, 139, 205, 222, 226, 240-241

P
Página de fãs, 165-166
Pampers, 44, 173
Papworth, Laurel, 75
Patterson, Laura, 218, 235
Perdendo controle de sua marca, 22-23
Período de tempo para imagem da marca decair, 180
Pitney Bowes, 83-84, 232
Planos de veiculação na mídia, 221
Plaxo, 138, 164
Pontos de audiência bruta, 92
Presença na mídia social como nada mais do que um chamariz, 141
Processamento do fluxo de informações na mídia social, 219
Processo em oito etapas para medir a estratégia de marketing social e o ROI, 217-235
Propósito do ROI, 39
Público-alvo, 223-226, 226
Puristas da mídia social, 12

Q
Quadro de Envolvimento na Mídia, 9-10, 11, 13, 21, 24, 28, 45, 63, 81-96, 97-119, 120-142, 143-170
Qualidade do Conteúdo, 116
Quase-celebridade, 106-107
Quatro pilares da presença online da Dell, 139
Quenqua, Douglas, 145
QZone, 20, 265, 274

R
Radian6, 32, 37, 115, 205, 219, 239, 243, 244-245, 246
Rastreadores de atividade, 223
Reconhecimento, 12, 60
Redução de ligações, 85
Relacionados com a marca. *Ver* Formadores de opinião, estratificação
Relacionados com marcas concorrentes. *Ver* Formadores de opinião, estratificação
Relacionados com o canal de distribuição. *Ver* Formadores de opinião, estratificação
Relacionados com uma categoria. *Ver* Formadores de opinião, estratificação
Remunerando formadores de opinião, 108
Reputação, 75, 113-114, 119, 268

Responder a comentários negativos, 233-234
Retorno sobre investimento em marketing, 218, 230
Rich media, 19, 273
ROMI, 168, 203, 203, 211, 213, 218, 234
Rubel, Steve, 35-36, 177, 264

S
Safko, Lon, 40
San Diego Zoo's Wild Animal Park, 174-176
San Diego, Zôo, 133, 268
Satisfação do desejo de pertencer, 52-54
Scoutlabs, 37
Segmentação comportamental, 66-74
Segmentação dinâmica, 73-74
Segmentação do público em torno de um tópico, 182-183
Segmentação dos formadores de opinião, 88, 101, 113
Segmentação, 32, 62, 65-66, 69, 73-74, 88, 98, 101, 113, 117, 126, 182-183
Segmentação, critério para consumidores, 90-91
Segmentando mensagens por comunidade social, 63-64
SEM. *Ver* Marketing de dispositivo de busca
Semelhança
    Comparação de formadores de opinião, 106
    Modelos, 67, 164, 167, 273
Sendo social antes do advento da mídia social, 260-261
Sentimentalidade, 160, 160, 161, 240, 271
SEO. *Ver* Marketing de otimização em busca
Serena Software, 138
Sessions College para Design Profissional, 63-64
Sing for Your Beef, 158
Single sign-on, 68-69, 100, 162, 267-268
SIRC, 52
Sistema de credenciamento, 70
SMART, 229
Smith, Julian, 83
Social Issues Research Center, 52
Society for New Communications Research, 109
Spot-A-Mom. *Ver* 1800Flowers
Stone, Ellen, 29-31
Strunk & White, 116
Stuart, Greg, 8

T
Tabela de comparação, 71-72
Tag, 157
Taxa de Cliques Relativos, 190
Technorati, 18, 157
Telligent Systems, 20
Tempo, 47, 51, 63, 131, 143, 151, 153, 165, 172, 215, 220, 224, 228, 240, 246, 254, 267, 268, 271, 273

como área de concorrência do indivíduo, 94, 177 no QEM. *Ver* Área de Concorrência
Tencent, 8, 274
TheFoodNetwork Channel, 173
"Tina"
    Modelo de consumidor do 1800Flowers, 208
Tonalidade, 160, 239, 271
TopChef. *Ver* Bravo Networks
Transferência de conhecimento, 234
Travel Channel, 168
Tremor, 20, 59, 109, 111
Triagem de mídia social, 38
Trust Agents, 83
Twitter OAuth, 68
Twitter, 9, 11, 13, 19, 20, 21, 24, 26, 30, 32, 36, 63, 64, 68, 74, 86, 107, 108, 113, 115, 122, 135, 137, 144, 145-148, 175, 183, 191, 205, 208, 219, 226, 228, 242, 251-252, 254, 267, 274, 275
Utilidade líquida percebida, 173

V
Valor do cliente ou associação por toda a vida, 141
Valpak, 10, 39
Vídeos virais, 13-15
Visibilidade do perfil, 164
Visible Technologies, 89
VisionEdge, 218

W
Walmart, Elevenmoms, 44-45, 110, 173
Wanamaker, John, 8
What Sticks: Why Most Advertising Fails and How to Guarantee Yours Succeeds, 8, 39
WHFM, 27, 40
Williams, Esmee, 260-261
Williams, Evan, 19
WillItBlend.com, 14, 106, 126
Wilton, 59, 77
WOMMA Metrics Best Practices Guidebook, 204
Wright, George, 14

X
XAuth, 70, 267

Y
Yahoo! Como plataforma para jogos sociais, 56, 70, 207, 267
YouTube, 8, 9, 10, 14, 15, 20, 26, 56, 86, 89, 122, 126, 130, 138, 152, 158, 175, 212, 219-220, 224, 226, 241
YouTube, categorias, 56

Z
Zynga, 56

Cartão Resposta

050120048-7/2003-DR/RJ
Elsevier Editora Ltda

CORREIOS

ELSEVIER

SAC | 0800 026 53 40
ELSEVIER | sac@elsevier.com.br

CARTÃO RESPOSTA
Não é necessário selar

O SELO SERÁ PAGO POR
Elsevier Editora Ltda

20299-999 - Rio de Janeiro - RJ

Acreditamos que sua resposta nos ajuda a aperfeiçoar continuamente nosso trabalho para atendê-lo(la) melhor e aos outros leitores. Por favor, preencha o formulário abaixo e envie pelos correios ou acesse www.elsevier.com.br/cartaoresposta. Agradecemos sua colaboração.

Seu nome: _____

Sexo: ☐ Feminino ☐ Masculino   CPF: _____

Endereço: _____

E-mail: _____

Curso ou Profissão: _____

Ano/Período em que estuda: _____

Livro adquirido e autor: _____

Como conheceu o livro?
☐ Mala direta
☐ Recomendação de amigo
☐ Recomendação de professor
☐ Site (qual?) _____
☐ Evento (qual?) _____
☐ E-mail da Campus/Elsevier
☐ Anúncio (onde?) _____
☐ Resenha em jornal, revista ou blog
☐ Outros (quais?) _____

Onde costuma comprar livros?
☐ Internet. Quais sites? _____
☐ Livrarias ☐ Feiras e eventos ☐ Mala direta
☐ Quero receber informações e ofertas especiais sobre livros da Campus/Elsevier e Parceiros.

Siga-nos no twitter @CampusElsevier

Qual(is) o(s) conteúdo(s) de seu interesse?

Concursos
- [ ] Administração Pública e Orçamento
- [ ] Arquivologia
- [ ] Atualidades
- [ ] Ciências Exatas
- [ ] Contabilidade
- [ ] Direito e Legislação
- [ ] Economia
- [ ] Educação Física
- [ ] Engenharia
- [ ] Física
- [ ] Gestão de Pessoas
- [ ] Informática
- [ ] Língua Portuguesa
- [ ] Línguas Estrangeiras
- [ ] Saúde
- [ ] Sistema Financeiro e Bancário
- [ ] Técnicas de Estudo e Motivação
- [ ] Todas as Áreas
- [ ] Outros (quais?) _____

Educação & Referência
- [ ] Comportamento
- [ ] Desenvolvimento Sustentável
- [ ] Dicionários e Enciclopédias
- [ ] Divulgação Científica
- [ ] Educação Familiar
- [ ] Finanças Pessoais
- [ ] Idiomas
- [ ] Interesse Geral
- [ ] Motivação
- [ ] Qualidade de Vida
- [ ] Sociedade e Política

Jurídicos
- [ ] Direito e Processo do Trabalho/Previdenciário
- [ ] Direito Processual Civil
- [ ] Direito e Processo Penal
- [ ] Direito Administrativo
- [ ] Direito Constitucional
- [ ] Direito Civil
- [ ] Direito Empresarial
- [ ] Direito Econômico e Concorrencial
- [ ] Direito do Consumidor
- [ ] Linguagem Jurídica/Argumentação/Monografia
- [ ] Direito Ambiental
- [ ] Filosofia e Teoria do Direito/Ética
- [ ] Direito Internacional
- [ ] História e Introdução ao Direito
- [ ] Sociologia Jurídica
- [ ] Todas as Áreas

Media Technology
- [ ] Animação e Computação Gráfica
- [ ] Áudio
- [ ] Filme e Vídeo
- [ ] Fotografia
- [ ] Jogos
- [ ] Multimídia e Web

Negócios
- [ ] Administração/Gestão Empresarial
- [ ] Biografias
- [ ] Carreira e Liderança Empresariais
- [ ] E-business
- [ ] Estratégia
- [ ] Light Business
- [ ] Marketing/Vendas
- [ ] RH/Gestão de Pessoas
- [ ] Tecnologia

Universitários
- [ ] Administração
- [ ] Ciências Políticas
- [ ] Computação
- [ ] Comunicação
- [ ] Economia
- [ ] Engenharia
- [ ] Estatística
- [ ] Finanças
- [ ] Física
- [ ] História
- [ ] Psicologia
- [ ] Relações Internacionais
- [ ] Turismo

Áreas da Saúde
- [ ]

Outras áreas (quais?): _____

Tem algum comentário sobre este livro que deseja compartilhar conosco?

_____

_____

Atenção:
- As informações que você está fornecendo serão usadas apenas pela Campus/Elsevier e não serão vendidas, alugadas ou distribuídas por terceiros sem permissão preliminar.
- Para obter mais informações sobre nossos catálogos e livros, por favor, acesse **www.elsevier.com.br** ou ligue para **0800 026 53 40**.